新编21世纪高等职业教育精品教材 ● 工商管理类

BUSINESS ADMINISTRATION

商务谈判

（第五版）

主　编 ● 徐　文　蔺子雨　王莉红
副主编 ● 臧胜利　何雅洁　姚　萍

中国人民大学出版社
·北京·

图书在版编目（CIP）数据

商务谈判 / 徐文，蔺子雨，王莉红主编 . -- 5 版 .
北京 ：中国人民大学出版社，2025. 5. --（新编 21 世纪
高等职业教育精品教材）. -- ISBN 978-7-300-33931-3

Ⅰ. F715. 4

中国国家版本馆 CIP 数据核字第 20253Z5P44 号

新编 21 世纪高等职业教育精品教材・工商管理类
商务谈判（第五版）
主　编　徐　文　蔺子雨　王莉红
副主编　臧胜利　何雅洁　姚　萍
Shangwu Tanpan

出版发行	中国人民大学出版社		
社　　址	北京中关村大街 31 号	邮政编码	100080
电　　话	010－62511242（总编室）		010－62511770（质管部）
	010－82501766（邮购部）		010－62514148（门市部）
	010－62511173（发行公司）		010－62515275（盗版举报）
网　　址	http://www. crup. com. cn		
经　　销	新华书店		
印　　刷	北京昌联印刷有限公司	版　　次	2005 年 12 月第 1 版
开　　本	787 mm×1092 mm　1/16		2025 年 5 月第 5 版
印　　张	14. 25	印　　次	2025 年 5 月第 1 次印刷
字　　数	323 000	定　　价	43. 00 元

前　言

在经济全球化浪潮的推动下，商务谈判已成为连接不同经济体、促进国际合作与交流的重要桥梁。面对复杂多变的商业环境，培养既具备扎实专业知识，又精通谈判策略，同时能够融入时代精神的高素质商务谈判人才，是高等教育的重要使命。

本教材依据商务谈判实际工作任务与工作过程构建教材内容，以“实用、适度、够用”为原则，重点突出了专业素质和实践技能的培养，旨在为学生构建一套全面、系统、前瞻性的学习体系。本次修订将党的二十大精神有机融入商务谈判理论与实践之中，以培养更多具备新时代商务素养、能够应对复杂国际国内市场环境的商务谈判人才，具体情况如下：

第一，深入贯彻党的二十大精神，全面融入社会主义核心价值观，传承中华优秀传统文化，弘扬正能量，寓价值观教育于知识体系和能力培养之中，落实立德树人根本任务，体现育人与育才相结合的教学目标。通过案例分析、理论阐述等方式，引导学生深刻理解新时代商务谈判的宏观背景与战略意义，掌握在全球化与数字经济背景下开展高效、公平、可持续商务谈判的能力。同时，强调诚信为本、合作共赢的谈判原则，培养学生在谈判中展现中国智慧与中国方案的能力。

第二，优化学习栏目，突出实践技能。本次修订沿用了模块式设计，按照学生的学习和思维惯性，以企业工作过程为链条，构建“基础知识—工作过程—能力训练”三段式框架体系，整体思路清晰，目标明确。在此基础上，调整学习栏目，新增“学习导图”“思考与应用”“学习检测”等，为学生建构知识体系，提供实践训练和即时学习测评环境，做到教、学、做、练、测一体化。

第三，案例精选，持续创新。面对快速变化的商业环境和技术革新，我们在教材修订过程中根据最新研究成果和实践经验筛选并更新了大量商务谈判案例，特别是涉及“一带一路”倡议、RCEP 等国际合作项目的案例，增强学生的国际视野和跨文化沟通能力。此外，还特别关注了跨文化谈判、数字化谈判等前沿领域问题，以满足新时代商务谈判的新需求。

修订后的教材增加了丰富的配套资源，包括教学视频、案例库、试题库、PPT 等，可以实现线上、线下一体化教学，满足学习者个性化学习需要。同时教材中穿插了丰富的拓展知识，读者只需扫描二维码即可阅读学习。

本书由河北工业职业技术大学徐文、蔺子雨、王莉红担任主编，臧胜利、何雅洁、姚萍任副主编，参加编写的还有高子怡、穆翔宇、池佳伟、陈洁、韩子璇、赵晓磊（河北天波工贸有限公司）、李淑满（石家庄永鲜贸易有限公司）等老师。本书在编写过程中参阅了大量文献，得到了有关部门领导、专家和老师的大力支持，在此一并表示衷心的感谢。

由于编者水平有限，书中疏漏在所难免，敬请广大读者指正。

编　者

2025 年 2 月

目　录

模块一　商务谈判基础

模块二　商务谈判工作过程

模块三　商务谈判能力训练

模块一

商务谈判基础

观念植入

"天下熙熙，皆为利来；天下攘攘，皆为利往。"（《史记·货殖列传》）司马迁在2000多年前，就精辟地描述了人们对利益的追求。北宋张择端的画作《清明上河图》将我国悠久的商业文明清晰地展现在了世人面前。随着历史的发展，在现代商业活动中，商务谈判已成为商事交易活动的前奏。20世纪50年代初，美、英等国开始着手建立高水平的谈判专家队伍。20世纪60年代初，许多实用性的谈判理论形成，且日趋完善和系统化。1968年，美国谈判学会主席杰勒德·尼尔伦伯格（Gerard I. Nierenberg）首次提出将谈判学作为一门新兴学科。当前，谈判学在现代管理教育中越来越受到人们的重视。

世界是一个巨大的谈判场，不管你愿不愿意，你都是参加者！

项目一
商务谈判原理

学习导图

- 商务谈判原理
  - 商务谈判概述
    - 商务谈判的含义及特征
    - 商务谈判的动因与基本要素
    - 商务谈判的主要类型
  - 认识商务谈判规则
    - 商务谈判的基本原则
    - 商务谈判的沟通方式
    - 商务谈判的评判标准

学习目标

知识目标：

1. 了解商务谈判的内涵、特征及基本要素。
2. 熟悉商务谈判的主要类型和基本原则。

技能目标：

1. 具有正确选择谈判类型和谈判方式的能力。
2. 具有发起、组织、评判商务谈判活动的能力。

素养目标：

1. 构建理论联系实际的思维方法，提高学生对专业学习的兴趣。
2. 培养学生的法治思维和法治观念，引导学生树立正确的义利观。

案例导读

随着全球对可再生能源需求的加大和环境保护意识的提升，以生产清洁能源为核心业务的A公司和以研发绿色能源技术为核心业务的B公司，都看到了绿色能源项目的巨大潜力。A公司拥有广阔的市场和稳定的资金流，但缺乏先进的绿色能源生产技术；而B公司则拥有先进的绿色能源生产技术，但市场资源有限。为了共同开发一个大型绿色能源项目，两家公司决定进行商务谈判，寻求合作机会。

谈判开始时，A公司提出了初步的合作方案，希望B公司能够提供其绿色能源技术的使用权，并承诺在项目成功后给予B公司一定的利润分成。然而，B公司认为A公司提出的利润分成比例过低，无法体现其技术的价值。随后，B公司提出了一个更高的利润分成要求，并强调其技术的先进性和独特性。A公司则回应称，虽然B公司的技术先进，但项目成功后需要A公司的市场推广和资金支持，因此利润分成比例不宜过高。在这个问题上，双方各持己见，都不愿意让步。经过几轮讨价还价后，双方决定：搁置利润分配问题，转而探讨其他的合作条件。A公司提议在项目初期给予B公司一定的资金支持，以减轻B公司的研发压力；同时，B公司也愿意在后期提供技术升级和售后支持，确保项目的长期稳定运行。随后的谈判比较顺利，而利润分配问题也随之达成共识。

通过这次谈判，A公司和B公司都实现了各自的利益最大化。A公司获得了先进的绿色能源技术，为公司的长期发展奠定了坚实的基础；B公司则通过合作获得了更广阔的市场和稳定的资金支持，有助于其技术的进一步研发和应用。双方的合作不仅促进了绿色能源项目的发展，还为全球可持续发展作出了积极贡献。

【问题与思考】

1. 你认为A公司与B公司合作的动因是什么？
2. 你认为A公司与B公司能够达成共识的原因有哪些？
3. 你如何评价双方的谈判成果？

任务一　商务谈判概述

一、商务谈判的含义及特征

（一）商务谈判的含义

“谈判”这个词看起来很正式，但实际上，生活无处不谈判。比如，两个人商量晚上吃什么、说服孩子早点睡觉、和老板谈加薪、在菜市场讲价，这些都是谈判。可见，谈判是人们在日常生活中解决矛盾和冲突的一种工具，是人们出于某种欲望、需求，彼此阐述自我意愿，协调相互关系，为了取得一致、达到目的所进行的语言交流活动。美国谈判协会会长杰勒德·尼尔伦伯格在其著作《谈判的艺术》中提出："谈判的定义最为简单，而涉及的范围却最为广泛。每一个要求满足的愿望，每一项寻求满足的需要，至少都是诱发人们展开谈判过程的潜因。只要人们是为了改变相互关系而交换观点，只要人们是为了取得一致而磋商、协议，他们就是在进行谈判。"由此可见，谈判的范围极为广泛，谈判的形式不仅包括一切正式场合的谈判，还包括各种"协商"和"交涉"。那么，究竟什么是谈判呢?

谈判由"谈"和"判"两个字组成。"谈"就是说话、讨论，是指双方或多方之间的沟通和交流。"判"就是分辨、评定、判决，就是决定一件事情。谈判是人们为了消除分歧、改善关系、谋求共同的利益而相互交换意见、进行磋商的行为和过程。其中，"谈"是为了得到"判"的结果，"判"是双方或多方追求的结果。简言之，谈判就是双方将自己的观点从"最理想"调试到"最可行"的"谈"的过程。一切有关协商、交涉、商量、磋商的活动，都是谈判。

所谓商务谈判，是指不同经济主体在商务活动中，为了各自的经济利益，就各方既相互联系又相互差异的各种提议和承诺进行洽谈、协商的过程。商务谈判一般包括货物买卖谈判、工程承包谈判、技术转让谈判、融资谈判等涉及群体或个人利益的经济事务。

商务谈判是在商品经济条件下产生和发展起来的，它已经成为现代社会经济生活必不可少的组成部分。没有商务谈判，经济活动便无法进行。小到人们购物时的讨价还价，大到企业之间的合作、国家与国家之间的经济技术交流，都离不开商务谈判。

（二）商务谈判的特征

1. 商务谈判目的的经济性

不同谈判者参加谈判的目的是不同的：外交谈判涉及的是国家利益，政治谈判关系到政党、团体的根本利益，军事谈判主要关注敌对双方的安全利益。商务谈判则是以获取经济利益为基本目的，在满足经济利益的前提下才涉及其他非经济利益。与其他内容的谈判相比，商务谈判更加重视谈判的经济效益。在商务谈判中，谈判者都比较注重谈判所涉及的产品或技术的成本、谈判的效率和谈判的效益，人们通常以获取经济效益的大小来评价一项商务谈判的成功与否。但是，无论怎样追求经济效益，谈判人员的行为也不应背离法律和道德规范。商务谈判人员应树立正确的义利观，遵守商业道德规范，正所谓"君子爱财，取之有道"。

知行合一：义利观与商业道德

义利观是一种经济伦理思想和商业道德规范。义者，"事之所宜也"，是某种特定的伦理规范；利者，"人之用曰利"，多指物质利益。如何看待二者的关系，便形成义利观。"义利之辩"是中国伦理学思想中的一个核心命题，《论语·里仁》中说："君子喻于义""小人喻于利"，强调的是"君子以义为上"；《孟子·告子上》中说："生，亦我所欲也；义，亦我所欲也。二者不可得兼，舍生而取义者也。”“以义制利”的思想，体现了历代思想家对“义”与“利”的理性思考，以“重义轻利”为基础的主流伦理思想成为古人立身处世的基本准则。这一文化精神传承至今，是我国优秀传统文化的重要内容。

社会主义义利观中的“义”，就是正确处理社会主义社会中各种利益关系的道德准则；“利”包括公利和私利，如国家和人民的整体利益、社会群体的集体利益，以及公民的个人利益等。

2. 商务谈判成果的严密性与准确性

商务谈判的成果是由各方协商一致的协议或合同来体现的。合同条款实质上反映了各方的权利和义务，合同条款的严密性与准确性是保障谈判获得各种利益的重要前提。有些谈判者在商务谈判中花了很大力气，好不容易为自己获得了较为有利的结果，对方也迫不得已做出了许多让步，但如果在拟定合同条款时掉以轻心，不注意合同条款的完整、严密、准确、合理、合法，往往会被谈判对手引入其在条款措辞或表述技巧上设置的陷阱中，这不仅会使到手的利益丧失殆尽，还要为此付出沉重的代价。这种例子在商务谈判中屡见不鲜。因此，在商务谈判中，谈判者不仅要重视口头上的承诺，而且要重视合同条款的准确性和严密性。

3. 商务谈判中人际关系的特殊性

任何谈判都是两方或两方以上的交际活动，必将产生以获取某种利益为前提的人际关系。这种人际关系是人和人之间关于目标、需求和利益的活动。在谈判桌上培养并处理好人际关系是高效谈判的基本要求。良好的人际关系可以提高人与人之间的信任度，减少不安情绪，便于相互间的沟通，不但有助于谈判者实现谈判目标，还可以在某种程度上扩大谈判目标。

4. 商务谈判行为的艺术性

随着社会交往的迅速发展，商务谈判已经发展成为一门集政治性、技术性、艺术性于一体的综合性学科。在商务谈判中既要遵循谈判的一般规律，更要掌握谈判的艺术技巧，包括谈判人员的选择、谈判时间和地点的选择、谈判议题的提出、谈判环境的布置等，特别是谈判中的语言艺术尤为突出。

情景剧场

某商场休息室里经营咖啡和牛奶，刚开始服务员总是问顾客：“先生，喝咖啡吗?”或者是：“先生，喝牛奶吗?”可想而知，休息室的销售额不理想。后来，老板要求服务员换一种问法：“先生，喝咖啡还是牛奶?”结果休息室的销售额大增。

解析：出现上述两种结果的原因在于，前一种问法容易得到否定的回答，而后一种是选择式提问方法，在大多数情况下顾客会选择其中的一种。可见，成功的商务谈判都是谈判双方出色运用谈判艺术的结果，恰到好处的表达对商务谈判的进行起着重要的作用。

二、商务谈判的动因与基本要素

（一）商务谈判的动因

商务谈判的动因是指促使谈判人员开始谈判行为的驱动力。谈判动因的产生决定于两个因素：内在因素和外在因素。内在因素是指需要，即因个体对某些东西的缺乏而引起的内部紧张状态和不舒适感，产生需要的欲望和驱动力，进而引起谈判活动。外在因素是指个体之外的各种刺激因素，即物质环境因素的刺激和社会环境因素的刺激等。具体而言，商务谈判的动因主要包括以下三个方面。

1. 追求利益

商务谈判最基本的目的就是满足自身的利益需要。随着社会经济的日益发展，人们的需要也在不断增加与多元化。根据马斯洛的需要层次理论，人们的需要在生理需要、安全需要、社交需要、尊敬需要、自我实现需要这五个层次上递进式发展，不但有物质需要还有精神需要。但是，用来满足这些需要的资源经常会发生资源短缺或资源分布不平衡的问题，有些资源是可以依靠自身及其努力来满足的，更多的资源则必须与他人进行交换。这种交换是比较效益的客观要求，其直接动因是让利益需要得到更好的满足。而在利益交换中，有关各方追求并维护自身的利益需要，这不仅使得商务谈判很有必要，也成为商务谈判的首要动因。

2. 谋求合作

科学技术的发展和社会的进步呈现两种平行的趋势：一种是社会分工日益明显，生产和劳动的专业化日益提高；另一种是社会协作日益紧密，人们之间的相互依赖性日益增强。在这种社会生活相互依赖关系不断增强的客观趋势下，人们利益目标的实现和实现的程度，不仅取决于自身的努力，还取决于与自身利益目标相关联一方的态度和行为，取决于彼此之间的互补合作。彼此之间的依赖程度越强，就越需要加强相互的合作。可见，社会依赖关系的存在，不仅为人们相互之间的互补合作提供了可能性，同时也是一种必要。正是这种在相互依赖的可能中谋求合作的必要，成为商务谈判的又一重要动因。

3. 寻求共识

借助他人的资源满足自身的利益需要，必然会出现不同主体利益归属的要求和矛盾。古往今来，强取豪夺、发动战争的确是一方达到利益目标的手段。然而，随着社会文明进程的加快和社会生活相互依赖关系及观念的增强，人们越来越认识到暴力并非处理矛盾的理想方式，谋求合作才是处理日益密切的社会联系和相互依赖关系的明智之举，而谈判正是实现互利共赢的最佳选择。人们可以通过谈判来寻求相互合作的共同利益并达成共识、形成协议，促使互助互惠成为客观现实。因此，寻求共识进而实现互利合作，也是商务谈判的重要动因。

讨论与提高

根据案例导读提供的资料，分析为什么 A 公司和 B 公司能够实现合作。

（二）商务谈判的基本要素

商务谈判的基本要素是指构成商务谈判活动的必要因素，它从静态结构的角度揭示了谈判的内在基础。在实践中，任何谈判都是谈判主体在特定的目标、特定的环境下围绕谈判客体开展一系列活动的过程。因此，商务谈判的基本要素包括谈判的主体、谈判的客体、谈判的目标和谈判环境。

1. 谈判的主体

所谓谈判的主体，是指参加谈判活动的双方人员。谈判活动归根结底是谈判人员立足于各自谈判目标而开展的一场语言及心理较量。古今中外，成功的谈判不胜枚举，失败的谈判也数不胜数，有的谈判能在轻松的气氛中达成互惠互利的协议，有的谈判却在紧张压抑的状态中煎熬着。所有这些，与谈判议题有关，也与谈判人员的素质和修养息息相关，谈判活动的成效在很大程度上取决于谈判主体的主观能动性和创造性。谈判的主体可以是一个人，也可以是一个合理组成的群体。但不是什么人都可以成为谈判的主体，在现代社会生活中，为了实现谈判目标，谈判人员应当是具有良好的素质与修养、具备谈判的科学知识和能力、拥有相应的权力、愿意从事谈判活动的人。

2. 谈判的客体

谈判的客体是指进入谈判主体活动领域的人和议题。谈判的客体决定了谈判活动的过程、内容和结果。人是商务谈判的第一类客体。商务谈判是基于人们的某种需求而产生的行为，谈判的进展或终止、谈判的要约和承诺，都取决于人的动机和行为，只有说服了人，使对方理解和接受谈判主体的提议，才能达成意见一致的协议。这类谈判客体的最大特点就是具有可说服性，这是其成为谈判客体的主要标志。如果谈判对手是不可说服的，就不能进入谈判活动领域成为谈判对象，即使强行进入谈判活动，也不能如期达到谈判目的，正如战国时期著名谋士范蠡因错派使者反害子一样。

范蠡错派使者反害子

议题是谈判的第二类客体。所谓议题，就是谈判所涉及的具体问题，是各种物质要素结合而成的各种内容。谈判的任务就是要通过协商解决问题，没有需要解决的问题，就没有进行谈判的必要性。所以，议题是商务谈判中必不可少的要素。议题的最大特点在于各方认识的一致性。进行谈判的各方需要通过谈判获得的利益具有相关性，谈判的议题包含了各方的利益，各方愿意就此进行协商。如果失去了这一点，就无法形成谈判议题。在商务谈判中，议题可以涉及多方面的内容：可以涉及物质方面，也可以涉及资金方面；可以涉及技术合作方面，也可以涉及行为方式等。

3. 谈判的目标

商务谈判是一种有目的的活动，通常情况下谈判双方的目标十分明确，即谈判的直接目标就是最终达成协议。事实上，谈判双方的具体目标往往是不同的，甚至是对立的，但它们都统一于谈判活动的直接目标上，只有谈判的直接目标实现了，最终达成了协议，谈判各方的目标才能够实现。没有目标的谈判不是真正的谈判，就像没有目的地的航行一样，是无法完成的。谈判的目标与谈判过程相伴而生，它是谈判活动的有机组成部分，是各种谈判的基本要素之一。

4. 谈判环境

商务谈判环境也称谈判背景，是指谈判从开始到结束所处的环境，包括谈判项目所涉及的宏观环境和微观环境，是进行谈判的客观条件。任何谈判都不可能孤立地进行，而必然处在一定的客观条件之下并受其制约。因此，谈判环境对谈判的发生、发展、结局均有重要的影响，是谈判不可忽视的要件。正如京东与沃尔玛的合作谈判，由于宏观环境发生了深刻的变化，谈判双方的谈判地位也会有巨大变化，最终使得谈判结果随之而变。

讨论与提高

根据案例导读提供的资料，分析 A 公司和 B 公司谈判的基本要素有哪些。

三、商务谈判的主要类型

商务谈判是现代谈判活动中数量最多、范围最广的一种谈判形式。研究商务谈判的类型是研究商务谈判行为不可忽视的一个方面，它有助于我们更好地掌握商务谈判的内容和特点。对于商务谈判人员而言，商务谈判分类的目的，在于有的放矢地组织谈判，提高谈判人员分析问题的能力，增加自觉能动性，减少盲目性，争取谈判的主动权。

（一）口头谈判和书面谈判

按照谈判的沟通方式，商务谈判可分为口头谈判和书面谈判两种类型。

1. 口头谈判

口头谈判是指谈判人员面对面直接用口头语言来交流信息和协商条件，或者在异地通过电话进行商谈。口头谈判是谈判活动的主要方式，其主要优点是：当面陈述、解释，直接、灵活，也为谈判人员展示个人魅力提供了舞台；便于谈判人员在知识、能力、经验等方面相互补充、协同配合，提高整体谈判能力；反馈及时，可以有针对性地调整谈判策略；能够利用情感因素促进谈判的成功等。口头谈判也存在一些缺陷：利于对方察言观色，推测己方的谈判意图及达到此意图的坚定性；易于受到对方的反击，从而动摇谈判人员的意志。但是，这些缺陷反过来也是可供运用的优点。

2. 书面谈判

书面谈判是指谈判人员利用文字或者图表等书面语言来进行交流和协商。书面谈判一般通过信函、电报、电传、电子邮件等具体方式进行。书面谈判通常作为口头谈判的辅助方式，其主要优点是：思考从容，利于审慎决策；表达准确、郑重，利于遵循；避免偏离谈判主题和徒增不必要的矛盾；费用较低；等等。书面谈判切忌文不达意和粗心大意。因此，书面谈判对谈判人员的书面表达能力和工作作风有较高的要求。

（二）一对一谈判、小组谈判和大型谈判

按照谈判人员数量的多少，商务谈判可以分为一对一谈判、小组谈判和大型谈判。

1. 一对一谈判

项目小的商务谈判往往是“一对一”式的。出席谈判的各方虽然只有一个人，但并不意味着谈判者不用做准备。“一对一”谈判时，因为双方谈判者只能各自为战，得不到助手的及时帮助。因此，在安排参加这类谈判的人员时，一定要选择有主见，决断力和判断力强，善于单兵作战的人参加，性格脆弱、优柔寡断的人是不能胜任的。谈判人员多、规模大的谈判，有时根据需要，也可在首席代表之间安排“一对一”谈判，磋商某些关键问题或敏感问题。

2. 小组谈判

小组谈判是一种常见的谈判类型。一般较大的谈判项目，情况比较复杂，各方有几个人同时参加谈判，各人之间分工协作，取长补短，各尽所能，可以大大缩短谈判时间，提高谈判效率。

3. 大型谈判

国家级、省（市）级或重大项目的谈判，都必须采用大型谈判这种类型。由于这类谈判关系重大，有的会影响国家的国际声望，有的关系到国计民生，有的将直接影响到地方乃至国家的经济发展速度、外汇平衡等，在谈判全过程中，必须准备充分、计划周详，不允许有丝毫破绽和半点含糊。因此，就必须为谈判班子配备阵容强大的、拥有各种高级专家的顾问团或咨询团、智囊团。这种类型的谈判程序严密、时间较长，通常分为若干层次和阶段进行。

（三）主座谈判、客座谈判和第三地谈判

按照谈判地域的不同，商务谈判可分为主座谈判、客座谈判和第三地谈判。

1. 主座谈判

主座谈判又称主场谈判，是指在自己所在地组织的谈判。主座包括自己所居住的国家、城市或办公所在地。总之，主座谈判是不远离自己熟悉的工作和生活环境，是在自己做主人的情况下所组织的商务谈判。

主座谈判会给主座方带来不少便利，如各种谈判资料的准备和新问题的请示均比较方便。作为东道主，主座方必须礼貌待客，包括邀请、迎送、接待、洽谈组织等环节，均需考虑周详。礼貌可换来信赖，它是主座方在谈判中的一张王牌，会促使谈判对手积极思考东道主的各种要求。

2. 客座谈判

客座谈判也称客场谈判，是指在谈判对手所在地组织的一种谈判。客座谈判对客方来说需要克服不少困难。客场谈判时必须注意以下几点：

（1）要了解谈判对手所在地的风俗和国情、政情，以免做出伤害对方感情的事。

（2）要审时度势、争取主动。在客座谈判中，客居他乡的谈判者会受到各种条件的限制，如客居时间、上级授权的权限、信息沟通的困难等。在这种处境下，客居他乡的谈判者要审时度势、灵活反应、争取主动，包括分析市场、主人的地位、心理变化等。有希望成功则坚持，无希望成功则速决，对方有诚意就考虑可能给予的优惠条件，若无

诚意则不必随便降低自己的条件。

（3）如果是在国外举行的国际商务谈判，谈判者首先遇到的是语言问题。要配备好的翻译、代理人，不能随便接受对方推荐的人员，以防泄露机密。

3. 第三地谈判

第三地谈判是指在谈判双方（或各方）以外的地点安排的谈判。第三地谈判可以避免主、客场对谈判的某些影响，为谈判提供良好的环境和平等的气氛，但是可能会引起第三方的介入而使谈判各方的关系发生微妙变化。

（四）纵向谈判和横向谈判

按照谈判方向的不同，商务谈判可分为纵向谈判和横向谈判。

1. 纵向谈判

纵向谈判是指在确定议题后，谈判各方对问题和条款逐一讨论和解决，直到谈判结束。例如，在一项产品交易谈判中，双方确定出价格、质量、运输、保险、索赔等几项需要谈判的主要内容后，开始就价格进行磋商。如果价格确定不下来，就不谈其他条款。只有在价格谈妥之后，双方才依次讨论其他问题。

2. 横向谈判

横向谈判是指在确定谈判所涉及的主要问题后，开始逐个讨论预先确定的问题，在某一问题上出现矛盾或分歧时，就把这一问题暂时放在一边，先讨论其他问题，如此周而复始地讨论下去，直到所有问题都谈妥为止。例如，在资金借贷谈判中，谈判的内容涉及币种、金额、利息率、贷款期限、担保、还款以及宽限期等问题，如果双方在贷款期限方面不能达成一致意见，就可以把这一问题放在后面，继续讨论担保、还款等问题。待其他问题解决之后，再回头讨论这个问题。

（五）软式谈判、硬式谈判和原则式谈判

按照谈判态度的不同，商务谈判可分为软式谈判、硬式谈判和原则式谈判三种类型。

1. 软式谈判

软式谈判也称关系型谈判。这种谈判是把对方当成朋友，而不是当作敌人，强调的不是要占上风，而是要建立和维持良好的关系。软式谈判的一般做法是：信任对方—提出建议—做出让步—达成协议—维系关系。当然，如果当事各方都能以“关系”为重，以宽容、理解的心态，互谅互让、友好协商，那么谈判的效率高、成本低，相互关系也会得到进一步加强。在有长期友好关系的互信合作伙伴之间，或者在合作高于局部近期利益的情况下，软式谈判的运用是有意义的。

2. 硬式谈判

硬式谈判也称立场型谈判。这种谈判视对方为劲敌，强调谈判立场的坚定性，强调针锋相对，认为谈判是一场意志力的竞赛，只有按照己方的立场达成的协议才是谈判的胜利。采用硬式谈判，常常是双方互不信任、互相指责，谈判也往往易陷入僵局、旷日持久，无法达成协议。这种谈判即使达成了某些妥协，也会由于某一方的让步而履约消极，甚至想方设法撕毁协议、予以反击，从而陷入新一轮的对峙，最后导致相互关系完全破裂。在对方玩弄谈判技巧及阴谋需加以揭露、在事关自身的根本利益而无退让的余地、在竞争性商务关系、在一次性交往而不考虑今后合作、在对方思维天真并缺乏洞察

利弊得失之能力等情况下，运用硬式谈判是有必要的。

3. 原则式谈判

原则式谈判也称价值型谈判、实质利益型谈判。原则式谈判吸收了软式谈判和硬式谈判的长处而避其弊端，强调公正原则和公平价值。它主要有以下特征：

（1）谈判中对人温和、对事强硬，把人与事分开。

（2）主张按照共同接受的具有客观公正性的原则以及公平价值来达成协议，而不简单地依靠在具体问题上的讨价还价。

（3）谈判中开诚布公而不施诡计，追求利益而不失风度。

（4）努力寻找共同点、消除分歧，争取共同满意的谈判结果。

与软式谈判相比，原则式谈判虽然也注重与对方保持良好的关系，但是并不像软式谈判那样只强调双方的关系而忽视利益的取得。它要求谈判的双方都尊重对方的基本需要，寻求双方利益上的共同点，千方百计地使双方各有所获。当双方的利益发生冲突时，则根据公平的原则寻找共同利益，各自都作出必要的让步，达成双方可接受的协议，而不是一味退让，由委曲求全来达成协议。

与硬式谈判相比，原则式谈判注重调和双方的利益，而不是在立场上纠缠不清。这样做的好处是：谈判者常常可以找到既符合自己利益，又符合对方利益的替代性方案，使双方由对抗走向调和。

商务谈判的类型还可以从其他角度进行划分。例如，根据谈判内容透明度的不同可分为公开谈判和秘密谈判；根据谈判桌桌形的不同可分为长桌谈判和圆桌谈判（前者是由两方参加的对等谈判，后者是由多方参加的对等谈判）；根据谈判时间长短的不同可分为“马拉松”式谈判和“闪电”式谈判等。

思考与应用

你知道怎样才能圆满完成谈判任务吗？

任务二　认识商务谈判规则

一、商务谈判的基本原则

商务谈判的基本原则是指商务谈判的指导思想和基本准则。它决定了谈判者在谈判中将采用什么谈判策略和谈判技巧，以及怎样运用这些策略和技巧。商务谈判的基本原则包括：诚信原则、合作原则、互利共赢原则、立场服从利益原则、对事不对人原则、守法原则、相容原则等。

（一）诚信原则

诚信是商务谈判的基础与命脉。中国自古就有“货真价实，童叟无欺”的八字经商理念。在激烈的市场竞争中，诚信是最好的竞争手段。作为商务谈判主体，在商务活动中追求利益最大化是天经地义的，但是采用蒙骗手段达成交易则是不可取的。在整个商务谈判活动中，商务谈判人员都应当遵守商业道德准则，并将其贯穿于整个商务谈判活动的始终。谈判技巧的运用要以诚信为前提，谈判的成本与谈判效率的高低在很大程度上也取决于诚信度。

商务谈判中的诚实信用原则有两个基本要求：一是言必信，即在商务谈判中讲真话，不讲假话；二是行必果，即遵守诺言，实践诺言。

（二）合作原则

商务谈判是各类企业进行经营活动和参与市场竞争的重要手段。参与谈判的双方存在竞争关系，但从本质上来讲是合作者，而不是敌对者。谈判是一种在矛盾、冲突中寻求合作的过程。谈判是为了满足需要、建立和改善关系，是一个协调行为的过程。这个过程要求参与谈判的双方在满足利益方面进行合作和配合。双方只有在提议、谅解与让步的过程中，才能达成令人满意的协议。如果无法建立合作关系，把谈判纯粹看成一场竞赛，那么双方就会站在各自的立场上千方百计地想达到自己的目的，其结果通常是两败俱伤。

实例分享

美国纽约印刷工会领导人伯特伦·波厄斯以“经济谈判毫不让步”而闻名全国。他在一次与报业主进行的谈判中，不顾客观情况，坚持强硬立场，甚至两次号召报业工人罢工，迫使报业主满足了他提出的全部要求。报业主被迫同意为印刷工人大幅度增加工资，并且承诺不采用排版自动化等先进技术，防止工人失业。结果是以伯特伦·波厄斯为首的工会一方大获全胜，但是却使报业主陷入困境。首先是三家大报被迫合并，接下来便是倒闭，数千名报业工人失业。这一例证表明，一方一味贪图谈判桌上的彻底胜利，往往会导致双方实际利益的完全损失。

解析：谈判是一种合作关系。在谈判中，最重要的是应明确双方不是对手、敌人，而是朋友、合作的对象。只有在这一思想的指导下，谈判者才能本着合作的态度，消除达成协议的各种障碍，并认真履约。

（三）互利共赢原则

在商务活动中，谈判的双方或多方有着一定的共同利益，也存在某种商业利益上的冲突。但是，那种认为“谈判各方的利益是对立的”的传统观念是片面的。现代谈判理论认为，谈判中的每一方都有各自的利益，但每一方利益的焦点并不是完全对立的。例如，一项产品出口贸易的谈判，卖方关心的可能是货款的一次性结算，而买方关心的是产品质量是否一流。因此，商务谈判是谈判各方在追求共同商业目标、实现各方商业利益的整个过程中的一种不断化解冲突、实现谈判者最大利益的手段。谈判的一个重要原则就是协调双方的利益，提出互利共赢的方案。

（四）立场服从利益原则

在商务谈判活动中，立场是指谈判双方认识和处理问题时所处的地位、所采取的角度和所持的态度。利益是双方都希望获得的好处。谈判中出于对己方利益的考虑，谈判者对谈判中出现的或可能出现的问题，会形成一系列的看问题的角度，并形成对某种观念的坚持或者干脆表现为毫不动摇的原则，这都是谈判中的立场。有些人把立场看作谈判的原则和追求的目标。但是，谈判的本质是对利益的追求与维护，立场可以是交易一方的原则，更多的则是一种策略。

情景剧场

有两个人在图书馆里发生了争执，一个人要开窗户，另一个人要关窗户。他们斤斤计较于窗户开多大——一条缝、一半还是四分之一。没有一个办法能使他们都满意。工作人员走过来。她问其中的一个人为什么要开窗户，这个人的回答是："呼吸一些新鲜空气。"她问另一个人为什么要关窗户，这个人的回答是："不让纸被风吹乱了。"工作人员想了一下，把屋子旁边没有读者的一扇窗户打开了，这样既可以让空气流通又不会使纸被风吹乱。

解析：从这个案例我们可以看出，矛盾双方在"开"与"关"上讨价还价，极力维护的立场并非其追求的真实利益，这种只站在自己的立场上解决问题的方式，通常会使谈判破裂、不欢而散。在实践中，无论是商务谈判，还是个人之间纠纷的解决，很多人习惯于坚持用自己的立场来磋商问题，自觉或不自觉地以利益服从立场为原则进行谈判，其后果往往是不能令人满意的。

（五）对事不对人原则

商务谈判中的"事"是指具体的谈判目标和谈判议题，以及谈判过程中涉及的其他事件；"人"则是指商务谈判中所涉及的自然人以及人格、个性等因素。商务谈判中所讲的"对事不对人"原则，就是在谈判中区分人与问题，把对谈判对手的态度和讨论问题的态度区分开来，在沟通中不要涉及个人的人格、个性等因素，就事论事，不要因人误事。

在商务谈判过程中造成"人"与"事"不分的重要原因在于，谈判者不能很好地区分谈判中的人与谈判中的问题，混淆了人与事，要么对人、对事都抱一种积极的态度，要么对人、对事都抱一种对抗的态度。有时把在谈判中对问题的不满发泄到谈判者个人身上；有时又把对谈判者个人的看法转嫁到对谈判的问题的态度上。这些都不利于谈判的进行。因此，在谈判过程中，谈判者应遵循把人与事分开的原则，牢固树立"与对手打交道是谈判的形式，解决问题是谈判的直接目的"的观念，争取因人成事，避免因人误事。

讨论与提高

在商务谈判过程中，为了把人的问题与事的问题分开，是否可以把人的问题直接抛开或索性回避，只谈事的问题？

（六）守法原则

守法原则要求谈判的内容及所签订的契约必须严格遵守国家的法律、法规和政策，这也是发展市场经济、维持正常的社会经济秩序的必然要求。

在市场经济蓬勃发展的今天，人们靠自己的勤劳与智慧，通过商务活动赚取利润，这是无可非议的，是值得赞扬的，但从事商务活动必须守法。合法的商务谈判活动会受到法律的保护，非法的商务谈判活动会受到法律的制裁。

（七）相容原则

所谓相容，是指谈判者在商务谈判中要有较强的忍耐性，要心胸宽广、豁达大度、能进能退。在遇到难题时，谈判者要能够主动退让、以退为进；当情况有转机时，谈判者又要善于主动进攻、避免冲突，以对方易于接受的方式达到目的。相容原则的一个最大特点是要求谈判者将谈判的原则性与灵活性有机地结合起来，以便更好地实现预期的目标。

知行合一：立信与法治

立信是人类社会的道德传统，也是社会主义道德建设的重点内容，它强调诚实劳动、信守承诺、为人诚恳。“民无信不立”，讲究诚信是企业的经营之本，包括诚实经商和讲求信用，做到遵守诺言，“重合同，守信用”。

法治是治国理政的基本方式，依法治国是社会主义民主政治的基本要求。党的二十大报告提出：“加快建设法治社会”“弘扬社会主义法治精神”。《中华人民共和国民法典》第 7 条规定：“民事主体从事民事活动，应当遵循诚信原则，秉持诚实，恪守承诺。”该法第 8 条规定：“民事主体从事民事活动，不得违反法律，不得违背公序良俗。”《中华人民共和国消费者权益保护法》第 4 条明确规定：“经营者与消费者进行交易，应当遵循自愿、平等、公平、诚实信用的原则。”

二、商务谈判的沟通方式

商务谈判的沟通方式是指谈判各方用来沟通、协商的途径和手段。商务谈判的沟通方式一般分为口头谈判和书面谈判。口头谈判包括面对面谈判和电话谈判；书面谈判包括函电谈判和网上谈判。

（一）面对面谈判

1. 面对面谈判的含义

所谓面对面谈判，是指谈判双方（或多方）面对面地、直接用口头语言就谈判议题进行的磋商、沟通和洽谈。在所有商务谈判的沟通方式中，面对面谈判是最古老、应用最广泛的一种方式。

2. 面对面谈判的优势及缺陷

（1）面对面谈判的优势。

1）谈判内容细致、深入，信息反馈及时。在面对面谈判的情况下，谈判各方能够直接进行交谈，对于一些双方关心的问题进行深入交流，直至双方满意。

2）谈判手段具有灵活性。为了取得谈判的成果，谈判各方需要使用各种手段，特别是利用私下接触，了解谈判对手的需要、动机、策略，以及主谈人的个性等，结合谈判过程中出现的具体情况，及时、灵活地调整谈判计划和谈判策略、技巧，这样很容易获得谈判的主动权，有利于谈判取得成功。

3）谈判形式具有规范性。商务谈判各方在谈判桌前就座，形成了正规谈判的气氛，使每个参加谈判的人产生一种开始正式谈判的心境并很快进入谈判角色，而且面对面谈判又都是按照“开局—报价—讨价还价—达成协议或签订合同”的谈判流程进行的，所以它是比较规范的谈判形式。

（2）面对面谈判的缺陷。

1）容易暴露谈判意图。谈判一方可以从另一方谈判人员的举手投足、语言、态度甚至面部表情来推测对方所选定的最终目标以及追求最终目标的坚定性。

2）决策时间短。在面对面谈判中，谈判双方往往要在谈判期限内作出成交与否的决定，不能有充分的考虑时间，也难以充分利用谈判后台人员的智慧，因而这种谈判方式要求谈判人员有较高的决策水平，如果决策失误，会使己方蒙受损失或是失去合作良机。

3）谈判费用较高。对于面对面的谈判方式，谈判各方都要支付一定的差旅费或礼节性的招待费等，从而增加商务谈判的成本。可以说，在所有的谈判形式中，面对面谈判形式的费用最高。此外，面对面谈判形式比较耗时。

3. 面对面谈判的适用范围

面对面谈判作为商务谈判中的主要形式，其适用范围比较广。一般来说，在比较正规、比较重要的谈判以及比较大型的谈判中，较多使用面对面谈判，而且如果谈判双方是首次交易，在需要深入了解的情况下，更需要通过面对面谈判来保证谈判的成功。

4. 面对面谈判应注意的问题

（1）谈判气氛要和谐。人在轻松、和谐的气氛中，多能更耐心地听取不同的意见，给他人以更多的说话机会。轻松、和谐的谈判气氛能够拉近双方的距离，切入正题之后谈判双方就容易找到共同的语言，化解双方的分歧或矛盾。

（2）善于倾听、分析和判断。在谈判中，谈判者要有一半左右的时间倾听对方说话。在倾听了对方的意见后，要从对方说话的神情、说话的速度、声音的高低、说话的思维逻辑等方面，判断出对方是一个什么类型的谈判者，还要尽量判断出对方的真实意图，然后根据自己的原则、立场，拿出一套应对的策略。

（3）打好“团体赛”。商务谈判像乒乓球比赛一样，不仅有单打、双打，还有混合双打。凡是重要的商务谈判，往往都是“团体赛”。商务谈判的“团体赛”除了需要个人技术之外，更需要配合默契的团体技术。

讨论与提高

商务谈判团队应如何打好“团体赛”呢？

（二）电话谈判

随着电话的广泛采用和日益普及，人们越来越频繁地使用电话沟通信息、洽谈商务。因此，了解和学习电话谈判的优势和缺陷、掌握电话谈判的技巧也是极为必要的。

1. 电话谈判的含义

电话谈判是指谈判人员借助电话进行信息沟通、协商，寻求达成交易的一种谈判方式。它是一种间接的、口头的谈判形式。

电话谈判与面对面谈判都属于口头谈判，都是用语言表达方式进行磋商，但两者既有不同点，也有相同点。电话谈判与面对面谈判的不同点在于：一个是远距离、不见面的磋商；另一个是近距离、面对面的洽谈。两者的相同点在于：都是用语言的表达方式进行磋商，而且都包括探询、约谈、成交、签约等步骤；双方在洽谈之前，都需要做有关的准备工作；洽谈开始时，都要做简短的寒暄；洽谈过程中，都少不了讨价还价；洽谈之后，都要记录、整理有关情况和资料。有的电话谈判自始至终都会有录音，双方在电话谈判中达成的口头协议也会构成有法律约束力的口头合同。

2. 电话谈判的优势及缺陷

（1）电话谈判的优势。

1）方便、快捷。利用电话这个交谈工具，不管双方距离多远，都能进行谈判，避免了旅途劳顿和时间消耗，大大降低了谈判成本。

2）环境宽松。电话谈判的双方不用面对面交谈，避免了一方拒绝另一方的尴尬场面。同时，在电话中人们不会有很紧张的感觉，不会因对方表情、场合而感觉到压力。特别是对于一些没有谈判经验的人，电话谈判能收到预想的效果。

3）有利于控制谈判信息，保守商业机密。当谈判的内容不希望被更多人知道的时候，人们可以通过电话与对方交谈，这样可避免让其他人了解谈话的内容。

（2）电话谈判的缺陷。

1）重要的事情往往被忽略。电话沟通时，如果信息较多，在听的过程中往往容易遗漏一些信息甚至是重要的事情。

2）有马上被迫结束通话的压力。例如，推销人员在打推销电话时，如果对方不喜欢，可能会借口正在忙而把电话挂掉。

3）容易分神。接电话时容易分神，打电话的时候也不时会有各种各样的事情发生，如有噪声等，容易造成注意力不集中。

4）很难判断对方的反应。因为对方在电话的另一端，我们无法看到他的喜怒哀乐以及反应，这会对谈判和决策造成障碍。在电话谈判中，被人拒绝或者拒绝他人都很容易。

3. 电话谈判的适用范围

一般来说，电话谈判更多的是充当面对面谈判的辅助手段。谈判双方正式面谈之前，往往通过电话进行初步洽谈，从而为正式谈判打下基础。同时，那些谈判难度不大，双方很容易能够就谈判内容达成一致的谈判，更多时候采用电话谈判的方式，这样可以降低谈判成本。

4. 电话谈判需要注意的问题

（1）争取主动。

一旦选定电话谈判方式，我们便应积极争取地做主动打电话的人，不做被动的接听者。因为只有这样，才能在谈判中处于优势地位，否则只能按照对方的意图和安排“绕圈子”。

（2）做好准备。

作为打电话者，只有事先做好计划和准备，才能真正取得主动权，没有准备便拨打电话，很可能就把谈判中的优势拱手让给了对方。

（3）集中精力，听说有度。

电话谈判完全依靠谈话，谈判者必须通过电话给对方留下一个良好的印象。传到电话另一端的必须是清晰、有力、生动、中肯、让人感兴趣的声音。打电话时我们要排除外界的种种干扰，把注意力完全集中在谈话上。

情景剧场

王玉松——M乳品公司大客户经理

宋卫东——华惠大型连锁超市采购经理

周一早晨，王玉松拨通了宋卫东办公室的电话。

王玉松：早上好，宋经理，我是M乳品公司大客户经理王玉松，想和您谈一谈我公司产品进店的事宜，请问您现在有时间吗？（通过前期了解，王玉松已经知道了卖场负责人的姓名及电话）

宋卫东：我现在没有时间，马上就要开部门例会了。（急于结束通话，很显然他对此次交谈没有任何兴趣）

王玉松：那好，我就不打扰了，请问您什么时间有空，我再打电话给您。（这时一定要对方亲口说出时间，否则你下次致电时对方还会以另一种方式拒绝）

宋卫东：明天这个时间吧。

王玉松：好的，明天见。（明天也是在电话里沟通，但“明天见”可以拉近双方的心理距离）

周二早晨，王玉松再次拨通了宋卫东办公室的电话。

王玉松：早上好，宋经理，我昨天和您通过电话，我是M乳品公司大客户经理王玉松。（首先要让对方想起今天致电是他认可的，所以对方没有理由推托）

宋卫东：你要谈什么产品进店？

王玉松：我们公司上半年新推出的乳酸菌产品，一共有5个单品，希望能与贵卖场合作。

宋卫东：我对这个品类没有兴趣，目前卖场已经有好几个牌子在销售了，我暂时不想再增加品牌了，不好意思。（显然已经准备结束谈话了）

王玉松：是的，卖场里确实有几个品牌，但都是常温包装，我们公司的产品是活性乳酸菌，采用保鲜包装，您当然了解消费者在同等价格范围内肯定更愿意购买保鲜奶；我们公司的产品已全面进入餐饮渠道，尤其是您附近的那几家大型餐饮店，销售量每个月都在上升，会有很多消费者到卖场里二次消费；我们公司采用“高价格、高促销”的市场推广策略，所以我们给您的毛利点一定高于其他乳产品。（用最简短的说辞引起对方的谈判兴趣，在这段话中王玉松提到了产品卖点、已形成的固定消费群体、高额毛利，每一方面都点到为止，以免引起对方的反感从而结束谈判）

宋卫东：还有哪些渠道在销售你们的产品？（对方已经产生了兴趣，但他需要获得更多的信息）

王玉松：现在已经有 100 多家超市在销售我们的产品了，其中包括一些国际连锁店，销售情况良好，我可以给您提供历史数据。（通过事实来增强对方的信心）

宋卫东：好吧，你明天早上过来面谈吧，请带上一些样品。

解析：在首次通话中，对方没有给王玉松交谈的机会，很多销售人员在此刻只能无奈地结束通话，而王玉松表现出了灵活的应变能力，争取到了一次合理的致电机会。在第二次通话时，面对对方的拒绝，王玉松按照电话谈判的要点，在很短的时间内简洁地向对方说明了产品的独特卖点与竞争优势，成功地引起了对方的谈判兴趣，最终赢得了双方进行常规谈判的机会。

电话沟通中如何给对方留下好的印象

（三）函电谈判

1. 函电谈判的含义

函电谈判是以文字为媒介的信息传递，包括电报、传真、信函往来交流等具体方式。函电谈判是一种比较经济的谈判方式，谈判的时间一般不长，成本较低，不受场地的限制，因而在实践业务中被广泛采用。

2. 函电谈判的优点及缺陷

（1）函电谈判的优点。

1）方便。函电谈判的形式灵活便捷，根据传递信息的需要可长可短。

2）准确。函电谈判中，人们可以对文字内容仔细推敲，慎重选择词语，不会出现口头交流中的错听、误听、记忆不准等现象。

3）利于决策。函电谈判中提供的交流内容都是书面文字，是准确而可信的证据，便于交流双方有较充裕的时间思考、讨论和分析，也可以在必要时向有关专家咨询、请教，有利于慎重决策。

（2）函电谈判的缺陷。

1）函电谈判要求文件的撰写人员具有较高的文字驾驭能力，能够通过文字准确地表达己方的意见。当撰写人员书面表达能力欠缺时，就有可能出现词不达意的情况，引起对方误解，延长谈判时间，甚至丧失良机。

2）函电谈判方式中，双方不见面，无法通过观察对方的语态、表情以及习惯动作等来判断对方的心理活动，从而难以运用一些谈判技巧。

3）函电谈判使双方缺少了面对面的接触，讨论问题往往不能深入、细致，彼此印象不深刻，感情也不深入，不利于建立长期业务关系。

3. 函电谈判的适用范围

函电谈判在商务谈判中使用得较为广泛。在国际商务谈判中，函电谈判是尤为重要的、首选的谈判方式；在国内贸易谈判中，函电谈判一般用于解决较简单的问题。

4. 函电谈判应注意的问题

在商务谈判中，撰写书面信函要遵循书面交流的七个原则，即完整、正确、清晰、简洁、具体、礼貌、体谅。

书面沟通的写作步骤

（四）网上谈判

1. 网上谈判的含义

网上谈判是指借助于互联网进行协商、对话的一种特殊的书面谈判，其实质就是以互联网为平台的市场主体之间进行商务谈判的一种新的形式。它是伴随着电子商务的兴起而发展起来的一种新的谈判方式。

2. 网上谈判的优点及缺陷

（1）网上谈判的优点。

1）有利于科学决策。网上谈判的双方身处不同的空间，主要通过数据信息的传输进行交流，能够直接把重点集中在谈判的条件、结果上；谈判双方有充足的时间仔细研究谈判的内容，反复对比论证，进而作出更科学合理的决策。

2）提高谈判效率。网上谈判借助于互联网庞大的资源库，谈判方可以掌握更全面、准确的客户信息，有助于提升谈判的质量和效率。

3）降低谈判成本。网上谈判避免了四处奔走，可以同时向国内外许多客户发出电子邮件，分析、比较不同客户的回函，从中选出对自己最有利的协议条件，大大降低了谈判成本。

（2）网上谈判的缺陷。

1）商务信息公开化，容易导致竞争对手的加入。

2）互联网的故障以及电脑病毒等，会影响商务谈判的进展。

3）谈判双方缺乏社会交往，不容易建立信任关系。

3. 网上谈判的适用范围

网上谈判的适用范围十分广泛，只要具备上网条件，谈判双方都可以选择网上谈判这种谈判形式。

4. 网上谈判应注意的问题

(1) 应充分了解谈判对象。

随着互联网的发展以及“一带一路”倡议影响力的不断扩大，我国对外贸易的范围不断扩大，交易的产品越来越丰富，在这种情况下，对谈判对象的了解变得十分必要。特别是对方企业的合法性、企业的经营战略、企业资金实力、产品构成及特性等内容的了解，会直接影响到我方谈判目标的实现。

(2) 把握谈判准则，避免吃亏上当。

网络环境存在一定的虚幻因素，增加了谈判的风险。因此，我们要在谈判技巧上下功夫，不可盲目地接受谈判条件。最终的合同一定要通过书面文件确认。关键的确认函件要保管好，作为产生争议时解决问题的依据。

(3) 鉴别信息，维护交易安全。

谈判人员应注意审查网上电子信息的来源，包括电子信息的形成时间、地点、制作过程等；确定电子数据交换或电子邮件到达时间的标准和举证方法。电子合同当事各方对数据电文承认的方式、方法等，也是网上电子合同签订过程中需要注意的问题。

上述四种谈判方式各有优缺点，也各有自己的适用范围。在实际的商务谈判中，具体采用哪种方式应视情况灵活选择。表 1－1 对商务谈判的四种方式的特点和适用范围进行了比较。

表 1－1　四种谈判方式的比较

比较项目	面对面谈判	电话谈判	函电谈判	网上谈判
接触方式	直接	间接	间接	间接
表达方式	语言	语言	文字	文字
商谈程度	深入、细致	受限制	全面	全面
情感氛围	有	受限制	无	无
个性和心理	有影响	有影响	无影响	无影响
联系速度和范围	慢、窄	快速、广泛	较慢、较窄	快速、广泛
费用	最高	较高	较低	很低
适用范围	团体谈判 大型项目	一对一 小型项目	日常交易 国际贸易	日常交易 国际贸易

三、商务谈判的评判标准

商务谈判成功与否的评判标准一般有以下三个方面。

(一) 目标实现标准

谈判的最终结果有没有达到预期目标？在多大程度上实现了预期目标？这是人们评价一场谈判是否成功的首要标准。如果原先所设定的预期目标一点也没有达到就宣布自己获得了这场谈判的胜利，这是任何人都不能够同意的，因为人们总是以行为有没有达到预期的目标来看待行为的有效性的。

（二）成本优化标准

一场商务谈判通常有三种成本：第一种是为达成协议所作出的让步，也就是预期谈判收益与实际谈判收益的差距，这是谈判的基本成本；第二种是人们为谈判所耗费的各种资源，如投入的人力、物力、财力和时间，这是谈判的直接成本；第三种是因参加该项谈判而占用了资源，失去了其他获利机会，损失了可望获得的其他价值，即谈判的机会成本。在这三种成本中，由于人们常常特别注重谈判桌上的得失，所以往往较多地注重第一种成本，而忽视第二种成本，对第三种成本考虑得更少，这是需要予以注意的。比如说，你进行了一场旷日持久的谈判，投入了大量的人力、物力、财力，最终圆满地实现了预定的目标，当你在庆贺谈判胜利的时候，有没有想到原本可以花较少的人力、物力、财力来获得同样的结果？有没有想到获得这项成功的同时失去了其他获利机会？如果你提前就注意到了，那么你就能够在谈判中表现出更大的主动性和能动性。

（三）人际关系标准

谈判是人们之间的一种交流活动，对于商务谈判而言，谈判的结果不只是体现为最终成交价格的高低、利润分配的多少，以及风险与收益的关系上，还应体现在人际关系上，即还要看谈判是促进和加强了双方的友好合作关系，还是因此削弱了双方的友好关系。一个谈判者应该具有战略眼光，不计较也不过分看重某一场谈判的得失，而是着眼于长远、着眼于未来。因此，在谈判中除了要争取实现自己的预定目标、降低谈判成本之外，还应重视建立和维护双方的友好合作关系。

从上述三个评价标准来看，一场成功的谈判应该是：在实现预期目标的过程中，谈判所获收益与所费成本的比最大，同时使双方的友好合作关系得到了进一步发展和加强。正确地认识谈判的价值评价标准，不仅使我们知道什么是成功的谈判，而且还使我们知道应该怎样去取得谈判的成功。

思考与应用

你认为商务谈判取得成功的基本要点有哪些？

项目小结

1. 谈判是人类交往行为中一种非常广泛和普遍的社会现象，是人们解决矛盾冲突的一种工具。谈判是由“谈”和“判”两部分构成的行为过程。谈判总是以某种利益的满足为目标，形成的是一种特殊的人际关系，具有极强的艺术性。

2. 商务谈判的基本要素包括谈判的主体、谈判的客体、谈判的目标和谈判的环境四项。

3. 商务谈判的基本原则有：诚信原则、合作原则、互利共赢原则、立场服从利益原则、对事不对人原则、守法原则和相容原则。

4. 商务谈判的沟通方式是指谈判各方用来沟通、协商的途径和手段。一般来说，商务谈判的形式可以简单归为两大类：一类是口头谈判，包括面对面谈判和电话谈判；

另一类是书面谈判，包括函电谈判和网上谈判。在实际谈判活动中，究竟采取哪种谈判形式，要根据谈判主体、谈判议题、谈判环境、谈判目的等多方面因素统筹考虑。

学习检测

一、判断题

1. 在商务谈判中，谈判人员既是谈判的主体要素，也是谈判的客体要素之一。（　）

2. 商务谈判的基本原则是指商务谈判的指导思想和基本准则，它能够决定谈判者在谈判中将采用的策略和技巧。（　）

3. 不同谈判者参加谈判的目的是相同的，都是以经济效益为核心。因此，人们通常以获取经济效益的大小来评价一项谈判成功与否。（　）

4. 函电谈判通常比网络谈判更快捷，因为不需要依赖互联网连接。（　）

5. 电话谈判的缺点之一是无法传递复杂的图表或文档信息，限制了谈判的深入程度。（　）

二、单项选择题

1. 商务谈判的核心是（　）。

A. 竞争　B. 合作　C. 说服　D. 利益分配

2. 在商务谈判中，应当采用面对面谈判方式的情形包括（　）。

A. 谈判议题分歧不大且内容较多的时候

B. 谈判项目比较正规且影响较大的时候

C. 谈判双方首次交易且需要深入了解的时候

D. 谈判正式开始之前初步接洽协商的时候

3. 在需要高度保密且不希望留下书面记录的谈判中，最适宜的沟通方式是（　）。

A. 面对面谈判　B. 电话谈判　C. 函电谈判　D. 网络谈判

4. “货真价实，童叟无欺”八个字最能体现商务谈判的（　）。

A. 诚信原则　B. 合作原则　C. 互利共赢原则　D. 守法原则

5. 在商务谈判中，为了确保双方都能从合作中受益，最应遵循的是（　）。

A. 竞争性原则　B. 互利共赢原则

C. 强制性原则　D. 单一利益最大化原则

三、多项选择题

1. 商务谈判的艺术性可以表现为（　）。

A. 谈判人员的选择　B. 谈判时间和地点的选择

C. 谈判议题的提出　D. 谈判环境的布置

E. 谈判中的语言艺术

2. 一般来讲，商务谈判发起的动因包括（　）。

A. 追求利益　B. 谋求合作

C. 互利共赢　D. 寻求共识

E. 建立联系

3. 商务谈判的基本要素包括（　　）等。

A. 谈判主体　　B. 谈判客体

C. 谈判议题　　D. 谈判目标

E. 谈判环境

4. 在商务谈判中，谈判者的谈判态度一般可分为（　　）等类型。

A. 软式谈判　　B. 横向谈判

C. 硬式谈判　　D. 纵向谈判

E. 原则式谈判

5. 网络谈判的优势主要有（　　）。

A. 跨地域性，便于全球范围内的谈判

B. 可以利用多种工具进行实时协作和文件共享

C. 节省时间和出行成本

D. 便于记录谈判过程和结果

E. 减少了面对面谈判中可能出现的紧张氛围

四、简答题

1. 分析商务谈判的特征。

2. 如何把握商务谈判的基本原则？

3. 评价商务谈判成果的标准有哪些？

五、案例分析题

某制造企业需要引进一条生产流水线，该企业采购人员首先通过互联网了解到目前欧洲有数家企业生产的产品符合要求，于是他们在网上发布了购买信息，数小时后有好几家企业都不约而同地发来了产品价格、性能等反馈信息。两天后，还有三家企业通过传真发来了更为详细的资料，并请求与该企业就购买事项进行商谈。经过比较分析，该企业选取了德国和瑞典的两家公司作为谈判对象。

在与德国公司电话谈判时，德国公司要求该企业购买 24 种产品技术。该企业先前就对德国公司的产品技术进行了研究，打算从 24 种产品技术中挑选出 13 种产品技术引进，因为这 13 种产品技术已经足以构成一条先进、完整的生产线。同时，该企业也根据对国际市场情报的掌握提出了合理的价格。最终，该企业既买到了先进的设备又节约了大量的外汇。事后，德国公司的董事长 R. 柯鲁格赞叹道：“你们这次商务谈判，不仅使你们节省了钱，而且把我们公司的心脏都掏去了。”

问题：

1. 分析这次谈判的形式，说明构成谈判的因素。

2. 这次谈判成功的主要原因有哪些？

技能训练

一、背景描述

买方：天津商贸公司

卖方：河北农产品商贸公司

交易标的：银杏果

2024 年 5 月，河北农产品商贸公司向天津商贸公司推销银杏果，经询盘后得到“可以考虑购进，请详细协商”的消息。双方谈判即将开始。

二、实训目标

1. 通过本项目实训，使学生理解商务谈判的含义。
2. 能够正确选择组织谈判的方式。
3. 遵守谈判原则，为发起谈判做好充分准备，以保证谈判总目标的实现。

三、实训任务及评价标准

实训任务	评价标准
选择谈判方式	陈述选择该方式的理由
列举不同谈判方式可能发生的问题	列举问题全面、合理
选择谈判地点	陈述选择该地点的理由
列举不同谈判地点可能发生的问题	列举问题全面、合理

四、实训要求

1. 本次实训以小组为单位，要求所有学生积极参与。
2. 小组成员要分工合作，注意团队合作意识的培养。
3. 如实记录实训过程，认真分析实训中的问题并提出改进意见。
4. 实训报告内容完整、结构合理、层次分明。
5. 请小组代表做经验总结，时限 5 分钟。

项目二
商务谈判团队的组建与管理

学习导读

- 商务谈判团队的组建与管理
  - 商务谈判人员素质要求
    - 思想品德素质
    - 专业能力素质
    - 心理素质
    - 身体素质
  - 商务谈判团队构成与管理
    - 商务谈判团队的构成与规模
    - 商务谈判团队成员的分工与配合
    - 商务谈判人员的培训
    - 商务谈判团队的激励机制

学习目标

知识目标：

1. 掌握商务谈判人员应具备的基本素质和要求。
2. 掌握商务谈判团队的构成与管理机制。

技能目标：

1. 具有承担商务谈判工作的能力。
2. 具有组织和管理商务谈判团队的能力。

素养目标：

1. 树立正确的学习态度，培养职业认同感和自豪感。

2. 培养团队合作精神，树立社会责任感。

案例导读

刘飞曾学过好几年绘画，有一定的绘画功底，但他后来做了一家房地产公司的销售员。初入职场，他对于这个职业还有些陌生，一直在很努力地研究和适应。

一天，刘飞的朋友向他提供了一条信息：有位教授居住的宿舍楼将要拆迁，而这位教授还没有拿定主意买一套什么样的房子，朋友劝刘飞去碰碰运气。

第二天，刘飞敲开了教授的家门，说明了来意，教授很客气地把他带到客厅。当时，教授的儿子正在画画，刘飞一边向教授介绍房子的情况，一边不时地瞄几眼孩子的画。教授听完刘飞的介绍后说：“你的房子确实具有一定的吸引力，但是我还要考虑一下，毕竟买房子的钱不是个小数目。”听了这句话，刘飞立刻感觉到教授对他的房子根本没兴趣，只是礼貌性地应付，他一时心里没了底，也不知道该说什么，气氛忽然变得尴尬起来。

这时，刘飞发现孩子的画有几处毛病，他灵机一动，便站起来走到孩子身边，告诉他哪些地方画得有问题，该如何解决，并随手拿起画笔熟练地在画布上勾画了几下，画的立体感顷刻间就显现出来了。孩子高兴地说：“叔叔你真是太棒了！”对绘画略知一二的教授更是吃惊地看着刘飞，感叹道：“没想到你还有这两下子，一看就是科班出身，功力不浅啊！其实，有时候我也能看出孩子的画有问题，可就是找不到解决的方法，也不知道该怎么辅导他，你这么一点拨，可真是帮了我大忙了！”

接下来，教授请刘飞坐下喝茶，开始谈论起了绘画，刘飞把自己学画的经历说了一遍，还告诉教授该怎么选择适合孩子的基础训练课，并答应有时间过来给孩子辅导一下。后来，教授主动把话题转到房子上，并说：“我们还有几个老师也在考虑买房子的事情，回头我跟几位老师商量一下，我们一起去你的楼盘看看，到时候你给大家介绍介绍。”

半个月后，刘飞与十几位老师签订了购房合同。

【问题与思考】

1. 你认为商务谈判人员应具备什么基本素质？
2. 你认为应如何激励谈判人员发挥更大的作用？

任务一　商务谈判人员素质要求

素质，是指人们在先天禀赋的基础上，通过教育和社会实践活动而发展形成的人的主体性品质，即人的品德、智力、体力、审美等方面的品质及其表现能力的系统整合。谈判人员的素质就是指在先天禀赋的生理素质基础上，通过后天的实践锻炼和学习形成的、在谈判工作中经常起作用的各种内在要素的总和。人的素质可以在实践中逐步发展与提高。

一名优秀的谈判人员应该具备怎样的素质呢？弗雷斯·查尔斯·艾克尔在《国家如何进行谈判》一书中曾提出，根据17、18世纪的外交规范，一个完美无缺的谈判家具有以下素质：心智机敏，有无限的耐心；能巧言掩饰，但不欺诈行骗；能取信于人，而不轻信于人；能谦恭节制，但又刚毅果敢；能施展魅力，而不为他人所惑；能拥有巨富，却不为钱财所动。当然，对于谈判人员的素质，仁者见仁，智者见智，但是一些基本的要求却是共同的，并历来为谈判者所尊奉。

知行合一：职业认同感与自豪感

职业认同感是指个体对于所从事职业的目标、社会价值及其他因素的看法，与社会对该职业的评价及期望一致，即个人对他人或群体的有关职业方面的看法、认识完全赞同或认可。职业认同感是人们努力做好本职工作，达成组织目标的心理基础，会影响员工的忠诚度、成就感和事业心的养成。

职业认同感有赖于个体努力学习和反复实践，从中获取经验，感受成功。商务谈判是一项充满挑战和压力的工作。如何把自己塑造成有技能、被需要、肯奉献的专业人才，是每一个大学生都应该认真思考的问题。

一般来说，商务谈判人员必须具备的职业素质包括：思想品德素质、专业能力素质、心理素质、身体素质等。

一、思想品德素质

谈判人员的思想品德素质主要表现为遵纪守法、廉洁奉公、讲求道德、严谨细致、团队精神等方面。

（一）遵纪守法

遵纪守法是指谈判人员不仅要有较强的法律意识，还应将本行业涉及的有关国际国内法规、条令记在脑中，懂得法令、法规的内涵，并能在工作中予以应用。

（二）廉洁奉公

廉洁奉公是指面对谈判中的种种压力和诱惑，谈判人员应能把握自己、牢记使命、顾全大局，积极谋求自己所代表的企业或团体的利益目标的实现。谈判是商业活动的重要组成部分，商务谈判的焦点是利润和利益，在某种程度上还会涉及个人得失，因而时常会出现诱骗、行贿与受贿等行为。谈判人员在面对各种诱惑时应保持警惕，不能因小利而失大节。相对于业务能力而言，谈判者的品德修养显得更为重要。

（三）讲求道德

讲求道德是指谈判人员应将职业道德贯穿于工作始终。谈判人员的职业道德可以概括为“礼”“诚”“信”。

“礼”是指待人接物讲究礼貌，处事有修养、有分寸。在谈判中，言谈举止、接待规格、时间安排处处应充满“礼”意，使对方感到受尊重。

“诚”是指应光明正大、诚心诚意地进行谈判。谈判人员不应有损人利己、嫁祸于人、转嫁危机等不可告人的动机，这会使谈判背离“诚”的原则及道德观。在谈判运用的依据上，应该是“存在的事实”，而不是“虚构的或者歪曲的”。

“信”是指谈判人员应言而有信。在曲折、复杂的谈判过程中，谈判人员说话要前后一致、言而有信。对于个人来讲，信口开河、说了不算是缺乏“信”的表现。在谈判中，张三推翻李四的话、上司否定主谈人的话，对于另一方来讲也是缺乏“信”的表现。

实例分享

某科技公司A与供应商B就一批关键零部件的供应展开谈判。双方初期就质量、价格、交货期等核心条款进行了深入讨论，并明确写入合同，承诺严格遵守。合同签订后，由于特殊原因市场原材料价格上涨，但B公司仍坚持按约定价格履行合同，体现了高度的诚信。A公司对此表示赞赏，并在后续合作中优先考虑B公司，不仅增加订单量，还共同研发新产品，提升市场竞争力。双方通过诚信合作，不仅克服了短期挑战，还建立了长期稳定的合作关系，实现了共赢发展。

解析：诚信是商业合作的基石，A、B双方以诚信为本，即便面对不利因素也不出尔反尔，而是通过共同努力寻找解决方案，最终赢得了长期合作的机会，展现了诚信谈判带来的深远价值和积极影响。

（四）严谨细致

严谨细致的精神要求谈判人员认真负责、工作规范、步步到位、环环相扣。例如：当对方给你一个电传，你要及时回复，及时答复对方提出的问题；对方的有些做法不对时，要适时指正，而己方的做法不妥时，应勇于承认错误；不轻易向对方承诺，一旦承诺就要尽力履行。总之，在与对手的谈判中，谈判人员要表现出应有的诚意，树立负责、可靠的形象。

讨论与提高

商务谈判人员应如何发扬工匠精神？

（五）团队精神

商务谈判往往不是一个人所能完成的，需要由谈判小组来进行。谈判中最大的危险就是让对方看到我方谈判小组成员之间的矛盾分歧。所以，谈判人员要具有合作精神，谈判小组应形成“大雁式的团队”，围绕谈判目标，在专业知识上互补，在工作上分工合作，在感情上和谐融洽，这样团队才能形成合力，才能在谈判桌上为己方争取到最大的利益。

二、专业能力素质

（一）专业知识结构

1. 商务知识

谈判既然是对现存利益的分割或对未来共同创造利益的分享，那么资金的筹措与利用的效率，包括价格、利率的变动就成了直接影响谈判双方利益的敏感因素，所以懂得一定的金融学、财务会计学、管理学知识是谈判者能够统揽全局，进而做到知己知彼、进退自如的前提。

2. 工程技术知识

工程技术知识对于一个商务谈判者来说是必不可少的，否则合同中有关的技术标准、验收标准等条款的确定就会变得相当困难，在合同的实施过程中也会不断出现类似的争议与纠纷。如果商务谈判者本人缺乏必要的工程技术知识，那么无论是内部沟通还是与合作方沟通都会缺乏必要的基础。

3. 法律知识

商务谈判必然会涉及许多法律问题，不仅在讨论合同条款时要尽可能做到详尽，而且要注意合同引起争议时有关法律适用的规定。因此，谈判者不仅应具有较强的法律意识，而且应尽可能熟练地掌握相关经济法规。

4. 社会文化知识

商务谈判者应了解有关地区的社会历史、风俗习惯以及宗教等状况，使自己的表达方式符合对方的习惯，从而使自己的想法和观点更容易被对方接受。特别是在国际性的商务谈判中，谈判人员应充分了解对方国家文化与本国文化的差异，这样不仅可以避免在与对方交往过程中的失礼行为，更重要的是可以避免在谈判中判断失误、沟通中断，以至于不能有效地作出必要的反应。

实例分享

我国某冶金公司要向美国购买一套冶炼组合炉设备，派一个以高级工程师（以下简称“高工”）为主的三人小组与美商谈判。为了完成使命，这位高工做了充分的准备，他查找了大量有关冶炼组合炉的资料，花了很大的精力把国际市场上冶炼组合炉的行情及美国这家公司的历史和现状、经营情况等了解得一清二楚。

谈判时，美商报价 230 万美元，经过讨价还价压到 130 万美元，高工仍然不同意，坚持出价 100 万美元。美商表示不愿继续谈下去了，把合同往高工面前一扔，说：“我们已经做了这么大的让步，贵公司仍不能合作，看来你们没有诚意，这笔生意就算了，明天我们就回国了。”高工闻言轻轻一笑，把手一伸，做了一个优雅的请的动作，美商真的走了。

冶金公司的其他人有些着急，甚至埋怨高工不该抠得这么紧。

高工说：“放心吧，他们会回来的。同样的设备，去年他们卖给法国只有95万美元，国际市场上这种设备的价格100万美元是正常的。”

果然不出所料，一个星期后美方又回来继续谈判了。

高工向美商点明了他们与法国的成交价格，美商愣住了，没有想到眼前这位谈判对手如此精明，于是不敢再报虚价，只得说：“现在物价上涨得很厉害，比不了去年。”

高工说：“每年物价上涨指数没有超过6%。一年时间，你们算算，该涨多少?”美商被问得哑口无言，在事实面前不得不让步，双方最终以101万美元达成了这笔交易。

解析：基础知识是一个人智慧和才能的基石，专业知识则决定一个人知识的深度和从事本职工作的能力。基础知识和专业知识越广博深厚，适应能力、工作能力就越强。作为现代谈判人员，知识面越宽，应变能力就越强；专业知识越精，就越能适应谈判的需求。商务谈判人员必须掌握经济学、民俗学、行为科学、心理学等方面的知识。

（二）谈判能力素质

1. 观察判断能力

谈判人员要善于察言观色，要具备对所见所闻作出正确分析和判断的能力。观察判断是商务谈判中了解对方的主要途径。只有通过准确、仔细的观察判断，才能为了解对方、辨别信息真伪提供强有力的依据。

2. 表达能力

谈判人员应该具有较强的口头表达能力和文字表达能力，善于用言语有理、有力、有节地表达己方的观点，不仅要熟练地运用本国语言（包括某些主要的方言）和外语，还要注重运用无声语言、暗示性语言、模糊语言、幽默语言、情感语言。

3. 协调能力

谈判是一项需要密切配合的集体活动，这不仅反映为谈判一方与对手之间的外部的相互适应过程，更多的是要求谈判一方内部的成员在发挥自己作用的同时，要相互协调关系，统一观点、意见和立场，对谈判策略、谈判方式及谈判进程进行选择与控制等，从而把个人的力量凝聚起来，以形成更强的战斗力。

4. 创新能力

谈判人员应有丰富的想象力，勇于开拓创新，善于拓展商务谈判的新思路、新模式。如果一个人在谈判中只是表现出单纯的原则性和百折不挠的精神，那他往往会与对方陷入争执。在这种情况下，就需要谈判人员发挥创造力、想象力，这对于推动谈判的发展具有关键性的作用。

陶朱公商训十二则

三、心理素质

（一）高度的自信心和创造力

优秀的谈判者往往有一定的创造力和丰富的想象力，有勇于拼搏的精神和顽强的意志。他们愿意接受不确定性，敢于冒险，把谈判看成一个竞技场，在他们看来，拒绝是谈判的开始，越有竞争性，自己会变得越勇敢。在认真执行计划的同时，他们会努力拓展自己的想象空间。即便是在双方达成一致的基础上，他们也会寻找达成协议的更好的选择。

（二）良好的心理承受能力

谈判人员宽广的心胸、良好的修养，能为双方进行观点的表述搭建一个稳固的平台。通常情况下，谈判人员都具有极高的涵养，在顺境时不骄不躁，不目中无人；在逆境时能保持良好的进取心态，不把自己的缺点和错误强加给别人；当别人侮辱自己时，不以牙还牙，而是不卑不亢，用智慧来应对。具有这种非凡气质的谈判人员，那种自然流露出来的力量，会使对方在心理上不敢轻视他。

有效谈判者的特点

四、身体素质

商务谈判往往是一项牵涉面广、经历时间长、节奏紧张、压力大、耗费谈判人员体力和精力的工作。特别是赴国外谈判时，谈判人员还要遭受旅途颠簸、生活不适之苦；若接待客商来访，则要尽地主之谊，承受迎送接待、安排活动之累。所有这些都要求谈判人员必须具备良好的身体素质，这是谈判人员保持顽强意志力与敏捷思维的重要基础。

思考与应用

你认为商务谈判人员的思想品德素质应包括哪些内容。

任务二　商务谈判团队构成与管理

一、商务谈判团队的构成与规模

（一）商务谈判团队的构成

商务谈判团队的构成要考虑两个因素：一是谈判业务所需的领导者的决策能力；二是谈判人员所具备的专业知识结构。

一般来说，谈判队伍的构成如下。

1. 商务人员

商务人员主要包括熟悉经济、贸易规则的人员。这类人员一般由公司的总经理或总经理委派的有相应能力的人员担任，是谈判班子的核心，主要在形成交易与交易合同方面发挥作用。

2. 经济人员

经济人员是谈判队伍中的重要成员，主要包括熟悉与贸易相关的金融业务、财会业务的人员，这类人员可以来自公司的贸易部门、财务结算部门，也可以来自专业贸易公司或经营结算业务的银行或企业，他们主要在交易条款与交易合同谈判中发挥助手作用，在财务评估和交易清算的谈判中发挥主力作用。

3. 技术人员

技术人员主要包括熟悉产品、产品工艺、科研的技术员、工程师以及与技术员、工程师相关联的技术领导、技术经理或工厂厂长等。他们是产品及产品生产的制造者和管理者，主要在产品性能、质量标准、产品验收、技术服务、价格决策等方面发挥技术参谋作用。

4. 法律人员

法律人员是指熟悉与谈判项目相关法律的人员，这类人员可以是来自律师事务所的专业律师，也可以是精通所谈项目法律条文而在企业工作的法律工作者。他们在合同有关条款的法律界定、拟定合同文本、解释合同条款、斟酌合同文字等方面发挥作用。

5. 翻译人员

翻译人员主要是熟悉交易当事方的语言或双方共选的工作语言的人员。他们在消除谈判双方的语言障碍、传递谈判各方的信息、融合并沟通谈判各方的感情等方面发挥作用。

谈判队伍中除上述人员以外，一般还有记录人员、生活秘书、安全保卫人员等。

（二）商务谈判团队的规模

对于一次谈判来说，到底多少人参加才合适，并没有一个统一的标准和模式。谈判团队规模通常要考虑以下因素：公司的规模、谈判的重要程度和谈判的难度等因素。

如果本次商务谈判议题比较简单，难度不大，参加谈判的人员有 2～3 人即可。如果参与谈判的人数过多，就会出现信息沟通复杂化、角色分工混乱和人浮于事的等问题。

如果本次商务谈判的议题比较复杂，涉及多方面内容，需要参加谈判的人员能兼顾多个方面的专业知识，那么参加谈判的人员应以 3～5 人为佳。因为他们可以互相配合，各显其能，使谈判工作顺利进行。

如果本次谈判属于大型的、综合性谈判，谈判结果不但对企业发展有重大影响，而且涉及的议题繁多，则可以把整个谈判任务按照专题性质进行分解，由专题谈判小组承担相应的任务。整个谈判项目团队规模可以较大，但是每个专题谈判小组成员依然保持在 5 人左右。这样既可以维持高效率的工作，也便于整个团队的协调与管理。

一般情况下，应尽量避免一个人单独谈判，特别是在需要作出比较重要决策的时候。这是因为在谈判桌上会出现很多不可预测的突发事件，单靠一个人有时候会出现顾此失彼的情形。即使这个谈判人员神通广大，他也无法分角色地独立控制谈判中的复杂局面，再加上谈判中会涉及很多专业知识，这时就需要其他专业人员的参与。

知行合一：团队精神与社会责任感

团队精神是大局意识、协作精神和服务精神的集中体现，核心是协同合作，“万人操弓，共射其一招，招无不中”（《吕氏春秋·孟春纪》），展示的就是团队合作的力量。团队精神的形成并不是要求团队成员牺牲自我，相反，挥洒个性、表现特长才是团队成员协作意愿和协作方式的真正动力。团队精神是组织文化的一部分，良好的管理可以通过合适的组织形态将每个人安排至合适的岗位，充分发挥集体的潜能。如果没有正确的管理文化，没有良好的从业心态和奉献精神，就不会有团队精神。

社会责任感就是在一个特定的社会里，每个人在心理和感觉上对其他人的伦理关怀和义务。社会责任感作为一种道德情感，是一个人对国家、集体以及他人所承担的道德责任。一个有社会责任感的人，必然具备三种品质：坚持道德上正确的主张；坚持实践正义原则；愿为他人作出奉献和牺牲。

二、商务谈判团队成员的分工与配合

（一）商务谈判团队成员的分工

商务谈判团队成员的分工，一般有下述三个层次。

1. 主谈人

主谈人又称谈判小组的首席代表，是商务谈判团队的主要发言人，也是谈判桌上的组织者、预定方案的执行者。在一些情况下，主谈人就是谈判组长。因为主谈人在谈判活动中起着十分重要的作用，所以主谈人应比一般谈判人员具有更广泛的知识和更强的谈判能力。

主谈人的主要工作如下：

(1) 组织制订谈判执行计划。主谈人确定谈判各阶段的目标和策略，并根据谈判过程中的实际情况灵活调整，以追求最大利益。

(2) 组织己方谈判策略的实施。在谈判中发挥核心作用，争取主动，避免内部脱节、上下脱节，确保整体迎战。主谈人对谈判过程中出现的各种问题，比如谈判的节奏、让步的时机与幅度、妥协点的选择、谈判陷入僵局的处理等，要及时作出决策和安排。

(3) 及时沟通信息。主谈人负责谈判中的上情下达和下情上达，特别是当发生非授权范围内的重大情况时，应将事情的本来面貌如实地向上级汇报，提出相关请示，保证上级的意图能在谈判中机动地实现。

(4) 协调内部关系。主谈人协调谈判队伍各成员的心理状态和精神状态，处理好与辅谈人员的关系，增强组织凝聚力，使大家团结一致、共同努力，实现谈判目标。

在谈判中，不同阶段的谈判内容不同，往往需要不同的专业人员分别担任主谈人。例如：在进行技术条款的谈判时，技术人员是主谈人，对技术条款的完整性和准确性负全责，同时为其他条款有利于己方创造条件；在协议中涉及法律条款，尤其是专业性法律条款时，法律人员是主谈人，对合同的合法性负责，同时防止对方钻法律的空子。

2. 辅谈人（专业人员）

辅谈人包括经济人员、技术人员、法律人员和翻译人员等，他们在谈判过程中往往处于“配角”的位置，是谈判队伍的必要构成，能弥补主谈人某些方面的不足。其主要职责是接受主谈人的咨询，提供相关的信息和参考意见，详细记录谈判双方的主要情况，协助主谈人完成谈判任务。

3. 其他工作人员

其他工作人员包括记录员、打字员等。他们负责准确、完整、及时地记录谈判内容，包括商谈的全部过程和主要问题、双方提出的各项条件和建议、双方争议的主要问题和最后达成的协议，甚至包括谈判人员的用语、习惯、表情等。记录手段主要是速记、电脑记录，在双方同意的条件下，也可以采用录音、录像等手段。

（二）商务谈判团队成员的配合

情景剧场

专做古画生意的张先生带着50万元慕名找到一位古画藏家，藏家是名门之后，家藏古画甚多，见了面，藏家拿出了56幅古画。张先生一一细品，凭感觉，断定其中有真有假，但藏家说要买就一起拿走，不然就一张也不卖。张先生对这批画爱不释手，决心在自己力所能及的条件下，一定要买到手。

张先生开始报价：“5万元。”

藏家说：“开玩笑”。

“10万元。”

藏家说：“你把我当叫花子。”

…………

“38万元，可以了。”张先生继续加价。藏家还是没有松口。

天色渐渐晚了，张先生决定要放弃了。

正在这时，忽然一个老太太从屋里出来，指着藏家的鼻子骂道：“你个老穷鬼，一辈子就知道守着这几张破画，两个儿子要结婚，买房子和彩礼钱从哪里来？38万元你还不卖！”

形势就此急转直下。张先生以38万元买走了这批古画。

解析：从这个故事我们可以看出，在商务谈判中，人员的相互配合是至关重要的。谈判过程中没有良好的合作精神将会使谈判者失去应得的利益。因此，只有谈判人员在观点、策略、语言及动作等方面相互协调、呼应得当，才能达到预期的谈判目标。

一场成功的商务谈判来源于谈判人员所具有的良好个人素质和成员之间的默契配合。

1. 主谈人与辅谈人（专业人员）配合

在商务谈判中，己方一切重要的观点和意见都要由主谈人来表达，尤其是一些关键性的评价和结论更得由主谈人表述，辅谈人要配合主谈人，起到参谋和支持的作用，具体形式可以多种多样。

> **讨论与提高**
>
> 当主谈人拒绝对方要求或者主谈人发生口误时，辅谈人可以采取哪些措施呢？

主谈人发生意外情况的处理办法

2. 多个专业主谈人配合

多个专业主谈人一般出现在同时存在技术、商务等主谈人的情况下。从一定意义上讲，当谈判由多个专业主谈人共同负责时，要求他们相互间的配合更为密切。专业主谈人之间只是分工不同，而谈判是融为一体的，分头谈判时，其进展与条件是互为前提、互相联系的。在实践中，很多商务谈判都是通过多个专业主谈人在谈判过程中积极配合、协调一致取得成功的。

3. 负责人与主谈人配合

有时谈判会出现谈判负责人与主谈人分离的情况，这时，负责人能否主动配合主谈人，是协调二者关系的重点。在谈判中，负责人原则上宜“超脱”，以求最大限度地发挥主谈人的作用。以几种典型场合的具体做法为例：在礼宾场合，负责人可以作为主要角色出现；在谈判场合，负责人应该以旁听者的身份出现，以发挥主谈人的积极性、维护主谈人的权威；在谈判出现僵局时，负责人可以出面斡旋；在整个谈判中，负责人对谈判进程紧密跟踪、随时指导。技术和商务等主谈人也应主动配合负责人制订总体谈判方案，分头落实，并在落实过程中与负责人保持交流。

4. “台上”人员和“台下”人员配合

在比较重要或复杂的谈判中，为了确保谈判的成功，谈判队伍可以组织谈判的“台上”和“台下”两套班子。“台上”人员是直接面对对方的谈判人员；“台下”人员不直接参加谈判而是为“台上”谈判人员出谋划策或准备各种必需的资料和证据，提供专业方面的建议或提供某些服务等。“台下”人员的活动不能过多、过滥，不能干扰“台上”人员的工作。

谈判人员的密切配合是谈判成功的先决条件，然而，谈判成员之间的默契合作关系不是自然形成的，一支有团结协作精神的谈判队伍需要通过有意识的、长时间的培养、教育和锻炼才能建立起来。现代企业可以运用学习型组织理论来组建这样一支具有团队精神的谈判队伍。

学习型组织理论

三、商务谈判人员的培训

商务谈判对谈判人员的各个方面都提出了很高的要求。因此，加强商务谈判人员的培训，不断补充和完善他们的知识、技能和个性品质，提高商务谈判人员的能力，是企业必须长抓不懈的工作。

（一）培训内容

根据商务谈判活动的特点与要求，商务谈判人员培训应包括下述几方面内容。

1. 业务知识培训

谈判离不开实际业务，谈判人员熟悉所在行业、企业的业务性质和基本流程是进行谈判的前提之一。有些谈判人员并非所在企业的业务人员，对他们进行业务知识培训是十分必要的。同时，由于现代科技的快速发展和应用，谈判人员即使是专业人员，也应参加一定的业务培训，以适应知识、技术不断更新的需要。

2. 谈判能力培训

谈判能力培训是谈判人员日常培训的重点。谈判能力是谈判人员的知识、智慧的综合体现。培训的最终目的是提高培训者的谈判能力，使其有效地适应工作。谈判能力主要包括谈判过程中的人际交往能力、策划能力、协调能力、表达能力、分析与解决谈判问题的能力、签约成交能力。

3. 谈判策略与技巧培训

商务谈判策略与技巧是人们在长期的谈判实践中的经验总结，是前人智慧的结晶，也是广大商务谈判理论工作者不断探索、归纳总结的结果。要掌握这些谈判策略与技巧，仅凭个人的谈判实践进行总结需要较长的时间，而集中培训、教师讲授、经验交流和案例讨论，则能使谈判者在较短时间内迅速掌握这些策略与技巧。

4. 自我控制能力培训

谈判能力的发挥必须借助于谈判人员的心理自控能力来实现。商务谈判中少不了冲突，因此，谈判人员如何应对冲突是对他们进行训练的内容之一。良好的自控能力可以借助现代心理学研究成果，通过科学的培训形成。培训使每一位谈判人员都能了解自己的气质和性格特点，明确自己气质与性格中的优点与不足。同时，要通过培训，使谈判人员努力改进自己不良的气质与性格特点，使自己的个性接近和适应谈判者的角色要求。

（二）培训方法

从国内外企业培训商务谈判人员的实践来看，一般有下述四种行之有效的培训方法。

1. 系统性的专业培训

企业应根据自身的发展需要，选拔一些优秀的业务人员到院校深造。学习内容一般包括基础文化知识、经济理论知识、谈判理论知识、人际交往能力、决断能力、毅力和健康的心态，以及与企业产品和业务相关的课程等。这种专业培训的系统性强，使谈判人员能较为全面地接受专业训练。

2. 短期性的专门培训

这类培训根据需要，短则几周、几个月，长则半年；在形式上，或脱产集训，或边工作边培训。它是提高谈判水平的一种常用培训方法。短期培训的关键是要根据受训人的知识及能力特点设计好培训课程和技能培训项目，并选好培训师。短期培训的针对性要强，要注重实效。一般来说，要挑选一些具有丰富谈判经验和一定理论水平的高级职员或专家担任，否则就难以达到预期目的。

3. 实践性的现场培训

这是一种“传、帮、带”的方法，即指定一些具有丰富谈判经验的资深人员带领受训人参加商务谈判，指导受训人开展工作，学习临场处理问题的方法和技巧。具体来讲，首先要确定受训人的培训目标，规定研习课程。其次，在跟随谈判中，受训人可以充当“观察员”的角色，或做一些后勤工作，确定重点观察、观摩的学习项目，定期进行总结考评。有时可以采用模拟谈判的方式，师徒分别扮演特定的谈判角色，并把模拟谈判的实景拍摄下来，事后进行分析评判、总结经验。最后，在受训人有了一定的理论知识和实践感受后，可以让其在正式谈判中担任次要谈判角色，以培养其实际谈判能力。在受训人的知识和技能达到一定水平后，可以令其充当重要谈判角色，培养其成为成熟的谈判者。

4. 自发性的自我培训

自我培训是指商务谈判人员利用工作或业余时间自学，进行锻炼与学习。知识的学习、能力的提高是无止境的。到院校学习和接受专业培训毕竟是短暂的，因此，有意识地自我培训成为增长知识、提高工作能力必不可少的重要条件。自我培训的具体方法如下：

（1）明确目标。要设计好通过学习期望达到的具体目标，使学习做到有的放矢，只有这样，才能收到好的效果。

（2）博览群书。商务谈判涉及的知识面非常广泛，天文、历史、地理、人文、经济等无所不包，谈判者需要涉猎多种知识，不断地丰富和充实自己的大脑。在博览群书的基础上，可以急用先学，边学边用，逐步扩展。

（3）勤于思考。谈判者要将知识真正运用于谈判实践，就必须有一个自我消化的过程。在对外观察、接触新事物的时候，谈判者要多问几个“为什么”，要认真记载各种有益的素材及瞬间的感受、体会，这是一种积累，也是一种收获，有助于提高自己对问题的理解能力。

（4）勇于实践。谈判者要多找机会参与谈判，在实践中体会所学的知识，检验自己的能力。谈判者要克服浅尝辄止、不求深入的不良倾向，提倡“实践—认识—再实践—再认识”的提高方式。

（5）善于总结。每一次学习、每一次谈判实践对于谈判者而言都是一次宝贵的机会，都值得谈判者认真总结经验，以指导今后的学习和实践。总结的方式多种多样，静思、反省、理清头绪均不失为有益的方法；商讨、书写、落实成文，从某个事件中得出更广泛、更具有指导性的规律更是多多益善。

四、商务谈判团队的激励机制

管理商务谈判团队的核心是对谈判人员的管理，其任务是要引导和促进谈判人员为实现谈判目标作出最大的努力。然而，谈判人员参加谈判的努力程度常常与组织的预期有差距，个人目标与组织目标也会不一致。如何使谈判人员把组织的目标视为自己的目标呢？这个问题可以通过激励手段来解决。

所谓激励，是指通过高水平的努力实现组织目标的意愿，而这种努力以能够满足个体的某些需要为条件。采用恰当的激励手段，可以有效地激发谈判人员的潜能，有助于谈判人员认同和接受本企业的目标和价值观，使其对企业产生强烈的归属感。

心理学家一般认为，人的一切行为都是由动机支配的，动机是由需求引起的，行为的方向是寻求目标、满足需要。需求理论的研究表明，虽然人的需求多种多样，但基本可以将其需求归纳为物质需求和精神需求两种。根据这一理论，对商务谈判人员的激励可以分为以下几种。

（一）设置合理的奖酬制度

企业的奖酬手段主要有工资、奖金和福利等，企业通过合理的奖酬，对员工所做的贡献，包括他们实现的绩效、付出的努力和时间等，给予相应的回报和答谢。奖酬作为一种很重要的激励手段，往往有比其本身更大的价值。奖酬的经济价值使其成为满足人们物质生活需要的一种重要手段；奖酬的心理价值对许多人来讲，又是满足精神需要的一种手段，它往往象征着成功、成就、地位和权力。健全、合理的奖酬制度应具备公平性、竞争性、激励性、经济性和合法性。

（二）及时给予表扬或表彰、奖赏

英国学者比尔·斯科特认为，谈判人员可以从谈判本身获得满足感。例如，参加一场艰苦、复杂的谈判并最终取得令人满意的效果，可以让谈判者获得很大的心理满足。如果企业领导及时对谈判人员所取得的成绩予以表扬或表彰、奖赏，就会使他们受到极大的鼓舞。

（三）适当授权

从管理学的角度来看，授权是指上级把自己的职权（主要是指决策权）给予下属，使下属拥有一定的自主权和行动权。授予谈判人员一定的职权也是激励他们工作的一种方式。从谈判人员的角度来看，他们自身也要求有职有权，即要求有一定的职权和自由度，以施展自己的才华，并从中得到满足。他们不希望受到不必要的行政干预。

（四）委以重任

把困难的谈判任务交给谈判人员，使他们为得到某种信任而感到满足。

（五）职务晋升

以价值为基础的职务晋升对于任何员工来说都是一种动力，企业在适当的时候对表现出色的商务谈判人员进行提拔、重用，无疑会使其因为受到信任而感到满足，对其他谈判人员也是一种鼓励和鞭策。

（六）提供学习机会

这种激励方式包括选送谈判人员到高等院校、职业培训中心和优秀企业学习。提供学习机会可以使谈判人员的潜能得到进一步激发，使其抱负得以实现，从而调动谈判人员的工作积极性。

（七）实行自我管理

让谈判人员实行自我管理，可以使他们感受到上司的信任、重视和赏识，从而体验到自己的利益同组织的利益及发展密切相关，增强责任感。谈判人员进行自我管理是以谈判人员不同程度地参与谈判队伍决策及各项管理工作、谈判负责人及组织领导人的信任和指导、组织自我管理的制度保障等为前提的。实行谈判人员自我管理的主要步骤是：首先，鼓励谈判人员正确地、一分为二地看待自己的优点与缺点。其次，指导谈判人员在谈判时有针对性地进行自我约束，例如，自检心理状态，及早发现问题，以防出现心理漏洞。再次，鼓励谈判人员发挥积极性，战胜自己，战胜对手。最后，要求谈判人员对自己的工作结果进行自我反省，例如，在每次谈判结束时进行工作小结，反思自己的言行，检查自己的心理状态，或请上司、同事作为“镜子”照照自己，以获得提高。

思考与应用

对商务谈判能力的培训应包括哪些方面？

项目小结

1. 作为一名商务谈判人员，应在思想品德素质、专业能力素质、心理素质、身体素质等方面符合谈判人员的基本要求。

2. 谈判队伍的构成人员主要包括商务人员、经济人员、技术人员、法律人员及翻译人员等。

3. 谈判队伍的规模一般应设定在3～5人，影响规模的主要因素是谈判的性质和对象、谈判所需的知识范围和谈判人员的素质。

4. 商务谈判人员管理可以使谈判人才资源最大限度地发挥作用。在谈判中，谈判队伍成员分为主谈人、辅谈人以及其他工作人员，他们各自承担不同的职责。主谈人与辅谈人（专业人员）之间、多个专业主谈人之间、负责人与主谈人之间要密切配合，以保证谈判的顺利进行。

5. 要不断地对谈判人员的业务知识、谈判能力、谈判策略与技巧以及自我控制能力等进行培训，以补充和完善他们的知识、技能和个性品质，提高他们的商务谈判能力。

6. 对谈判人员的培训方法可以选择系统性的专业培训、短期性的专门培训、实践性的现场培训以及自发性的自我培训等多种方法。

学习检测

一、判断题

1. 专业素质是谈判人员必备的基本素质之一。（ ）
2. 谈判团队中的每个成员都应该具备相同的技能和背景，以确保一致性。（ ）
3. 明确的团队分工是确保商务谈判顺利进行的关键因素之一。（ ）
4. 在商务谈判中，团队之间的良好配合和沟通是达成共识的基础。（ ）
5. 谈判团队的激励机制应该重点关注经济奖励，以提高成员的积极性。（ ）

二、单项选择题

1. 下列各项中，属于谈判人员必备核心思想素质的是（ ）。

A. 强烈的责任心和使命感　B. 出色的外貌和气质
C. 丰富的社交经验　D. 高超的谈判技巧

2. 谈判人员的专业素质中，最为基础的是（ ）。

A. 丰富的历史文化知识　B. 深入的心理学知识
C. 广泛的社会知识和专业知识　D. 强大的身体素质

3. 心理素质对谈判人员的最重要影响是（ ）。

A. 提升谈判效率　B. 提升个人形象
C. 增强社交能力　D. 在压力下保持冷静和理智

4. 商务谈判团队的理想规模通常是（ ）。

A. 1～2人　B. 3～5人　C. 6～10人　D. 10人以上

5. 谈判团队中，负责整体策略规划和协调的成员角色通常是（ ）。

A. 技术专家　B. 主谈人员　C. 法律顾问　D. 数据分析师

三、多项选择题

1. 谈判人员的思想素质主要包括（ ）。

A. 强烈的责任心和使命感　　B. 坚定的政治立场和法治观念
C. 高尚的职业道德和廉洁奉公的品质　　D. 扎实的专业知识和专业技能
E. 严谨务实的工作作风

2. 谈判人员的谈判能力素质主要包括（　　）。
A. 强大的身体承受能力　　B. 敏锐的观察力
C. 优秀的协调能力　　D. 出色的表达能力
E. 强健的体魄

3. 身体素质对谈判人员的影响包括（　　）。
A. 保持持久的谈判精力　　B. 提升谈判形象
C. 应对紧张的谈判节奏　　D. 提高谈判能力
E. 承受谈判压力

4. 确定商务谈判团队规模时，应考虑（　　）等因素。
A. 谈判的复杂性　　B. 公司的整体预算
C. 成员之间的熟悉程度　　D. 谈判成员的谈判水平
E. 谈判的时间限制

5. 对商务谈判人员的激励包括（　　）等方法。
A. 合理的奖酬制度　　B. 及时的表扬、表彰和奖励
C. 适当的授权或委以重任　　D. 职务晋升
E. 提供培训学习机会

四、简答题

1. 商务谈判人员应具备哪些基本素质？对比一下，你自己已经初步具备了哪些素质？还需要做哪些努力？

2. 谈判队伍的构成是怎样的？你可以充当什么角色？

3. 如何有效地激励谈判人员？

五、案例分析题

在一家服装店，一位老年顾客挑选了一件肥大的上衣，售货员见老人挑的衣服过于肥大，就说："这件衣服您不能穿。"老人感到奇怪，就随口问道："怎么不能穿？"售货员说："这件衣服您这样的能装俩。"老人一听很不高兴，怒气冲冲地离开了。平心而论，售货员是好意，觉得衣服过于肥大，不适合老人穿，但她说出的话却导致老人不愉快。

问题：

1. 为什么售货员的好意却导致老人不愉快？

2. 根据商务谈判人员基本素质要求，分析该售货员应如何表达自己的观点。

技能训练

一、背景描述

买方：天津商贸公司

卖方：河北农产品商贸公司

交易标的：银杏果

在上一期工作中，交易双方分别选定了谈判的方式和谈判地点，并对此进行了初步沟通，达成一致。本期的核心工作则是谈判人员的选拔与谈判团队建设。

二、实训目标

通过本项目实训，使学生了解商务谈判人员的素质要求以及团队的组成与管理，能够确定最佳谈判人员并组成高效的谈判团队，为谈判工作的顺利开展做好人力资源方面的准备，以保证谈判总目标的实现。

三、实训任务及评价标准

实训任务	评价标准
确定谈判人员	明确谈判人员的素质要求
	明确谈判人员的分工及责任
组建谈判团队	明确每个谈判人员的分工
	明确每个谈判人员工作衔接的方法
制定谈判团队的管理办法	制订谈判人员培训计划
	制定团队成员奖惩办法

四、实训要求

1. 本次实训以小组为单位，要求所有学生积极参与。
2. 小组成员要分工合作，注意团队合作意识的培养。
3. 如实记录实训过程，认真分析实训中的问题并提出改进意见。
4. 实训报告内容完整、结构合理、层次分明。
5. 请小组代表做经验总结，时限 5 分钟。

模块二

商务谈判工作过程

观念植入

商务谈判是企业实现经济目标的重要手段和重要途径。企业在运营与发展中所拥有的社会资源总是有限的，掌握在其他人手中的资源不会无缘无故地让企业使用，所有的人都在用所拥有的资源为自己谋求更多的利益。无论是同盟者还是竞争者，谈判是协调彼此利益的重要途径，谈判能力是合格企业家和管理人员必须具备的基本素质，谈判策略和技能水平影响甚至决定了企业发展的空间和成败。商务谈判是商品交易活动中的桥梁和纽带，是企业开拓市场的重要力量。

项目三

商务谈判工作准备

学习导图

- 商务谈判工作准备
  - 确定商务谈判目标
    - 商务谈判目标的含义
    - 确定商务谈判目标的原则
    - 商务谈判目标的层次结构
    - 确定商务谈判目标应注意的问题
  - 调查商务谈判信息
    - 商务谈判信息调查的内容
    - 商务谈判信息调查的原则与方法
    - 商务谈判信息的分析与整理
  - 制订商务谈判计划
    - 谈判计划的确立过程
    - 制订谈判计划的基本要求
    - 谈判计划的主要内容
  - 模拟商务谈判
    - 模拟谈判的重要性
    - 模拟谈判的任务和过程
    - 模拟谈判的形式

学习目标

知识目标：

1. 掌握谈判目标的确定和谈判信息收集、整理、分析的方法。

2. 了解谈判计划确立的过程和要求，掌握谈判计划的主要内容。

能力目标：

1. 具有开展商务谈判信息调查的能力。
2. 具有制订商务谈判工作计划的能力。

素养目标：

1. 培养学生的综合性思维能力和处理信息、解决问题的能力。
2. 培养自我管理与组织管理的能力，养成良好的行为习惯。

案例导读

在一次商品洽谈会上，我方某公司与澳大利亚一客商洽谈出口棉花业务。

第一轮谈判开始时，客商采取各种招数来摸我们的底，经常罗列很多市场信息或者扬言减少购货的数量进行压价，以期能够占据谈判优势地位。发现这一情况后，我方立即中止谈判，重新收集分析相关信息，研究对方的谈判目标和战略战术。

经过多方面调研，谈判人员发现三个问题：第一，当年世界棉花主要生产国美国和印度因自然灾害导致棉花减产，不能大规模出口；第二，经过技术创新，该产品预期有新的用途；第三，澳大利亚公司扩大生产，急需大批量棉花以充实库存。在仔细分析了这些信息以后，我方重新制定了谈判目标，修改了原来的谈判方案和策略，充分做到有的放矢，启动了第二轮谈判。

第二轮谈判一开始，我方谈判代表根据掌握的信息明确告诉对方：第一，我方的货源不多；第二，对方对产品的需求很大；第三，美国和印度等国因自然灾害不能供货。对方立刻就意识到我方对这场交易背景的了解比较深入，是有备而来，双方的谈判地位随即发生巨大变化。此时，双方都认为应抓住市场机会，尽快结束谈判。之后，双方仅对一些细节问题进行了交涉，在互利互惠原则基础上，以最快速度订立了合同。

这个案例充分说明了在商务谈判中收集、整理相关信息和采用正确谈判策略的重要性。

【问题与思考】

1. 你认为在商务谈判中应该了解哪些信息？
2. 你认为我们应当如何确定谈判目标？
3. 你认为谈判方案的作用和内容有哪些？

任务一　确定商务谈判目标

一、商务谈判目标的含义

商务谈判目标是指谈判人员为满足谈判工作的需要而确定的指标或指标体系。谈判目标既是谈判的起点，也是谈判的归宿和核心问题。在谈判计划中明确谈判目标，实际上就是以书面的形式对先前己方根据相关信息所做的决策的明确化。

一个正确的谈判目标，往往要经过反复多次与现实对照、修改才能制定出来。制定谈判目标要考虑多方面因素的影响，如本企业的地位、竞争状况、供求状况等。同时，所确定的谈判目标还要留有余地，要有一定的弹性。

二、确定商务谈判目标的原则

（一）实用性原则

谈判双方要根据自己的实力和条件确定谈判目标。

（二）合理性原则

谈判主体应对自己的利益目标在时间和空间上进行全方位的分析。

（三）合法性原则

谈判目标必须符合法律要求。

在谈判准备阶段，确定谈判目标需要确定一个目标范围，而不是单一的指标。

知行合一：目标与目标管理

目标是团队使命或宗旨的具体化。它是个人或组织根据自身的需求而提出的在一定时期内经过努力要达到的预期成果。目标管理，就是指组织内部各部门乃至每个人为实现组织目标，自上而下地制定各自的目标并自主地确定行动方针、安排工作进度并有效地组织实施和对成果进行严格考核的一种系统的管理方法。

目标管理是全面的管理，它用系统的方法将许多关键管理活动结合起来，把整体目标细分为组织中部门与个人的具体目标，所以目标管理既是自下而上进行的，也是自上而下进行的，其结果是形成了一个不同层次之间目标相连的层级体系。如果组织中所有人都实现了各自的目标，那么部门的目标也就实现了，这样，组织的整体目标也就会实现。所以，我们可以把目标管理看作将每项工作的目标导向整个组织的目标。

三、商务谈判目标的层次结构

谈判目标是一种主观的预测性目标。在谈判的准备阶段，谈判双方要根据自身的利益要求、对方的利益要求，以及各种客观因素来制定目标体系，设定目标层次。最终的谈判结果会落在哪一目标层次上，要视双方“讨价还价”的情况而定。

根据谈判目标所能达到的程度，我们可以把谈判目标分为最高期望目标、可接受目标和最低限度目标三个层次。

（一）最高期望目标

最高期望目标是对谈判者最有利的一种理想目标，它在满足己方实际需求利益之外还有一个“额外的增加值”，是指谈判者希望通过谈判达成的上限目标。然而，在实际的商务谈判活动中，谈判一方的最优目标一般是单方面的、可望而不可即的，很少有实现的可能。但是确定最高期望目标是十分重要的，它往往是谈判进程开始的话题，以其作为报价起点，有利于在讨价还价中使己方处于主动地位。例如，在两家企业的贸易谈判中，产品的售价可能只要达到 50 万元卖方便可接受，但谈判一开始，卖方可能报价 70 万元，70 万元就是卖方的最高期望目标。如果用一个公式表示就是：

$$Y=x+A$$

这里的 Y 就是卖方谈判代表的最高期望目标，x 是卖方实际需要争取达到的目标，A 是卖方代表多报的目标增量。但是，买方绝不会如此慷慨，他会了解相关信息，如国内外同类商品的价格、售后服务方式、性能与设计等，或明知对方实际只需要 50 万元，为了使谈判深入下去，使主动权掌握在自己手中，也会故意压低对方报价，只同意以 30 万元成交。如此这般，几经交锋，双方列举各种理由进行论证，最后的结果既不是 70 万元，也不是 30 万元，而可能是 50 万元左右的妥协方案。假如谈判一开始卖方不提出 70 万元，买方不提出 30 万元，谈判就进行不起来。为什么谈判中形成了这样的习惯呢？其原因极为复杂，涉及心理、信誉、利益诉求、实力、心态等多种复杂因素。需要说明的是，最高期望目标并不是绝对不能达到的。若卖方产品处于垄断地位而买方又急于解决自己的需求问题时，卖方实现最高期望目标也是完全有可能的。

（二）可接受目标

可接受目标是介于理想目标和现实目标之间的目标，是谈判人员根据各种主客观因素，考察各种具体情况，经过科学论证、预测和核算之后所确定的谈判目标，是指在谈判中可努力争取或作出让步的范围。它能满足谈判一方的部分需求，实现部分经济利益。理想目标在很大程度上是出于策略方面的考虑提出的，一般并不奢望实现。当理想目标不能实现时，就要以可接受目标作为第二个追求的目标，这是谈判方基本利益的实现目标，是要坚守的主要防线。在谈判桌上，双方所要争取的目标就是可接受目标，一般是利用最高期望目标做掩护，千方百计地实现它。只有在万不得已时，才考虑放弃它。

（三）最低限度目标

最低限度目标也称现实目标，是在谈判中必须达到的基本目标，是指谈判者期待通过谈判所要达成的下限目标，是制定目标一方所要撤退的最后防线。当对方提出的条件低于这个目标时，就不能再让步了，即这种目标已毫无讨价还价的余地。它与最高期望目标有着密切的内在联系。在双方的谈判中，卖方表面上一开始要价很高，实际上这是一种谈判策略，目的是保护最低限度目标和可接受目标。然后，通过双方反复讨价还价，最终可能在最高期望目标与最低限度目标之间选取一个值，即可接受目标。

讨论与提高

谈判前为什么要设立多层次的谈判目标？

谈判目标层次结构的作用

四、确定商务谈判目标应注意的问题

（一）目标的可行性

商务谈判目标的可行性是指谈判双方要根据自身的实力与条件来制定科学的、切实可行的、可以实现的谈判目标。

（二）目标的合理性

谈判目标的合理性包括时限合理性和空间合理性。谈判目标对于不同的谈判对象、不同的时间与不同的空间领域具有不同的适用程度。在一定时间与空间范围内是合理的、可行的谈判目标，在另一时间、另一空间里就可能不具有合理性了。因此，谈判者应当对自身的谈判目标进行时间上、空间上的全方位的分析和考察。

情景剧场

绳子不宜过长

一大早，小明和父亲牵着牛下了河滩，父亲钉下一根铁橛把牛缰绳往上一拴，就忙别的去了。牛似乎总是对缰绳以外地方的草感兴趣，无奈缰绳太短了，尽管牛很用力，但总是够不着。小明一口气奔回家，又找了一截绳子接了上去，缰绳长了很多。但牛并没有认真吃几口，便又昂着头扯着缰绳走向了更远的地方。父亲来了以后，见小明把缰绳放得那么长，便告诉小明："你千万记住，绳子放长了，牛就不会好好吃草了。"父亲把接上去的那截绳子去掉，果然，那头牛挣扎过几次后，见没有希望，便埋下头仔细地吃起草来。小明和父亲牵它回去时，它的肚子已经吃得溜圆了。

解析：商务谈判过程中的任何一个阶段，作为谈判目标的绳子都不宜太长。即便环境留给了我们一个很大的谈判空间，我们可以树立一个远大的目标，那也应该将它分解到各个阶段、各个议题中去完成，毕竟饭要一口一口地吃，条件要一条一条地谈。

（三）目标的协调性

商务谈判过程中的各项具体目标之间应该是协调一致的，是为总体目标服务的，各项具体目标之间不应出现相互矛盾、相互抵触的现象。

（四）目标的可衡量性

可衡量的目标才容易把握和核查。当然，并非所有目标都能量化，一些目标只能进行定性描述。

此外，谈判目标确定后要严格保密，尤其对底线目标要格外注意。除己方谈判的相关重要人员以外，绝不能将底线目标透露给其他人。

思考与应用

确定商务谈判目标的作用是什么？

任务二　调查商务谈判信息

一、商务谈判信息调查的内容

商务谈判信息调查是一项专题性的市场调查，目的是了解商务谈判中相关的信息，了解谈判对手。然而，任何事物都不是孤立的。谈判双方作为社会系统中的一员，必然会受制于诸多因素。商务谈判信息调查，特别是大型项目的商务谈判信息调查，其内容应包括宏观和微观两个方面。

知行合一：《孙子兵法》中的战略思想

《孙子兵法》为春秋时期吴国将军孙武所著，是我国现存最早的兵书，也是世界上最早的军事著作，被誉为“兵学圣典”。《孙子兵法》共计 13 篇，包括：战略运筹、作战指挥、战场机变、军事地理、特殊战法五个方面的战略战术思想。其内容博大精深、逻辑缜密严谨，是优秀传统文化的重要组成部分。

《孙子兵法》中的《谋攻篇》阐述以智谋攻城的战略战术。孙子曰：“故知胜有五：知可以战与不可以战者胜，识众寡之用者胜，上下同欲者胜，以虞待不虞者胜，将能而君不御者胜。此五者，知胜之道也。故曰：知彼知己，百战不殆；不知彼而知己，一胜一负；不知彼不知己，每战必殆。”战场上要做到知己知彼，商务谈判中同样要做到洞悉一切，否则就会错失良机。

（一）宏观方面调查

从宏观方面来看，需要调查的内容主要有政治、经济、科技、文化、自然环境等方面的信息。这些信息有具体的内容，并且是企业不可控制的变量。它既给企业带来商业机会，也给企业带来一定的威胁。商务谈判调查的宏观内容如图 3-1 所示。

（二）微观方面调查

从微观方面来看，需要调查的内容主要有谈判内容、谈判对手、竞争者、市场行情和企业自身等方面的信息。

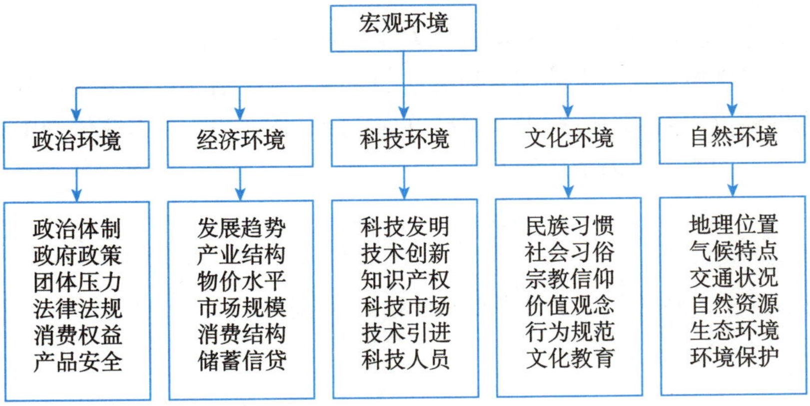

图 3－1　商务谈判调查的宏观内容

1. 谈判内容调查

商务谈判的内容是指与产品交易有关的各项条件。为有效地进行商务谈判，谈判方在谈判的准备阶段就应该对谈判的内容进行充分的调查，熟练地把握谈判内容。一旦在谈判内容上出现疏漏，势必影响合同的履行，进而给企业带来难以弥补的损失。因此，谈判人员在谈判的准备阶段应进行谈判内容的调查并把握谈判内容的重点。

讨论与提高

谈判前对谈判内容进行调查为什么十分重要?

2. 谈判对手调查

谈判对手的情况是复杂多样的，调查的内容包括对方的主体资格，对方的资信情况，对方的资本、信用及履约能力，参加谈判人员的权限和谈判目的等情况。对于不同性质的谈判，应收集的内容的侧重点是不同的。一般来说，谈判人员至少要收集如下几个方面的信息：

（1）对方的主体资格。谈判的主体资格，是指能够进行谈判、享有谈判的权利和履行谈判的义务的能力。谈判主体资格不合格，将直接导致谈判无法进行，或者使已经完成的谈判变得无效。

（2）谈判人员的权限。这主要是指对方谈判人员的级别，即对方是决策人物还是一般工作人员。一般来说，对方谈判人员的级别越高，表明对方对此次谈判的重视程度越高。

（3）对方的谈判时限。谈判时限与谈判任务量、谈判策略、谈判结果都有重要关系。了解对方的谈判时限，就可以了解对方在谈判中会采取何种态度、何种策略，己方就可据此制定相应的策略。

（4）对方的单位现状和个人情况。对谈判对手单位的了解包括对对方的经营方式、业务范围、供货能力、产品质量、市场形象、企业资本、信用及履约能力等的调查和了解。另外，要从多方面收集谈判对手的个人信息，以便全面了解谈判对手，并制定相应的谈判策略。

（5）对方是否将己方作为唯一的谈判对手。如果对方将己方作为唯一的谈判对手，说明对方已经详细考察了己方的实力和信誉。了解了这一信息，就会使己方在谈判中处于十分有利的地位。如果对方并没有将己方视作唯一的对手，那么在谈判中就应该不断向对方显示己方的实力，以增加谈判成功的筹码。

讨论与提高

谈判前为什么要确定对方的谈判权限和主体资格？

谈判人员主体资格和权限的重要性分析

3. 竞争者调查

对竞争者的调查包括竞争者的类型、数量、目标、产品性能、服务措施、营销手段等方面的信息。企业现实的和潜在的竞争者范围是很广的。一个企业很可能被潜在的竞争者而不是被当前的主要竞争者"吃掉"，而且无论是买方还是卖方都不可能总是知道所有竞争者的情况。因此，对于商务谈判人员来说，既要了解当前主要竞争者的情况，也要了解市场上竞争主导力量的情况。

4. 市场行情调查

市场行情包括客户购买的动机、购买习惯、市场需求情况（品种、规格、数量、质量）、市场需求潜力等方面的信息。

5. 企业自身调查

古人云："欲胜人者，必先自胜；欲论人者，必先自论；欲知人者，必先自知。"没有对自身的客观评估，就不会客观地认定对方的实力。因此，商务谈判调查除了要调查、分析谈判对手外，还应客观地分析企业自身的各项条件。对自身情况的了解主要包括如下几个方面：

（1）对己方经济实力的评价。己方经济实力主要包括：己方产品及服务的市场定位、财务状况、销售情况、企业有形资产和无形资产的价值、企业经营管理的水平及决策的成败记录等。

（2）谈判项目的可行性分析。进行项目可行性分析需要对项目涉及的资金、原材料、管理、销售前景及其对企业综合实力的影响进行全面的评估。

（3）己方谈判的目标定位。谈判的目标定位包括最低目标定位和最高目标定位，即预先设定贸易谈判的临界点和争取点。

(4) 己方谈判人员的实力评价。内容包括己方参加谈判人员的知识结构、心理素质、成员之间的配合水平、谈判的经验、人际交往及谈判的能力、以往参加各项谈判活动的状况等。

(5) 己方所拥有的各种相关资料的准备状况。内容包括拥有相关资料的齐全程度，特别是对核心情报的把握程度，以及己方谈判人员对资料的熟悉程度等。

二、商务谈判信息调查的原则与方法

(一) 商务谈判信息调查的原则

在信息社会里，信息数量巨大、品种繁多，而且来源广、更新快。企业如何从这些纷繁复杂的信息中寻找到满足商务谈判活动所需的信息呢？显然，选择适宜的信息收集渠道，遵循一定的信息收集原则，是及时获得所需信息的根本保证。一般来说，商务谈判人员在收集谈判信息时要遵循如下原则。

1. 时效性

信息与一般物质不同，它是不会磨损的，但具有时效性，容易过时。因为客观事物是不断发展变化的，每次变化都会产生新的信息，原来的某些信息的价值、效用的大小要受到时间的制约，信息只有被迅速、及时地收集起来并传递给需要者，才能有效地发挥作用。

2. 可靠性

收集的信息要力求真实、可靠，要选用经过验证的结论、经过审核的数据和经过确认的事实。不要满足于用一种方法收集信息，可以采用几种方法，从不同的角度来反映客观事实，不要凭主观判断片面地得出结论。如果收集的信息不可靠甚至是错误的，就会给谈判工作埋下隐患，造成不可估量的损失。

3. 全面性

背景调查的资料力求全面、系统，应该从整体上反映事物的本质，不能仅仅靠支离破碎的信息来评估某些事物。尤其是一些重要信息，如经济环境、市场状况、商品销售情况、谈判对手的实力和商誉情况等，在时间上和空间上都会存在差异，只有将调查工作做得更全面一些，才能保证所获得信息的完整和准确。

4. 可比性

调查资料要具有可比性。一方面可以横向比较，针对同一问题收集多份资料，这样就可以在比较中得出正确的结论；另一方面可以纵向比较，例如比较市场行情、产品销售状况、企业商誉情况等，有了不同时期的资料，就可以通过事物的过去分析其现状和未来的发展趋势，找出事物发展的规律性。

5. 针对性

背景调查工作是一项内容繁杂的工作，需要耗费大量的精力和时间，短时间内不可能把所有背景都调查清楚。要将与谈判有密切联系的资料作为重点调查内容，将最急需了解的问题作为优先调查内容，这样才能提高调查工作效率，争取时间，占据主动。

6. 长期性

背景调查既是谈判前的一项准备工作，又是企业的一项长期任务。在企业经营管理工作中重视信息的重要作用，建立完善的信息收集网络，不间断地将各种重要信息随时进行收集存档，就可以为企业经营、商务谈判不失时机地提供各种决策依据。如果平时不重视信息收集工作，事到临头匆匆忙忙搞调查，就很难保证调查工作的周密和完善。从这个角度来看，背景调查工作不仅是谈判人员的临时任务，而且应该是企业各方面都要承担的长期任务。

（二）商务谈判信息调查的方法

根据不同的谈判内容和谈判对手，谈判者调查研究、收集和分析有关谈判背景资料的途径和手段有很多，包括电传、电报、传真、网络、人员互访、参观考察、举办交流会议、查询各种刊物和档案等。归纳起来，有如下三种信息收集方法可供选择。

1. 案头调查法

案头调查法又称检索调研法，是指谈判人员对现有资料进行收集和分析，利用己方和对方公开的资料信息，采用各种统计分析的方法进行系统研究。例如，贸易谈判中的市场变化趋势、产品生命周期波动、己方销售量变动及影响变化的因素、对方购买需求及谈判惯用的方法等，均可利用这种调查方法加以调查研究。案头调查法投资少、见效快、简便易行，是进行谈判调查的首选方法。

随着社会资讯的发展，大众传播媒介逐步成为传播公开信息的主要手段，利用大众传媒，人们往往能收集到许多有用的信息，特别是可以从对方撰写的书面材料中找到有价值的信息线索。二手资料往往是便宜的，又是比较容易获得的，因而在商务活动中受到了广大商务人士的青睐。收集第一手资料通常是为了弥补二手资料在某些关键问题方面的不足。这两方面的资料都不可缺少，需要因时、因地、因人而异地进行收集和分析。

新闻中的信息

2. 直接调查法

直接调查法是指由谈判人员通过与有关人员的直接接触来收集、整理信息资料的方法。这种直接调查有很多具体形式和方法。例如，谈判人员可以向那些曾经与谈判对手有过交往的人员进行了解，也可以通过函电等方法直接同谈判对手联系。对重大谈判，还可安排非正式的初步接洽。这种预备性接洽的好处很多，它不仅可以使双方有机会正面观察谈判对手的意图，而且可以使对方对己方的谈判诚意有所了解，有助于谈判双方在平等、互利、互谅、互让的谈判气氛中通力合作。

直接调查是一种目的性、针对性很强的调查方法。它一般有以下三种具体方法：

（1）邮寄调查。即将调查问卷邮寄给调查对象，并要求调查对象在一定的时间内填完后寄回。这种方法所需人员经费比较少，调查范围可以很广泛，能迅速、及时地反馈调查者的意见及看法。但要注意，问卷的设计要简洁明了，切忌模棱两可，不能暗示或引导答案。

（2）电话访谈。即谈判人员利用电话来获取信息。电话访谈迅速、及时、成本低，是谈判者通过电话询问调查对象、收集信息的一种重要方法，但受时间的限制，电话访谈无法获取详细情况，信息获取量不大。不过，运用得当，也能借此得到有用信息。当然，电话访谈的对象不仅可以是谈判对方，也可以是与对方有过交往或交易的人。

（3）人员调查。人员调查是谈判者根据抽样调查的样本范围及预定的调查程序进行的调查。这种方式既可采取与调查者面谈的形式，也可采取发放调查问卷的形式。这种调查方式的特点是有利于双方的沟通，能够提高问卷的回收率，但具有成本较高、所需时间较长的缺陷。

3. 实际观察法

实际观察法是指谈判者对谈判对手的直接观察与测度，分为纵向观测与横向观测两种。纵向观测是在不同时间里对谈判对手进行分析观察，借以取得一连串连续、完整的记录，供谈判决策时参考。横向观测是在一个特定时间和外界条件下，对谈判对手的各种活动进行观察，由点到面了解谈判对手的有关情况，揣摩对手。

实际观察法具有获得信息量大、面广、准确的特点，但在观察中面对大量的信息，应避免主观、片面，还应对所观察的材料认真加以鉴别，防止以假充真、以次充好的情况出现。在收集到相关信息之后，商务谈判者必须进行有关的分析，才能通过这些信息找到有利于己方的内容。

有时，谈判者还要采取对调查内容进行现场实验的方法，如利用谈判开局阶段发现的问题，预演谈判的过程，检查实施既定谈判方案可能产生的效果等，以进行某种修改或完善，使谈判计划的安排与决策更具有针对性和有效性。实际观察法能够根据调查的目的与要求提供直接的经验，比较客观和正确地收集资料。但是，实际观察法只限于观察谈判对手和谈判活动的外部表现，只能间接地通过分析调查判断谈判对手及其谈判行为的动机。

三、商务谈判信息的分析与整理

信息和资料具有共享性和公开性，能否使用信息取决于谈判者的信息素质，即其对信息或资料的认知程度、敏感程度以及对信息的开发和利用的能力。在信息收集阶段，谈判者会了解到关于谈判对手的各种各样的信息，但仅仅掌握了信息资料还不够，谈判者还需要详细地研究全部信息资料，仔细核实每一项内容，从中筛选出推论和见解，确定所掌握的事实对自己或对方各意味着什么，依据所掌握的真实信息斟酌谈判双方力量的强弱。

对收集来的信息资料进行分析和整理，主要有两方面的目的：一是鉴别信息资料的真实性与可靠性；二是结合谈判项目的具体内容，分析各种信息资料与谈判项目之间的关系，根据它们的重要性进行归类以及对信息资料进行必要的加工。

对信息资料的分析和加工一般可以分为五个阶段，即评价阶段、筛选阶段、分类与加工阶段、得出结论阶段、保存与管理阶段。

（一）评价阶段

在现实中收集起来的各种信息资料，其重要程度各不相同，有些是马上就需要使用的信息资料，有些信息资料到以后才可能派上用场，而有些信息资料可能自始至终都不能发挥作用。如果把收集起来的信息资料不加区别地积存起来，会使信息资料的使用非常不便。在现实中收集起来的各种信息资料，其来源不尽相同，并非所有的信息资料都是真实、可靠的。所以，要将收集的信息资料进行鉴别和分析，剔除那些不真实的、没有足够证据证明的、带有较多主观臆断色彩的信息资料，保存那些可靠的、有可比性的信息资料，避免造成错误的判断和决策。因此，对信息资料的鉴别工作十分重要。

实例分享

我方与一家公司进行合资谈判，对方公司的实力如何，是事关合资成功与否的重要方面。我方的信息收集人员通过查阅报纸，发现该公司在形象宣传上非常舍得投入，在全国性或地方性的报纸上都经常能看到该公司的大版面形象宣传广告，这个信息可以从侧面印证该公司的实力，但是也不能对这种侧面信息一概相信，还需要进一步向有关行业协会、政府机构、金融机构调查该公司的资产规模、财务状况、市场销售情况等方面的信息。因为，也有可能存在这种情况：该公司的内部资金运转已经出现较大的困难，它迫切需要通过合资、合作缓解燃眉之急，于是就采用大力做形象宣传的手段，在外界树立公司的良好形象，以期能够在谈判中获得较优厚的合作条件。

可见，对商务谈判信息资料的鉴别工作是十分重要的。

（二）筛选阶段

信息资料的筛选大致有以下几种方法：（1）查重法，这是筛选信息资料最简便的方法，目的是剔除重复信息资料，选出有用的信息资料。（2）时序法，即逐一分析按时间顺序排列的信息资料，在同一时期内，保留较新的信息资料，舍弃较旧的信息资料，这样就能使信息资料在时效上更有价值。（3）类比法，即将信息资料按照市场业务或按空间、地区、产品层次进行分类对比，保留接近实质的信息资料，舍弃不相关的信息资料。（4）评估法，这种方法需要信息资料收集人员有比较扎实的业务知识，即熟悉自己的业务范围，对所收集的信息资料能加以保留或舍弃。

（三）分类与加工阶段

这一阶段要求在已经证明信息资料可靠性的基础上将信息资料进行归纳和分类，将原始信息资料按时间顺序、问题性质、反映问题的角度等要求分门别类地排列成序，以便更明确地反映问题的各个侧面和整体面貌。

信息资料分类的方法有两种：（1）项目分类法。这种分类法既可以和工作相联系，按不同的使用目的来分类，如可以把信息资料分成商务开发资料、销售计划资料、市场预测资料等，或按照“谈判必备资料”的原则将其分为市场信息资料、技术信息资料、金融信息资料、交易对象资料、有关政策法规等，还可以根据信息资料的内容，按不同性质来分，如可以根据不同产业或经营项目，将信息资料分成机械设备、纺织设备、信息产品等类别。(2) 从大到小的分类方法。即从设定大的分类项目开始，大项目数量最好不要超过 10 项，在经过一段时间的使用后，若认为有必要再细分时，可以把大项目再进行细分，但不要分得太细，以免出现重复。例如，在机械设备的贸易谈判中，我们可以把有关项目分成技术标准、融资手段、市场情况、政策法规等方面，再根据具体的项目收集相关的信息资料。比如融资手段，我们可以按照出口卖方信贷、进口买方信贷、政府资助等若干项目分别收集相关信息资料。

信息资料的加工是指对所收集信息资料的综合整理。在介绍信息资料的获取方式时，我们提到信息资料的来源有很多，特别是许多二手信息资料，其信息资料编制的出发点往往不是为我们本次谈判服务的，这就需要我们根据实际谈判的需要，发掘二手信息资料的潜在利用价值。

（四）得出结论阶段

这一阶段是对分类后的信息资料进行认真的研究和分析，进而得出结论，并写出背景调查报告。即将整理好的信息资料做认真的研究和分析，从表面的现象探求其内在本质，由此问题逻辑推理到彼问题，由感性认识上升到理性认识，然后提出有重要意义的问题，根据已经掌握的信息资料，对提出的问题作出正确的判断和结论，并对谈判决策提出有指导意义的意见，最后根据上述分析写出背景调查报告。调查报告是调查工作的最终成果，对谈判有直接的指导作用。调查报告既要包含充足的事实、准确的数据，还要有对谈判工作起指导作用的初步结论。

（五）保存与管理阶段

我们应当把分类后的信息资料妥善地保存起来，即使是经常使用的资料也不要随便搁置，要与其分类相适应。信息资料的保存及管理将大大提高我们利用信息资料的效率。因此，有条件的企业应建立计算机信息管理系统，通过现代化手段提高企业信息管理的效率。这项工作应落实到企业的日常工作中去，因为信息资料的收集过程往往受时间、人为的因素影响较大，如果等到谈判需要时再收集，常常会求而不得。

思考与应用

商务谈判信息的分析与整理分为哪几个阶段？

任务三　制订商务谈判计划

常言道：“千里之行，始于足下。”谈判准备阶段是谈判的基础，而准备工作做得如何，关键在于是否有一个完善的谈判计划。谈判计划是谈判人员在谈判前预先对谈判目标具体内容和实施步骤所做的安排，是谈判者的行动指南。谈判计划的完善与否，直接关系到谈判的成功与失败。实践告诉我们：一个周详、可靠、灵活的谈判计划，可以使谈判者胸有成竹，在关键时刻处变不惊，争取谈判目标的实现。因此，在做了较充分的信息准备后，谈判者必须制订一个较完善的谈判计划。

知行合一：计划与计划管理

计划是管理的首要职能，它能够给团队指明通向未来目标的道路。商务谈判人员在发起和组织商务谈判前，必须制订严格缜密的谈判计划。从管理学的角度讲，计划的内容应包括“5W1H”：（1）Why：为什么做，即说明计划制订的理由、意义、重要性等。（2）What：做什么，即计划活动的内容、工作要求及工作重点等。（3）Who：谁去做，即计划中的人员安排、部门安排、奖惩措施等。（4）Where：在什么地方做，即计划实施的地点、场所、空间组织和布局等。（5）When：在什么时间做，即计划中各项活动的开始时间、进度安排、结束时间等。（6）How：怎样做，即实施计划的手段、途径、战术等。

商务谈判人员应养成制订计划的习惯，并具有执行计划的能力。一般来讲，计划可以是长期计划、中期计划、短期计划，也可以是战略计划和战术计划。无论是哪一种计划，都应有助于提高工作效率，能够有效合理地调度、配置资源，进一步落实目标责任，提高工作效率。

一、谈判计划的确立过程

谈判计划或方案是通过如下几个步骤最终确立的：信息准备—目标提出—方案设计—方案选定—信息反馈、修正方案。

（一）信息准备

信息准备是决策活动的前提条件。谈判开始前和谈判进行过程中任何情况的出现、变化等，都会通过信息反映出来，能否及时、准确地掌握与决策有关的信息，决定了谈判者是否拥有谈判的主动性和控制权。

信息准备包括信息收集和信息加工整理两个阶段。

（二）目标提出

谈判目标有最高期望目标、可接受目标和最低限度目标三个层次。最高期望目标是一个理想的目标境界，在必要时可以放弃；可接受目标是争取实现的期望值，只有在迫不得已的情况下才能放弃；最低限度目标则是达成交易的最低期望值，否则不如不交易。

（三）方案设计

方案设计的目的是协调目标与谈判中可控因素和不可控因素的关系。方案设计是针对谈判过程中不可控因素而提出的对谈判过程中可控因素的各种控制方案，从而保证谈判目标的实现。方案设计包括组建谈判小组、选择谈判策略、制定谈判议程等。

（四）方案选定

方案选定是指在几个可供选择的方案中进行可行性分析，协调谈判“收益”“损失”

“效用”三者之间的关系，从中选择可行性最大的一种方案。可行性分析是指谈判者在进行谈判之前，对可能影响谈判的主要因素进行调查研究，预测成败得失，确定其是否可行，为谈判选择方案奠定基础。在谈判中，谈判双方总是存在各种各样的分歧，在寻求解决这些分歧的最佳途径的时候，应当拟订各种解决问题的方案，进行比较，看哪一种方案更能获利，并能让对方接受。当然，这时的方案仅仅是初步的，它还应随着谈判的发展不断加以补充和修正。

（五）信息反馈、修正方案

信息反馈、修正方案有两层含义：一是指在谈判方案选定之后查漏补缺，使其完善；二是指在内外环境发生变化之后及时进行信息反馈，对谈判方案中的某个方面进行取舍，从而使方案更具有可行性。例如，在谈判开始前进行模拟谈判，不仅可以使谈判成员获得类似于真实谈判的谈判经验，更重要的是，通过模拟谈判可以帮助己方发现谈判计划中的一些错误，并及时改正。

需要指出的是，上述几个过程并不是固定不变的，而是根据谈判准备阶段的实际情况交叉变化的。例如，谈判者可以根据收集到的信息确定谈判目标，也可以根据变化后的谈判目标重新收集信息等。

二、制订谈判计划的基本要求

从形式上看，谈判计划通常都是书面的。在制订谈判计划时要注意下述三个方面的基本要求。

（一）谈判计划要简明扼要

所谓简明扼要，是指要尽可能使谈判人员能很容易地记住谈判计划中的主要内容与基本原则，在谈判中能随时根据方案要求与对方周旋。谈判计划越简单明了，谈判人员照此执行的可能性就越大。谈判是一项十分复杂的业务工作，在谈判桌上参加谈判的人员必须清晰地记住谈判的主题方向和方案的主要内容。这样，在与对手交锋时才能按照既定方针，游刃有余、从容不迫地驾驭谈判局势的发展。因此，制订谈判方案时要用简单明了、高度概括的文字加以表述，以便在每一个谈判人员的头脑中留下深刻的印象。

（二）谈判计划要具体

谈判计划简明扼要是基本的原则，但这并不意味着谈判计划就可以空洞无物，它还需要与谈判的整体内容相结合，以谈判的具体内容为基础。因为如果没有具体的内容，就很难对谈判计划做进一步的概括，并简明扼要地予以表达。当然，谈判计划也不是要求事无巨细、面面俱到，否则就违背了简明扼要的基本原则。

（三）谈判计划要具有灵活性

由于谈判过程中的不可预测因素很多，我们制订的谈判计划只是主观设想的产物，不可能把影响谈判进程的各种随机因素都考虑在内。因此，谈判计划必须具备灵活性，以备出现意外情况时进行适当的调整。

三、谈判计划的主要内容

谈判计划是谈判者行动的指针和方向。谈判计划应对各个阶段的谈判人员、议程和进度作出较周密的设想，能对谈判工作进行有效的组织和控制。一般来说，谈判计划的主要内容包括确定谈判目标、确定谈判策略和拟定谈判议程等。

（一）确定谈判目标

谈判目标是指谈判人员为满足谈判工作的需要而确定的指标或指标体系。谈判目标缺失或谈判目标不明将会严重影响谈判工作的方向和进程。

情景剧场

有个人被小偷偷了东西，发觉后奋力追赶，小偷见状也拼命地逃跑，两个人一前一后，相持不下，跑了很长一段路程。此时，这个人心里很是不平："难道我跑不过你？我就不服这口气。"他心里这么想着，咬咬牙，脚下的步子也加快了。小偷稍逊一筹，渐渐体力不支，两人的距离也就越来越小了。眼看着小偷就要被擒获了，这时，奇怪的事情发生了：这个人迅速超过小偷，一直向前奔去，并且心中还在愤愤不平："叫你见识一下我的厉害，难道我就跑不过你？"

解析：这是个笑话，虽然可笑，但也有值得人们深思的地方。这个人之所以留下笑柄，根本原因就在于他设立的目标很可笑。可见，做任何事情都要设立合适的目标，否则只能是白白浪费自己的付出而一无所获。这个道理对谈判工作来说也是如此。

（二）确定谈判策略

谈判桌上风云变幻，任何情况都有可能发生，而谈判又是有时间限制的，不容许无限期地拖延谈判进程。这就要求谈判者在谈判之前应对整个谈判过程中双方可能作出的一切行动做正确的估计，确定不同情况下应实施的谈判策略。

为了使计划实施的策略更接近实际情况，在谈判开始前，谈判者应当组织有关人员根据本次谈判的外部环境（如技术、时间、空间等）、双方的具体情况（如谈判能力、经济实力、谈判目标等），对谈判中双方的需要、观点以及对对方某项建议的反应等问题进行讨论，充分估计各种可能出现的情况，并针对不同的情况确定相应的策略和替代方案。

讨论与提高

你如何看待谈判前制定的策略？

（三）拟定谈判议程

所谓谈判议程，就是指谈判的议事日程，它主要说明谈判时间、地点的安排和双方就哪些内容展开谈判。谈判议程具体包括下述几个方面。

1. 确定谈判的议题

确定谈判议题就是确定要进行谈判的事项、先后次序以及每一事项所占用的时间。确定谈判议题的第一步是把与本次谈判有关的所有问题罗列出来，尽可能不遗漏；第二步是根据对己方利益是否有利的标准，将所列出的问题进行分类；第三步是尽可能将对己方有利和对己方危害不大的问题列入谈判的议题，而将对己方不利或危害大的问题排除在谈判议题之外。例如，在技术转让谈判中，转让方如果把接受方在技术的使用、产品的销售与技术转让费的支付方面的问题一一列入谈判议题，把接受方的责任和义务列举明确，这显然对转让方是有利的。但同时转让方却竭力避免将其应承担的责任，如技术保证条款列入谈判的议题，其目的是在谈判中逃避责任。因此，确定谈判议题时应重点解决以下几个问题：

（1）控制好议题的范围。

谈判议题范围不可扩大也不能缩小，要根据谈判项目要求进行科学分解，凡是与本次谈判有关的、需要双方展开讨论的问题，都可以成为谈判的议题。谈判者应将与本次谈判有关的问题罗列出来，然后再根据实际情况，确定应解决的重点问题。

（2）合理安排议题的顺序。

安排谈判议题先后顺序的方法是多种多样的，应根据具体情况来选择采用哪一种顺序，具体如下：

1）可以首先安排讨论一般原则性问题，达成协议后，再具体讨论细节问题。

2）可以不分重大原则性问题和次要问题，先把双方可能达成协议的问题或条件提出来讨论，然后再讨论会有分歧的问题。

（3）设定议题讨论的时间。

每个谈判议题安排多少时间来讨论，应视问题的重要性、复杂程度和双方分歧的大小来确定。一般来说，对重要的问题、较复杂的问题、双方意见分歧较大的问题安排的时间应该多一些，以便让双方能有充分的时间对这些问题展开讨论。

2. 确定谈判的时间和期限

谈判总是在一定的时间内按照一定的进度进行的。这里所讲的谈判时间，是指一场谈判从正式开始到签订合同所花费的时间。谈判期限是对谈判所需时间的估计。这个时间的长短主要根据谈判双方时间的充裕程度和具体内容来确定。在一场谈判中，时间有三个关键变数：

（1）开局时间。

开局时间也就是选择在什么时间来开始进行这场谈判。它的得当与否，有时会对谈判结果产生很大影响。例如：一个谈判小组在经过了长途跋涉后，马上就投入紧张的谈判中去，就很容易因为舟车劳顿而导致精神难以集中，记忆和思维能力下降而误入对方圈套。所以，我们应对开局时间的选择给予足够的重视。

一般来说，在选择开局时间时，我们要考虑以下几个方面的因素：

1）谈判准备的充分程度。俗话说："不打无准备之仗。"在安排谈判开局时间时要注意给谈判人员留有充分的准备时间，以免谈判人员仓促上阵。

2）谈判人员的身体和情绪状况。谈判是一项精神高度集中、体力和脑力消耗都比较大的工作，要尽量避免在身体不适、情绪不佳时进行谈判。

3）谈判的紧迫程度。尽量不要在自己急于买进或卖出某种商品时才进行谈判，如果避免不了，应采取适当的方法隐蔽这种紧迫性。

4）考虑谈判对手的情况，不要把谈判安排在使对方明显不利的时间进行，因为这样会招致对方的反对，引起对方的反感。

（2）间隔时间。

一般一场谈判极少是一次磋商就能完成的，大多数谈判都要经过数次，甚至数十次的磋商才能达成协议。这样，在经过多次磋商没有结果，但双方又都不想终止谈判的时候，一般都会安排一段暂停时间，让双方谈判人员暂作休息，这就是谈判的间隔时间。

谈判间隔时间的安排，往往会对缓解紧张气氛、打破僵局具有很明显的作用。常常有这样的情况：在谈判双方互不相让、紧张对峙的时候，双方宣布暂停谈判两天，由东道主安排旅游、娱乐项目，在友好、轻松的气氛中，双方的态度、主张都会有所改变，在重新开始谈判以后就容易互相让步、达成协议了。当然，也有这样的情况：谈判的某一方经过慎重考虑，利用对方要达成协议的迫切愿望，有意拖延间隔时间，迫使对方主动作出让步。可见，间隔时间是时间因素在谈判中的又一个关键变数。

（3）截止时间。

截止时间就是一场谈判的最后期限。一般来说，每一场谈判总不可能没完没了地进行下去，总有一个结束谈判的具体时间，而谈判的结果又往往是在结束谈判前一点点时间里才能出现的。所以，截止时间是谈判的一个重要因素，它往往决定着谈判的战略，如何把握截止时间去获取谈判的成果，是谈判中一种绝妙的艺术。

首先，谈判时间的长短，往往迫使谈判者决定选择克制性策略还是速决性策略。其次，这个时间还构成对谈判者本身的压力，谈判中处于劣势的一方，往往在限期到来之前，对达成协议承担着更大的压力。一般来说，大多数谈判者总是想达成协议的，为此，劣势的一方往往会作出让步。

讨论与提高

谈判议程对商务谈判的影响是什么？

3. 确定谈判的地点

谈判地点的选择并不是一件随意的事，选择合适的谈判地点常常会有助于谈判的进行。按照谈判地点的不同，谈判分为主场谈判、客场谈判和中立地谈判。在选择谈判地点时，一般应遵循以下三项原则：

（1）若无特殊情况，应力争主场谈判，以发挥主场优势。

（2）在某些情况下，客场谈判对己方具有更大优势，己方可提出这种要求，对方一般都会答应。如果客场谈判对己方毫无优势可言，那么主动提出客场谈判就不是明智之举。

（3）如果双方争执不下，则只能考虑中立地谈判或者轮流做东。

总之，不同谈判场所有不同的利弊得失。在选择谈判地点时，通常要考虑谈判双方的力量对比、可选择地点的多少和特色、双方的关系等因素。正是由于上述原因，在多轮谈判中，谈判地点往往会交替更换，这已成惯例。当然，谈判地点在哪一方还取决于许多其他客观因素，如考察生产过程、施工场地、投资所在地的地理环境等。

思考与应用

制订谈判计划有哪几个工作步骤？

任务四　模拟商务谈判

商务谈判工作经过充分准备后，还需要对谈判准备工作进行验收，即模拟谈判。通过模拟谈判，一方面要检查谈判计划中可能存在的漏洞，另一方面要考察谈判人员是否能够胜任工作。因此，模拟谈判是商务谈判，尤其是大型商务谈判准备工作不可或缺的组成部分。

一、模拟谈判的重要性

模拟谈判是在谈判正式开始前，按照既定的谈判计划先进行预演，并对在谈判中可能遇到的问题提出各种设想，总结经验，发现问题，以便在实战中取得更好的结果。在谈判之前，谈判者往往都会根据掌握的信息资料进行谨慎的决策，并事先制订谈判目标和计划。但是谈判的过程是动态的，影响谈判进程的因素有可能会发生变化。谈判对手的决策与行为有很大的不可预知性，同时谈判人员手头掌握的信息资料也不一定完全准确。没有经过实践检验的谈判计划也会存在一定的不确定性。因此，在进行大中型谈判之前，模拟谈判是十分必要的。

模拟谈判的作用主要表现在以下几个方面。

（一）发现问题

在模拟谈判中，相互扮演角色会暴露本方的弱点和一些可能被忽略的问题，帮助谈判小组及时找到出现失误的环节及原因，使谈判的准备工作更具有针对性。

（二）修正方案

在找到问题的基础上，谈判小组可及时修改和完善原定的方案，使其更具适用性和有效性。

（三）锻炼实战能力

模拟谈判能使谈判人员获得临场的操练与实践，达到磨合队伍、锻炼和提高本方人员协同作战能力的目的。

（四）培养心理素质

模拟谈判可使谈判人员在相互扮演中找到自己所充当角色的比较真实的感觉，可以训练和提高谈判人员的应变能力，为临场发挥做好心理准备。

总之，模拟谈判是一种无须担心失败的尝试，可以启发和开阔谈判人员的视野，有可能将预演中的弱点变为真实谈判中的优势。通过模拟谈判，不但可以完善本方的谈判方案，提升本方人员的执行力，而且可以在无敌意心态的条件下，站在对方的角度进行一番思考，从而丰富本方在消除双方分歧方面的建设性思路，寻找到解决难题的途径。

知行合一：执行力的认知与提升

执行力是企业竞争力的核心，是把企业战略、规划转化成为效益、成果的关键。执行力评价包含三个维度：完成任务的意愿、完成任务的能力、完成任务的程度。

在企业管理中，提高员工执行力的关键包括五个方面：(1) 沟通是前提。正所谓“知行合一”，“知”乃“行”的前提。好的沟通与理解，才会有好的执行力，才能形成自上而下的合力，使执行过程更加顺畅。(2) 协调是手段。企业内部资源协调得当，集中使用，从上到下一个方向，才能达到事半功倍的效果。(3) 反馈是保障。执行的好坏要经过反馈来得知，以趋利避害。(4) 责任是关键。企业的战略目标应该通过绩效考核来实现。从客观上形成一种阳光下进行的奖惩制度，才不会使执行做无用功。(5) 决心是基石。须知“顾小而忘大，后必有害；狐疑犹豫，后必有悔。”

商务谈判人员的执行力决定了谈判目标的实现程度。因此，执行力是商务谈判人员必备的职业能力。

二、模拟谈判的任务和过程

（一）模拟谈判的主要任务

模拟谈判的主要任务包括如下几个方面：第一，检验本方谈判的各项准备工作是否到位、是否妥当，谈判的计划方案是否合理。第二，寻找本方忽略的环节，发现本方的优势和劣势，从而提出加强和发挥优势、弥补或掩盖劣势的策略。第三，准备各种应变对策。在模拟谈判中，须对各种可能发生的变化进行预测，并在此基础上制定各种相应的应变对策。第四，在以上工作的基础上，制定出谈判小组合作的最佳组合及其策略等。

（二）模拟谈判的过程

1. 提出假设

提出假设就是针对我方谈判计划、战术中的某个具体问题提出各种假设。比如，我方原先的战术安排是设想如果我方提高订货的数量，对方就会相应地降低售价。那么这个设想是否站得住脚呢？我们可以通过提出假设来检验它，如对方的货源是否充足。如果对方货源紧张，我方提高订货数量，甚至有可能出现相反的情况。又比如，我方订货数量是否对对方构成吸引？如果对方的“胃口”较大，那么不把订货数量提高数倍，对方是不会轻易降价的。再比如，我方提高订货数量是否能够完成销售任务，国内市场的销售状况如何？如果我方提高订货数量，国内市场出现滞销情况，那么对我方同样是不利的。我们可以通过上述类似的方法，针对谈判计划中的一些具体问题提出假设，再根据相关的信息资料对这些假设进行评判。如果这个假设能够成立，那么我们就有必要去修正原先的谈判计划。此外，还应当注意的是，在针对某个问题提出假设的时候要思路开阔、举一反三，这样才能够帮助我们发现原先计划中的疏漏之处。

2. 集体模拟

仅就谈判计划中的某些具体问题提出假设，进行探讨，这只是一种局部性的行为。要从宏观角度考察本方的谈判计划是否恰当，还需要通过集体模拟来实现。集体模拟是把我方人员分成两组，分别扮演真实谈判中的我方与对方，按照事先制订的谈判计划进行模拟演练。集体模拟的情形接近于真实环境，能够更有效地检验谈判计划、战术中的不足。因为提出假设的环境与进行集体模拟谈判有较大的不同，集体模拟谈判更有利于我方人员开阔思路，针对谈判计划中的某些问题提出对抗性的措施。同时，战术实施也是一个动态的过程，仅凭假设和想象是无法预料真实的情况的。

此外，集体模拟还有助于我方谈判人员积累应用相关战术的经验，这主要是指集体模拟可以帮助我方谈判人员操练战术，使我方谈判人员在实际谈判中做到不慌不忙、心中有数。

（三）模拟谈判时应注意的问题

模拟谈判的效果如何，直接关系到企业在谈判中的实际表现。要想使模拟谈判真正发挥作用，就必须注意下述问题。

1. 科学地提出假设

模拟谈判实际上就是提出各种假设，然后针对这些假设制定出一系列对策，采取一定的措施。因此，假设是模拟谈判的前提，又是模拟谈判的基础，它的作用是根本性的。

假设在模拟谈判中包含的内容可以分为三类：一是对客观环境的假设；二是对自身的假设；三是对对方的假设。

为了确保假设的科学性，首先，应该让具有丰富谈判经验的人提出假设，相对而言，这些人的假设在实际谈判中发生的概率大；其次，假设的情况必须以事实为基础，所依据的事实越多、越全面，假设的精度也越高，切忌主观臆造；最后，谈判者应该认识到，再高明的谈判也不是全部假设到谈判时都会出现，而且这种假设归根结底只是一种推测，带有偶然性，若把偶然奉为必然去指导行动，那就是“险棋”。有的谈判老手总是能抓住对手的“假设的必然性”，出其不意地变换套路，实现己方的预期目标。

2. 对参加模拟谈判的人员应有所选择

参加模拟谈判的人员应该是具备专门知识、经验和看法的人，而不是只有职务、地位或只会随声附和、举手赞成的“老好人”。

一般来说，模拟谈判需要下列三类人员：

（1）知识型人员。这类人员能够运用所掌握的知识触类旁通、举一反三，把握模拟谈判的方方面面。同时，他们能从科学的角度去研究谈判中的问题。

（2）预见型人员。这类人员对于模拟谈判是很重要的。他们能够根据事物的发展变化规律，加上自己的业务经验，准确地推断出事物发展的方向。他们对谈判中出现的问题相当敏感，往往能对谈判的进程提出独到的见解。

（3）求实型人员。这类人员有着脚踏实地的工作作风，考虑问题客观、周密，不凭主观印象代替客观事实，一切以事实为出发点。他们对模拟谈判中的各种假设条件都小心求证，力求准确。

3. 参加模拟谈判的人员应有较强的角色扮演能力

模拟谈判要求我方人员根据不同的情况扮演场上不同的人物，并从所扮演的人物心理出发，尽可能地模仿出其在某一特定场合下的所思所想、所作所为。

心理学研究表明，谈判者作为生活在特定的社会与文化环境中的人，由于周围环境对他的复杂影响和其自身从历史的经验和过去的认知感受中获得的教训，必然对周围环境作出独特的反应，并形成自己的个性。一旦要扮演另外一个社会角色时，谈判者往往会发生内心的冲突。根据这一情况，一方面，企业在安排模拟谈判角色时，要根据我方人员的性格特征有针对性地让其扮演类似的对方角色；另一方面，要求我方人员具有善于克服在扮演特定谈判角色（特别是这一角色与自己差距很大）时所产生的心理障碍，要善于揣摩对方的行为模式，尽量从对方的角度来思考问题、作出决定。

4. 模拟谈判结束后要及时进行总结

模拟谈判是为了总结经验，发现问题，弥补不足，完善谈判方案。因此，模拟谈判的总结是必不可少的。模拟谈判的总结应包括以下内容：

（1）对方的观点、风格、精神。

（2）对方的反对意见及解决办法。

（3）自己的有利条件及运用状况。

（4）自己的不足及改进措施。

（5）谈判所需情报资料是否完善。

（6）双方各自的妥协条件及可共同接受的条件。

（7）谈判破裂与否的界限。

谈判总结涉及各方面的内容，只有通过总结，才能积累经验、吸取教训，完善谈判的准备工作。

三、模拟谈判的形式

模拟谈判有多种形式，如全景模拟法、讨论会模拟法和列表模拟法等。

（一）全景模拟法

这是指在想象谈判全过程的前提下，企业有关人员扮演不同的角色所进行的实战性的排练。这是最复杂、耗资最大但往往也是最有成效的模拟谈判方法。这种方法一般适用于大型的、复杂的、关系到企业重大利益的谈判。

在采用全景模拟法时，应注意以下两点。

1. 合理地想象谈判全过程

有效的想象要求谈判人员按照假设的谈判顺序展开充分的想象，不只是想象事情发生的结果，更重要的是想象事情发展的全过程，想象在谈判中双方可能发生的一切情形，并依照想象的情况和条件，演习双方交锋时可能出现的一切局面，如谈判的气氛、对方可能提出的问题、我方的答复、双方的策略和技巧等。合理的想象有助于谈判的准备更充分、更准确，这是全景模拟法的基础。

2. 尽可能地扮演谈判中所有可能出现的人物

这有两层含义：一方面是指对谈判中可能出现的人物都有所考虑，要指派合适的人员对这些人物的行为和作用加以模仿；另一方面是指主谈人员（或其他在谈判小组中起重要作用的人员）扮演一下谈判中的每一个角色，包括自己、己方的顾问、对手和对手的顾问。这种对人物行为、决策、思考方法的模仿，能使我方对谈判中可能遇到的问题、人物有所预见，同时处在别人的地位上进行思考，有助于我方制定更加完善的策略。正如一位著名企业家所说的那样："任何成功的谈判，从一开始就必须站在对方的立场和角度来看问题。"对不同人物的扮演，还可以帮助谈判者选择自己所充当的谈判角色，一旦谈判者发现自己不适合扮演在谈判方案中规定的角色时，可及时加以更换，以避免由角色的不适应所引起的谈判风险。

讨论与提高

请你谈谈全景模拟法的利与弊。

（二）讨论会模拟法

这种方法类似于头脑风暴法。它分为两步：第一步，企业组织参加谈判的人员和一些其他相关人员召开讨论会，请他们根据自己的经验，对企业在本次谈判中谋求的利益、对方的基本目标、对方可能采取的策略、我方的对策等问题畅所欲言。不管这些观点、见解如何标新立异，都不会被人指责，有关人员只是忠实地记录，再把会议情况上报领导，作为决策的参考。第二步，请人将谈判中各种可能发生的情况、对方可能提出的问题等列出，由谈判组成员一一加以解答。

讨论会模拟法特别欢迎反对意见，这些意见有助于谈判小组重新审核、拟订谈判方案，从多个角度、用多重标准来评价方案的科学性和可行性，不断完善准备的内容，提高成功的概率。

讨论与提高

请你谈谈讨论会模拟法的利与弊。

（三）列表模拟法

这是最简单的模拟方法，一般适用于小型的、常规性的谈判。具体操作过程如下：通过对应表格的形式，在表格的一边列出我方经济、科技、人员、策略等方面的优缺点和对方的目标及策略，在另一边则相应地罗列出我方针对这些问题在谈判中所应采取的措施。这种模拟方法最大的缺陷在于它实际上还是谈判人员的一种主观产物，它只是尽可能搜寻问题并列出对策，至于这些情况是否真的会在谈判中发生、这些对策是否能起到预期的作用，由于没有通过实践的检验，因此不能讲这些对策百分之百是切实可行的。

讨论与提高

请你谈谈列表模拟法的利与弊。

思考与应用

商务谈判模拟应注意哪些问题？

项目小结

1. 谈判目标是指谈判人员为满足自身的需要而确定的指标或指标体系。谈判目标通常分为三个层次：最高期望目标、可接受目标和最低限度目标。

2. 商务谈判调查的内容包括宏观和微观两个方面。宏观方面包括政治、经济、科技、文化、自然环境等方面的信息；微观方面包括谈判内容、谈判对手、竞争者、市场行情和企业自身等方面的信息。

3. 谈判信息的获取必须依赖于科学的手段和方法，具体包括案头调查法、直接调查法和实际观察法等。对收集来的信息资料进行分析、加工的过程一般可以分为五个阶段，即评价阶段、筛选阶段、分类与加工阶段、得出结论阶段、保存与管理阶段。

4. 谈判计划是谈判人员在谈判前预先对谈判目标具体内容和步骤所做的安排，是谈判者的行动指南。谈判计划的确立过程包括：信息准备—目标提出—方案设计—方案选定—信息反馈、修正方案等步骤。谈判者在制订谈判计划时要注意三方面的基本要求：一是谈判计划要简明扼要；二是谈判计划要具体；三是谈判计划要灵活。

5. 谈判计划的主要内容包括：确定谈判目标、选择谈判对策、拟定谈判议程。

6. 模拟谈判对于谈判的成功与否具有很重要的作用。模拟谈判分为两个过程：提出假设和集体模拟。模拟谈判的形式包括全景模拟法、讨论会模拟法和列表模拟法。

学习检测

一、判断题

1. 商务谈判目标制定后，谈判人员应严格执行，但随着谈判的进行，受交易环境的影响，谈判目标也应该进行优化和改变。（　　）

2. 商务谈判调查是一项专题性的市场调查，一般大型的商务谈判项目调查内容包括政治环境、经济环境、社会文化环境三个方面。（　　）

3. 模拟谈判可以帮助谈判团队熟悉谈判流程，提高应对突发情况的能力。（　　）

4. 商务谈判信息调查的主要目的是了解对方的底线和弱点，以便在谈判中占据优势。（　　）

5. 商务谈判计划的制订既要简明扼要，又要内容具体且具有灵活性。（　　）

二、单项选择题

1. 商务谈判的首要目标是（　　）。

A. 达成双赢的协议　　B. 击败对方，获得最大利益

C. 展示自己的谈判技巧　　D. 了解对方的底线

2. 由谈判人员通过与有关人员的直接接触来收集、整理情报资料的方法，称为（　　）。

A. 案头调查法　　B. 直接调查法　　C. 实际观察法　　D. 实验法

3. 模拟谈判的主要目的是（　　）。

A. 体验与放松心情　　B. 检验谈判计划和策略的有效性

C. 展示谈判团队的实力　　D. 消耗对方的精力

4. 制订商务谈判计划的首要工作是（　　）。

A. 准备谈判信息　　B. 提出谈判目标　　C. 设定谈判人员　　D. 制定谈判策略

5. 当企业开展一项大型的、复杂的、关系到企业重大利益的谈判时，首选的模拟谈判方法是（　　）。

A. 头脑风暴法　　B. 讨论会模拟法　　C. 列表模拟法　　D. 全景模拟法

三、多项选择题

1. 下列因素中，（　　）会影响到商务谈判目标的制定。

A. 社会政治环境　　B. 国家法律法规

C. 企业经营战略　　D. 竞争者经营战略

E. 谈判人员的素质能力

2. 商务谈判中对谈判对手的调查应包括（　　）。

A. 对方的主体资格　　B. 对方的权限

C. 对方的谈判时限　　D. 对方单位现状和个人情况

E. 对方对己方的态度

3. 商务谈判计划的内容包括（　　）。

A. 确定谈判目标　　B. 确定谈判策略

C. 拟定谈判议程　　D. 确定谈判期限

E. 确定谈判议题

4. 谈判议题是指谈判中的主要事项。确定谈判议题时应注意（　　）。

A. 罗列出所有的问题　　B. 控制好议题的范围

C. 合理安排议题的顺序　　D. 设定议题讨论的时间

E. 谈判的人员和地点

5. 模拟谈判的工作任务包括（　　）。

A. 发现问题　　B. 修正谈判方案

C. 锻炼实战能力　　D. 培养谈判人员的心理素质

E. 发挥本方的谈判优势

四、简答题

1. 谈判信息收集的方法有哪些?

2. 谈判议程包括哪些内容?

3. 模拟谈判的形式有哪些? 在进行模拟谈判时应注意什么问题?

五、案例分析题

谈判专家王伟打算在自家院中建造一个游泳池，尽管王伟在谈判方面很在行，可他在游泳池的建造及建造质量控制方面却是个彻头彻尾的外行，但是这并没有难倒他。他首先在网上发布了一条建造游泳池的广告，具体写明了建造要求。很快有三家公司前来投标，各自上报了承包详细标单，里面有各项工程费用及总费用。王伟仔细地看了这三份标单，发现这三家公司所提供的抽水设备、温水设备、过滤网标准和付款条件等都不一样，总费用也有不小的差距。于是 4 月 15 日，王伟约这三家公司的业务人员到自己家里商谈。第一个约在上午 9 点钟，第二个约在 9 点 15 分，第三个约在 9 点 30 分。三家公司的业务人员如约准时到来，但王伟客气地说，自己有件急事要处理，一会儿一定尽快与他们商谈。这三家公司的业务人员只得坐在客厅里一边彼此交谈，一边耐心地等待。10 点钟的时候，王伟出来请第一家公司的业务人员进到书房去商谈。业务员一进门就说自己干过很多游泳池项目，他们公司建的游泳池肯定是最好的，同时还告诉王伟，第二家公司曾经丢下许多未完成的工程，现在正处于破产的边缘。接着，王伟出来请第二家公司进行商谈。王伟从第二家公司的业务人员那里了解到，其他公司提供的水管都是塑料管，只有他们公司提供的是真正的铜管。后来，王伟出来请第三家公司的业务人员进行商谈。第三家公司的业务人员告诉王伟，其他人所用的过滤网都是品质低劣的，并且往往不能彻底做完，而自己则绝对能做到保质、保量、保工期。

不怕不识货，就怕货比货，有比较就好鉴别。王伟通过耐心的倾听和旁敲侧击的提问，基本上弄清了游泳池的建筑设计要求，特别是掌握了三家投标公司的基本情况；第一家公司的要价最高，第二家公司的建筑质量最好，第三家公司的价格最低。经过权衡利弊，王伟最后选中了第二家公司来建游泳池，但只给了第三家公司提出的标价。经过一番讨价还价之后，双方达成一致。就这样，三个精明的业务员没有斗过一个谈判专家。王伟在极短的时间里，不仅使自己从外行变成了内行，而且还找到了建造质量好、价钱便宜的建造者。这个质优价廉的游泳池建好之后，亲朋好友赞不绝口，对王伟的谈判能力也佩服得五体投地。王伟却说出了下面这段发人深省的话："与其说是我的谈判能力强，倒不如说用的竞争机制好。我之所以成功，主要是设计了一个舞台，并请三位业务人员在这舞台上充分表演。竞争机制的威力，远远胜过我驾驭谈判的能力。一句话，我选承包商，不是靠相马，而是靠赛马。"

问题：

1. 谈判专家王伟在谈判的各阶段分别采用了哪些策略？
2. 王伟的高明之处在哪里？

技能训练

一、背景描述

买方：天津商贸公司

卖方：河北农产品商贸公司

交易标的：银杏果

在上一期工作中，我们已经做好了充分的人力资源准备，成立了谈判团队。从本期开始，谈判团队进入谈判项目准备环节。

二、实训目标

通过本项目实训，使学生掌握制定商务谈判目标的原则和层次、谈判信息调查的原则和方法、谈判计划的内容和要求，并能够开展模拟谈判，为谈判开局做好准备，以保证谈判总目标的实现。

三、实训任务及评价标准

实训任务	评价标准
制定本方谈判目标	谈判目标是否明确
	谈判目标层次设计是否合理
谈判环境调查	谈判环境调查内容是否全面
	调查方法是否合理、规范
制订本方谈判计划	谈判计划结构是否完整
	谈判计划内容描述是否准确
设计一次模拟谈判	模拟谈判任务是否明确
	模拟谈判的过程是否符合实际情况

四、实训要求

1. 本次实训以小组为单位，要求所有学生积极参与。
2. 小组成员要分工合作，注意团队合作意识的培养。
3. 如实记录演练过程，认真分析演练中的问题并提出改进意见。
4. 实训报告内容完整、结构合理、层次分明。
5. 请小组代表做 5 分钟经验总结。

项目四
商务谈判开局

学习导图

- 商务谈判开局
  - 营造商务谈判气氛
    - 商务谈判开局的含义
    - 谈判气氛的营造
    - 商务谈判开局的主要环节
    - 商务谈判开局应注意的问题
  - 商务谈判开场陈述
    - 开场陈述的原则
    - 开场陈述的内容
    - 开场陈述应注意的问题
  - 制定商务谈判开局策略
    - 制定开局策略的目的
    - 开局策略的实施
    - 开局策略的调整

学习目标

知识目标：

1. 掌握营造商务谈判开局氛围的方法。
2. 掌握商务谈判开场陈述的主要内容。
3. 熟悉商务谈判开局谈判策略。

技能目标：

1. 具有营造恰当的谈判氛围的能力。
2. 具有运用开局策略把握谈判节奏的能力。

素养目标：

1. 感悟中华优秀传统文化，培养学生尊重他人、以礼待人的品德。
2. 培养学生高效沟通能力，提高职业素养。

案例导读

浙江奥康集团与意大利 GEXO 公司进行了一场成功的谈判。浙江奥康集团是国内知名的鞋业生产企业，GEXO 公司是世界著名的鞋业巨头之一，GEXO 公司把目光对准了中国市场，意图在中国建立一个亚洲最大的生产基地。经过一段时间的实地考察，他将目标对准了奥康集团，而奥康也想借 GEXO 公司实现企业的国际化发展战略。为此，奥康集团做了充分的谈判准备。

奥康与 GEXO 的谈判始于中秋节，奥康将谈判地点安排在上海黄浦江的一艘游轮上，借游江赏月品茗的氛围，消除了双方之间的利益对抗，还送上了寓意“花好月圆”的小小青田玉雕礼品，传递了合作双赢的美好愿望。GEXO 公司对此充满文化气氛的谈判印象深刻，并且十分满意，此后谈判顺利进行，奥康集团最终取得了谈判成功。

资料来源：百度文库．奥康与 GEOX 公司合作谈判案例分析．(2019－04－13) [2025－02－12]. https：//wenku. baidu. com/view/209aac9153ea551810a6f524ccbff121dc36c575. html.

【问题与思考】

1. 根据案例，你认为在谈判初始，奥康集团营造了怎样的谈判气氛？
2. 奥康集团营造的谈判气氛对今后的合作有哪些作用？
3. 你认为营造谈判气氛的方法有哪些？

任务一　营造商务谈判气氛

商务谈判的开局阶段可以理解为谈判的起始阶段，这是一个关键的阶段。只有在开局阶段处理好双方的利益关系，初步了解对方谈判人员的脾气、爱好等特征，以及对方企业的基本情况，才能为下一步谈判做好准备。

一、商务谈判开局的含义

商务谈判开局，是指一场谈判开始时，谈判双方的寒暄和表态以及对谈判对手的底细进行试探，为影响、控制谈判进程奠定基础的过程。它是谈判双方会面后，在讨论具体、实质性的内容前进行相互介绍、相互了解的阶段。开局阶段的具体目标是在轻松、诚挚的基础上，力争继续巩固和发展已经建立起来的和谐气氛，并在进入实质性谈判前，双方就谈判程序及态度、意图等取得一致或交换意见。

谈判开局的作用体现在以下三个方面。

（一）明确双方的态度

人们对任何事物的肯定与否定的评价都会带有一定的倾向性，谈判者从开局阶段就能了解到谈判对方的态度，进而采取相应的谈判策略与技巧，以使谈判顺利进行，并使谈判朝着有利于本方的方向发展。如果谈判开局顺利，那么整个谈判也会比较容易进行下去。

（二）明确正式谈判的方式

开局的话题及形式为正式会谈做了铺垫，对谈判的步骤、内容、要求也进行了界定。因此，整个谈判的方式在开局阶段就已经确定。

（三）明确谈判人员的角色

商务谈判开局阶段的各项活动完成后，双方谈判人员的角色都被相应确定下来，这不但会影响每个谈判人员作用的发挥，而且会影响整个谈判的进程。

商务谈判开局阶段，谈判人员精神高度集中，注意力、听力、理解能力都处于最佳状态，但是这种状态持续的时间很短，因此充分利用好谈判的开局会使谈判收效甚佳。

二、谈判气氛的营造

谈判气氛是谈判对手之间的相互态度，它能够影响谈判人员的心理、情绪和感觉，从而引起相应的反应。谈判气氛通常是在双方谈判之初的很短时间内形成的，但谈判气氛对整个谈判过程具有重要的影响，其发展变化会直接影响整个谈判的进行。

实例分享

某企业A想成为某著名电子公司B在当地的代理商。双方经过几次磋商均未达成协议。过了一段时间后，双方开始了新一轮的洽谈。洽谈开始后，A企业的谈判代表并不急于谈此次洽谈的目的，而是仔细观察B公司代表的言行举止。他发现B公司谈判代表喝茶及取放茶杯的姿势十分特别，于是他说道：“从您喝茶的姿势来看，您一定十分精通茶道，能否为我们介绍一下？”这句话正好点中了B公司谈判代表的兴趣所在，于是他滔滔不绝地讲述起来，一下子就拉近了双方之间的距离。在此基础上，后面的谈判进行得异常顺利，A企业最终拿到了所希望的地区代理权。

解析：商务谈判中一方如果控制了谈判开局的气氛，在某种程度上就等于控制住了谈判对手。一般来说，每一次商务谈判都有独特的谈判气氛，所有谈判人员都应清醒地意识到这一点。

（一）商务谈判气氛的类型

1. 冷淡、对立、紧张的谈判气氛

在冷淡、对立、紧张的谈判气氛下，谈判双方见面互相不关心、不热情；目光不相遇；相见不抬头；相近不握手；在衣着、言语等方面企图压倒对方；交谈时语带双关，甚至带讥讽口吻等；双方有明显的戒备及不信任的心理，处于对立情绪之中，整个开局呈剑拔弩张的局面。这种谈判气氛会给整个谈判蒙上一层阴影。这一谈判气氛类型通常在法院调解、双方利益对立的情况下出现。

2. 松弛、缓慢、旷日持久的谈判气氛

商务谈判中不乏持续性、阶段性的洽谈。在松弛、缓慢、旷日持久的谈判气氛下，双方谈判人员容易产生厌倦情绪，谈判人员谈判时姗姗来迟、衣冠不整、精神不振，相见时握手例行公事、不紧不慢；入座时左顾右盼，显出一种可谈可不谈的无所谓的态度。双方对谈判的目标缺乏信心，对对方的谈话不认真倾听，甚至以轻视的口吻发问。谈判中双方不断转换话题，处于一种打持久战的气氛中。

3. 热烈、积极、友好的谈判气氛

在热烈、积极、友好的谈判气氛下，谈判双方态度诚恳、真挚，彼此适应对方需要；见面时话题活跃，口气轻松；双方显得精力充沛，兴致勃勃；谈判人员服装整洁、举止大方、目光和善；双方对谈判的成功充满热情和信心，把谈判成功看成友谊的象征。这样一种谈判气氛无疑对谈判的顺利开展会起到促进的作用。

4. 平静、严肃、严谨的谈判气氛

在这一类型的谈判气氛下，通常谈判双方已不是谈判新手，也不是初次见面，而是处于一定的形势中并受到一定条件的制约。因此，谈判双方见面时并不热情，握手一触即弃，入座并不相让，喝茶并不互请。双方谈话时语句简练、音质清晰、语速适中。双方目光对视，面带微笑但只是一闪而过。双方进入谈判场所速度适中，默默缓缓而行。

谈判气氛在谈判一开始就已形成，但它必须在整个谈判过程中都得到保持，这就需要谈判人员的共同努力。谈判双方见面后的短暂接触对谈判气氛的形成具有关键性的作用。谈判双方人员的目光、动作、姿态、表情、气质、谈话内容及语调、语速等，会形成不同的谈判气氛。

（二）影响谈判气氛的因素

1. 人的因素

创造谈判气氛的关键取决于谈判双方人员刚接触的瞬间所采取的方式和态度。有经验的谈判人员常常以热情、友善的方式来营造谈判气氛，或者互致问候，或者主动询问对方的一些情况，或者抓住对方成员中自己曾认识或接触过的熟人先打招呼，并主动站出来为双方的初次见面做一番热情洋溢的介绍、叙说旧情等。这些方式远比简单的寒暄效果要好。

2. 双方的实力对比状况

谈判双方的实力分为以下三种情况：

（1）谈判双方实力相当。为了防止一开始就强化对手的戒备心理和激起对方的对立情绪，以致影响实质性谈判，在开局阶段，谈判者仍然要力求创造一个友好、轻松、和谐的气氛。我方谈判人员在语言和姿态上要做到轻松而不失严谨、礼貌而不失自信、热情而不失沉稳。

（2）我方实力明显强于对方。在这种情况下，为了使对方在谈判中不抱过高的期望，但也不至于被吓跑，我方谈判人员在语言和姿态上既要表现得礼貌友好，又要充分显示出本方的自信和气势。

（3）我方实力弱于对方。在此种情形下，在语言和姿态上，我方一方面要表现出友好，另一方面也要充满自信、举止沉稳、谈吐大方，使对方不至于轻视我们。

晏子使楚

3. 双方的业务关系

谈判双方的业务关系主要有以下几种情况：

（1）双方在过去有过业务往来，且关系很好，那么这种友好的关系应作为双方谈判的基础。在这种情况下，开局阶段的气氛应是热烈、真诚、友好和轻松愉快的。开局时，我方谈判人员在语言上应是热情洋溢的，态度上应该比较自由、放松、亲切。双方可以畅谈过去的友好合作关系，亦可适当地称赞对方企业的进步与发展。

（2）双方有过业务往来，但关系一般，那么开局的目标是要争取营造一个比较友好、和谐的气氛。此时，谈判人员应在语言的热情程度上有所控制；在姿态上，可以随和自然，双方可以简单聊一聊过去的业务往来及人员交往，亦可说一说双方谈判人员在日常生活中的兴趣和爱好。

（3）双方过去有过一定的业务往来，但我方对对方的印象不好，那么开局阶段谈判气氛应是严肃、凝重的，我方应与对方保持一定的距离。我方谈判人员在开局时，语言上应礼貌、严谨。

（4）双方过去并没有业务往来，这是第一次交往，那么开局应力争营造出真诚、友好的气氛；我方谈判人员在语言上应该礼貌、友好，态度上应不卑不亢，沉稳中不失热情，自信但不傲气。开局双方可多聊一些天气情况、途中见闻、个人爱好等比较轻松的话题。

知行合一：崇德向善，以礼待人

交谈是商务谈判的中心活动，在商务交谈中尊重他人尤为重要。只有尊重对方，理解对方，才能赢得对方感情上的接近，从而获得对方的尊重和信任。

交谈中遵守礼仪规范十分重要，中国是礼仪之邦，《礼记·表记》中有“君子不失足于人，不失色于人，不失口于人”，意思是君子在别人面前举止应慎重，容颜要端庄，不要说不该说的话；《礼记·曲礼》中的“礼之于人也，犹酒之有糵也；君子以厚，小人以薄”，也强调了礼仪的重要性，认为君子看重礼仪，小人轻视礼仪。在商务谈判中，遵守社交礼仪、态度友好、语言得体，不仅可以体现自身修养，也能代表所在集体的良好形象，对于谈判成功的作用可谓事半功倍。

三、商务谈判开局的主要环节

（一）开局导入

开局导入是从双方会见开始到寒暄结束。开局导入的时间虽然很短，但作用非常明显。为使谈判双方更好地接触，会谈以站立为宜。开局导入形式多样，但总体上需要把握以下几个重点环节：

（1）入场。在会场中应以友好的态度出现，表情自然、开诚布公，充分表现自己的诚意。

（2）握手。应该注意握手时的力度大小、时间长短与方式，以表现谈判者的亲切、郑重。

（3）介绍。介绍要言简意赅，切中要害，不可长篇累牍。可以自我介绍，也可由双方的主谈人向对方介绍。

（4）问候。要做到语言亲切、语气和蔼，营造轻松自如的对话环境。可适当引入双方感兴趣的中性话题，不可过分提及私人问题。

（5）落座。安排谈判人员落座时应注意排座、距离与面向。落座时应注意使主谈人居中，其他人依职务高低向两边依次落座。双方主谈人入座宜正面相对，不宜斜对。座位朝向的原则是有利于集中注意力。

话题的宜与忌

（二）营造适宜的谈判气氛

谈判双方初次见面，加上商务谈判往往涉及双方的根本利益，难免会产生一些紧张的气氛。这时双方都要尽量避免这种气氛的蔓延，特别是作为东道主的一方，可以用一些轻松的话题缓解这种紧张的情绪，并拉近双方之间的距离。但是开局阶段需要控制时间，时间既不能太长，也不能太短。如果时间太长，会影响谈判效率，使一些主要问题和矛盾不能通过磋商解决；如果时间太短，则会使对方感到过于做作、牵强，反而会拉大双方的距离。因此，开局阶段的时间安排要做到恰到好处。一般来说，开局阶段需要占整个磋商阶段时间的5%左右，也就是说，如果洽谈准备进行两个小时，开局时间则以5～6分钟为宜。

根据谈判双方的开局策略，谈判气氛的营造可以分为三种情况，即营造高调气氛、营造低调气氛和营造自然气氛。

1. 营造高调气氛

高调气氛是指谈判情势比较热烈，谈判双方情绪积极、态度主动，愉快因素成为谈判情势的主导因素。通常在下面这种情况下，谈判一方应努力营造高调的谈判开局气氛：本方占有较大优势，价格等主要条款对本方极为有利，本方希望尽早与对方签订合同。在高调气氛中，谈判对手往往只注意到对自己有利的方面，而且对谈判前景的看法也倾向于乐观，因此，高调气氛可以促进协议的达成。

营造高调气氛的方法通常有感情攻击法和称赞法等。

2. 营造低调气氛

低调气氛是指谈判气氛十分严肃、低落，谈判的一方情绪消极、态度冷淡，不快因素构成谈判情势的主导因素。通常在下面这种情况下，谈判一方应该努力营造低调的谈判开局气氛：本方有讨价还价的砝码，但是并不占有绝对优势，合同中某些条款并未达到本方的要求，如果本方施加压力，对方会在某些问题上作出让步。低调气氛会给谈判双方都造成较大的心理压力，在这种情况下，哪一方的心理承受力弱，哪一方往往会妥协让步。因此，在营造低调气氛时，本方一定要做好充分的心理准备并要有较强的心理承受力。

营造低调气氛通常有感情攻击法和沉默法。营造低调气氛的感情攻击法与营造高调气氛的感情攻击法的不同之处在于要诱发对方产生消极情感，使一种低沉、严肃的气氛笼罩在谈判开始阶段。

3. 营造自然气氛

自然气氛是指谈判双方情绪平稳，谈判气氛既不热烈，也不消沉。自然气氛无须刻意去营造，许多谈判都是在这种气氛中开始的。这种谈判开局便于对对手进行摸底，因为谈判双方在自然气氛中传达的信息往往要比在高调气氛和低调气氛中传达的信息准确、真实。当谈判一方对谈判对手的情况了解甚少，对手的谈判态度不甚明朗时，谋求在平缓的气氛中开始对话是比较有利的。

谈判气氛并非一成不变的。在谈判过程中，谈判人员可以根据需要来营造适合于自己的谈判气氛。但是，谈判气氛的形成并非完全是人为因素的结果，客观条件也会对谈判气氛有重要的影响，如节假日、天气情况、突发事件等。因此，在营造谈判气氛时，一定要注意外界客观因素的影响。

情景剧场

小李是一家汽车销售公司的推销员，下面是他向一位对汽车感兴趣的买主吴先生推销产品的精彩对话。

小李：吴先生，这辆汽车是非常舒适的。（吴先生以沉默作答）

小李：（意识到自己的口误）请坐到汽车驾驶员的座位上试一试好吗？（吴先生坐进了驾驶室）您坐在里面感到舒适吗？

吴先生：舒服极了！

小李：您觉得座位调得如何？

吴先生：行，挺舒服的。不过，驾驶室太小了。

小李：还小？您在开玩笑吧？

吴先生：我说的是实话，我感觉在里面坐着有点憋气。

小李：但汽车前舱的空间有 2.1 米！

吴先生：不管怎样，我还是觉得有点憋气。

小李：（意识到他的错误，就停止了反驳）当然了，这辆车比不上大型车辆宽敞。但正如您刚才说的那样，坐在里面还是很舒服的。您可能已经注意到这辆车的装潢还是相当不错的，使用的材料都是皮革，还有比皮革更好的材料吗？

吴先生：我不懂什么皮革不皮革的。但我觉得皮革夏天太热，冬天又太冷。

小李：（小李本来可以，也应该在事前了解清楚顾客对各种材料做成的座椅外套有什么看法。不过，这仅仅是一个无关大局的细节问题，因此他决定避开它）对，那仅仅是个人的喜好问题。其实，我明白您的意思，在炎热的夏天，皮革确实有点热。但在秦皇岛，夏天从来都不是太热的。应当这样看待这个问题才是，您说呢？不管怎么说，皮革肯定要比塑料凉快得多。您同意这个看法吗？

吴先生：那或许有可能，但有些时候，我要在夏天开车到其他城市去。

小李：（小李本可以进一步指出，开车到外地的时间相对来说是短暂的，但他觉得这样谈下去会把问题扯远，并且容易引起争执）好吧，我们来谈一下其他问题吧。您准备用这辆车来干什么？（小李又准备回到汽车的主要用途上，并打算用它来证明这种车的前舱空间还是足够的）

吴先生：我准备开车上下班，并经常带家人去周边的景区。

小李：路程远吗？

吴先生：不是特别远。

小李：家里人口多吗？

吴先生：我们有两个小孩，都在念书。

小李：那么说，您是想要一辆省油的汽车了，是不是？（小李为了绕开汽车前舱空间大小的问题，又换了一个新话题。不过，他远远没有脱离危险区，因为他又转到汽油价格这个人人关心的问题上了）您知道现在的汽油价格吗？

吴先生：价格还可以吧。但关于节油的种种说法都是靠不住的，事实上，每一辆车所耗费的汽油量总要比说明书上规定的多得多。

小李：当然了，耗油量的大小取决于您怎么使用您的汽车。

吴先生：（非常生气）你这话是什么意思？

小李：车开快了就需要经常更换挡位，这样耗油量就要大一些。

吴先生：在很多情况下，说明书上所说的都是不可靠的，不是事实。说明书上说，行驶 15 千米才耗费 1 升汽油。我们就按照说明书购买了一辆汽车。结果呢？还没有行驶 10 千米就耗费了 1 升的汽油，宣传归宣传，事实归事实。

小李：（控制住自己）好吧，我们可以在试车的时候检查一下这辆车的耗油情况。吴先生，您亲自开车，好吗？

吴先生：好的。（他们发动了汽车）

小李：您的夫人也会开车吗？（他准备把这辆车便于操作这一点作为推销要点）

吴先生：她准备去考驾照。

小李：（接过新话题）我们有自己的驾驶学校。如果您需要的话，我可以帮助您夫人联系上课的事。

吴先生：不用了。

小李：（刚准备有所表示，但及时地控制住了自己）不管怎么说，对于您夫人来说，开小车要比开大车容易，您说呢？

吴先生：我想是的。（吴先生又想出了一条反对的理由）这样一辆小车怎么这样贵呢？

小李：（从吴先生的这一想法中，他意识到车的大小问题并不是很重要。于是，他决定避开讨论车的大小问题。如果他反驳吴先生的这一看法，并且指出汽车的价格不高的话，那么就有可能发生争论。所以，他决定不直接讨论价格问题）吴先生，您开车是很有经验的，对吧？

吴先生：还可以。

小李：那么，依您看，车的哪一方面最重要？（通过承认对方有经验，营造一种融洽的气氛，并且以提问的方式把话题转向一些更重要的问题上）

吴先生：当然是车开起来稳不稳、车速和车的质量最重要了，还有转售价格问题。

小李：（谨慎地纠正对方的看法）当然也要节省，是吗？

吴先生：那是当然的。

小李：所以，应该是稳、速度和节省。吴先生，就速度而言，您认为哪一方面是最重要的，是最高速度指数还是变速器？

吴先生：当然是变速器更重要了。不管怎么说，人们一般不使用最高速度。

小李：（现在小李终于了解到顾客对什么东西感兴趣了）您说得太对了，这才是最重要的。在衡量一辆车的价值的时候，它的作用是很重要的。关于这一点，我与您的看法是一致的。

就这样，小李从以上三个方面解释了这辆车的价值，并且间接反驳了吴先生认为车的售价太高的看法。在经过三次业务洽谈之后，他终于成功地推销了这辆汽车。

解析： 在本案例中，小李通过多次向对方表示理解，使谈判有个好的氛围，并成功地利用说服技巧引导话题远离分歧点，最终成功地把汽车销售了出去。

（三）协商谈判议程

开局阶段的另一项重要任务是协商谈判议程。谈判议程是谈判中要讨论的内容清单，是谈判活动的各种事项安排和时间进程。谈判议程包括通则议程和细则议程。

1. 通则议程

通则议程是商务谈判双方共同商定正式议程的依据，由谈判双方共有。通则议程可由双方协商确定，也可由一方准备，双方共同确定，还可由双方指派代表起草，然后双方商量后决定。

2. 细则议程

细则议程是本方拟定的谈判议程，是通则议程的必要补充，由本方使用。细则议程通常确定了谈判事项、谈判顺序和谈判采用的方法等重要细节，作为本方进行谈判的指导。

3. 谈判议程的内容

拟定谈判议程要本着对双方有利的原则进行，努力做到友好协商、统筹兼顾、全盘考虑。议程要清楚地表述出谈判需要讨论的内容，给需要讨论的问题排定优先级别。谈判议程内容很多，但一般谈判议程应包括以下内容：

（1）商务谈判的时间。这包括总的期限、开始时间、每一轮次的时间、休会时间以及各个时间的长短等。

（2）商务谈判的场地。这包括具体谈判场所、对会议场地的布置。

（3）商务谈判的主题。这包括谈判的中心议题，解决问题的基本原则，以及中心问题涉及的重要内容、细节、要求等。主题是谈判的基础，是谈判的核心内容，整个谈判活动都是围绕主题展开的。主题应该简单明了，并且明确、具体。它要涵盖谈判的主要内容，同时能被本方人员掌握。主题不是一成不变的，可随着谈判工作的深化不断地修正、提炼，以便更能体现双方的要求。

（4）商务谈判的日程安排。这包括洽谈事项的先后顺序，系列谈判的轮次划分，各方人员在谈判中的大致分工等。

（5）商务谈判的其他事项。这包括签约的要求与准备，参加人员的确定与邀请，谈判人员的食宿、交通、游览、休息、赠礼等事项的安排。

四、商务谈判开局应注意的问题

谈判开局是谈判进入开始阶段的过渡时间，谈判双方的见面、寒暄、握手、交谈等都是由此开始的，它的关键作用是消除双方的心理压力，营造轻松、和谐的气氛，为后续工作的展开做铺垫。在这个阶段，我们要注意下述几个问题。

（一）把握寒暄时机和话题

在谈判开始前，不要单刀直入，或提出棘手、敏感的问题，而应运用可以引起双方感情共鸣、交流的轻松话题和语言来开启谈判之门。寒暄是为建立彼此的关系或互相认识而进行的活动，目的是借此了解对方的背景与兴趣，从而为以后选择适当的沟通方式提供重要线索。例如，可以畅谈谈判的目的、议事日程安排、进展速度、谈判人员的组成情况等，也可以谈论双方感兴趣的题外话，还可以回忆往日合作成功的欢乐、感受等。在双方通过轻松的交谈，感情已趋近、气氛比较和谐的情况下，一方才可试探性地选择一些相同或近似的正式话题进行交流，以此由表及里、由浅入深，使正式谈判之门慢慢打开。

（二）言谈举止得体、自然

谈判者在开局阶段应做到自然、轻松、不紧张。谈判双方的言行、举止都应当是随和、流畅的，不可言语生硬、举止不雅，谈判双方不能相互较劲。开局的交谈一般是非正式的，通常是拉家常式的随意闲谈，因此语言并不严谨，谈判者不可对每句话都要求过高，这样会影响双方感情的交流，弄不好还会使谈判陷入僵局。

（三）尊重对方，不能轻狂

开局阶段是展示双方姿态和气质的开始。谈判是一种文明竞争的方法。谈判者谈判时的言谈举止是影响对方对己方态度的关键因素。如果在一开局就锋芒毕露，甚至举止轻狂，过分地炫耀自己，那么别人只能把你当成不明事理的小丑。因此，尊重谈判对手至关重要，这不仅能显出己方的风度，而且能赢得对方对己方的尊重。

思考与应用

影响商务谈判气氛的因素有哪些？

任务二　商务谈判开场陈述

一、开场陈述的原则

开场陈述也称“开场白”，是指在谈判开局阶段，双方就本次谈判的内容陈述各自的观点、立场及建议的一系列活动。通过开场陈述，双方可以了解对方的立场和意图，确定下一阶段谈判的议题和策略。

为了更好地了解彼此的谈判意图、立场，做开场陈述时应该遵循以下几个原则：

（1）在时间的把握上要“机会均等”，双方都有发言的机会，切不可拖泥带水、滔滔不绝，独占谈判时间。

（2）讲话要言简意赅，表达清楚本方的意图和原则即可。

（3）态度上要谦和，要轻松、诚恳地进入谈判；用词上要字斟句酌，防止因口误引起不必要的麻烦。

（4）要把注意力放在本方利益的阐述上，力争让对方清楚明了。不要试图去猜测对方的立场，防止扰乱自己的思维和漏掉重要信息。

知行合一：善解人意·善于表达

商务谈判是一种特殊的沟通方式，要传递正能量，符合主流价值观，使谈判达到理想的效果。

普林斯顿大学对一万份人事档案进行分析，发现“智慧”“专业技术”“经验”只占成功因素的25%，其余75%取决于良好的人际沟通；哈佛大学就业指导小组的调查结果显示，在500名被解职的员工中，因人际沟通不良而导致工作不称职者占82%。

可见，在现代社会，一个人无论从事何种职业，沟通与合作、交流与分享都是必不可少的，而沟通的品质取决于对方的回应。因此，良好的沟通就是要说对方想听的，听对方想说的。要想提高沟通效果，就要弄清楚听者想听什么，并以对方感兴趣的方式表达自己的想法，做到善解人意、善于表达。

二、开场陈述的内容

开场陈述的内容主要包括谈判双方在开始阶段理应表明的观点、立场、计划和建议。

（一）己方的立场

己方的立场即己方希望通过谈判取得的利益，其中哪些又是至关重要的；己方可以采取何种方式为双方共同获得利益作出贡献；今后双方合作中可能会出现的成效或障碍；己方希望本次谈判遵循的方针等。

（二）己方对问题的理解

己方对问题的理解即己方认为当次会谈应涉及的主要问题，以及己方对这些问题的看法、建议或想法等。

（三）对对方各项建议的反应

如果对方开始陈述或者对方对己方的陈述提出了某些建议，那么己方就必须对其建议或陈述作出应有的反应。

情景剧场

A公司（买方）与B公司（卖方）就某设备买卖进行谈判，双方的开场陈述如下：

A公司：这套设备对我们很具有吸引力，我们已经有计划对原有设备实施逐步的更新。我们已经将本次的设备引进报请总公司备案，总公司也在考察相关的项目。目前的关键问题是时间——我们希望能以最快的速度达成这个协议。以前，咱们从未打过交道，不过根据我们对贵公司的了解，你们一向是很合作的。这就是我们的立场，不知道我是否说清楚了？

B公司：我们非常愿意与您达成这个协议，也期望能够为您的设备更新计划提供服务。但是，我们还需要解决设备的运输和安装调试问题，当然，这些问题可以灵活处理。我们关心的是价格是否合适，反正我们也不急于出手。这是我们的态度，还有什么不清楚的吗？

解析：在开场陈述中，必须把己方所持有的对本次谈判所涉及的内容、观点、立场和建议向对方做一个基本的陈述。因此，谈判者所采用的陈述方法往往应是“横向铺开”而不是“纵向深入”地就某个问题谈下去。

说好开场白的方法

三、开场陈述应注意的问题

首先，双方要把本次谈判所涉及的内容全部揭示出来，使双方彼此了解对方对本次谈判内容所持有的立场与观点，并在此基础上，就一些分歧分别发表建设性意见或倡议。

其次，要通过开场陈述消除对方的心理压力，调动其谈判热情。这是因为在谈判开始时，双方的注意力会十分集中，压力也很大，并通过“高度戒备”心理状态审视对方提出的条件，谈判的氛围比较紧张。

最后，要注意营造轻松和谐的谈判气氛。

思考与应用

开场陈述在商务谈判开局中的作用是什么？

开场陈述的作用

任务三　制定商务谈判开局策略

一、制定开局策略的目的

商务谈判开局策略是谈判人员为谋求和实现对谈判开局的控制而采取的行动或手段。为保证商务谈判能够顺利进行下去，开局策略应实现以下三个目的。

（一）确定正确的开局方式

开局的方式是制定开局策略的核心问题。谈判人员的所作所为是左右谈判开局的重要因素，包括谈判人员之间相互作用的方式、谈判人员的各自性格融合或冲突的方式、谈判人员影响谈判的方式以及谈判一方对另一方影响的措施等。因此，积极主动地调节自己和对方的所作所为，创造良好的谈判气氛，是顺利开局的核心。

最为理想的开局方式是以轻松、愉快的语气先谈一些双方容易达成一致意见的话题。比如：“咱们先确定一下今天的议题，如何？”“先商量一下今天的大致安排，怎么样？”这些话从表面上看好像无足轻重，但这些要求往往最容易引起对方肯定的答复，因此比较容易创造一种“一致”的感觉，如果能够在此基础上悉心培养这种感觉，就可以创造出一种“谈判就是要达成一致意见”的气氛，有了这样的气氛，双方就能够比较容易达成互利互惠的协议。可见，良好的开局方式是成功的一半。

（二）探求对方的实际需求

需求是引发行为的动因。商务谈判人员在谈判开局中要注重研究谈判对手的需求、动机、心理，把握其行为的规律性，进而掌握谈判的主动权。

有经验的谈判人员在谈判交锋之前不仅对自己一方的需求有深入的了解，而且对对方的需求也会进行认真的分析揣摩。一般来说，谈判者当前的主导需求、需求急切程度、需求满足的可替代性等因素都影响着谈判者的行为。分析谈判者需求，特别是对手需求时，要考虑到上述因素，要根据具体情况采取相应的谈判策略。

（三）激发对方的谈判欲望

欲望是成功的原动力，欲望越强烈，谋求目标的动机就越强烈。开局策略应该根据对手的特点来制定，有针对性地刺激其欲望。例如，开场陈述要能够吸引对方的注意力，引起对方对谈判的兴趣，让对方深切感受到这个谈判项目对其发展有多么重要，从而激发对方的谈判和成交的欲望。

有经验的谈判人员就像棋手一样，对谈判过程的每一步都进行布局，以消除意见分歧对谈判可能产生的不良影响，保证谈判能够顺利进行下去，实现自己的谈判目标。

二、开局策略的实施

知行合一：慎微·慎行

商务谈判人员在开展谈判工作时应具备慎微、慎行的职业品质，在谈判中做到防微杜渐。

首先，商务谈判人员应当谨记：“天下难事，必作于易；天下大事，必作于细。”细节往往决定成败，图大者，当谨于微。

其次，商务谈判人员应当谨记：“凡事豫（预）则立，不豫（预）则废。言前定则不跲，事前定则不困，行前定则不疚，道前定则不穷”。

商务谈判如同用兵作战，必须做到三思而后行，胸怀大的格局，才能实现“未战而庙算胜”。

（一）一致式开局策略

所谓一致式开局策略，是指在谈判开始时，为使对方对自己产生好感，以“协商”“肯定”的方式，创造或建立起对谈判的“一致”的感觉，从而使谈判双方在愉快友好的气氛中不断将谈判引向深入的一种开局策略。

一致式开局策略的目的在于创造取得谈判胜利的条件。现代心理学研究表明，人们通常会对那些与其想法一致的人产生好感，并愿意将自己的想法按照那些人的观点进行调整。这一研究结论正是一致式开局策略的心理学基础。运用一致式开局策略的具体方式如下。

（1）协商式开局。协商式开局也称问询式开局，是指将答案设计成问题，以协商的口吻来征求谈判对手的意见。例如："你看我们把价格及付款方式问题放到后面讨论怎么样？"运用这种方式时应该注意，拿来征求对方意见的问题应是无关紧要的问题，即对手对该问题的意见不会影响到本方的具体利益。

（2）补充式开局。补充式开局也称赞同式开局，是指借对对方意见进行补充或赞同之机，使自己的意见变成对方的意见，从而在双方间达成一致和共识。需要注意的是，在赞成对方意见时态度不要过于谄媚，要让对方感觉到自己是出于尊重，而不是奉承。

一致式开局策略可以在高调气氛和自然气氛中运用，但尽量不要在低调气氛中运用。因为，在低调气氛中运用这种策略容易使自己陷入被动。一致式开局策略如果运用得好，可以将自然气氛转变为高调气氛。

（二）保留式开局策略

保留式开局策略是指在谈判开局时，对谈判对手提出的关键性问题不做彻底、确切的回答，而是有所保留，从而给对手造成神秘感，以吸引对手步入谈判。

实例分享

江西省某工艺雕刻厂原是一家濒临倒闭的小厂，经过几年的努力，发展为年产值2 000多万元的规模，产品打入日本市场，战胜了其他国家在日本经营多年的厂家，被誉为"天下第一雕刻"。有一年，日本三家株式会社的老板同一天接踵而至，到该厂订货。其中一家资本雄厚的大商社要求原价包销该厂的某产品。这应该说是好消息，但该厂想到，这几家原来都是经销韩国产品的商社，为什么争先恐后、不约而同地到本厂来订货呢？他们查阅了日本市场的资料，得出的结论是：本厂木材质量上乘、技艺高超是吸引外商订货的主要原因。于是该厂采用了"待价而沽""欲擒故纵"的谈判策略。先不理那家大商社，而是积极抓住两家小商社求货心切的心理，把产品与其他国家的产品做比较。在此基础上，该厂不断争价钱、论成色，使其产品价格达到了理想的程度。首先与小商社拍板成交，使那家大商社产生错失货源的危机感。这样一来，那家大商社不但更急于订货，而且想垄断货源，于是大批订货，订货数量甚至超过了该厂的现有生产能力。

这个案例中的工艺雕刻厂成功的关键在于其策略不是盲目的、消极的。一是该厂产品确实好，二是该厂谈判人员巧于布阵。

采用保留式开局策略时不要违反商务谈判的道德原则，即以诚信为本，向对方传递的信息可以是模糊信息，但不能是虚假信息，否则会使自己陷入非常难堪的局面之中。

保留式开局策略适用于低调气氛和自然气氛，而不适用于高调气氛。保留式开局策略还可以将其他的谈判气氛转变为低调气氛。

（三）坦诚式开局策略

坦诚式开局策略是指以开诚布公的方式向谈判对手陈述自己的观点或想法，从而为谈判打开局面。

实例分享

在一次采购新型建筑材料的谈判中，一位当地有名的工程师参与了谈判。在谈判开始时，他发现对方对自己的身份持有强烈的戒备心理，这种状态妨碍了谈判的进行。于是，这位工程师当机立断，站起来对对方说道："我是一名工程师，在本地也小有名气，但在此次谈判中，我也只是一名谈判代表，非常希望有与在座各位合作与学习的机会。从本次的项目来说，我们公司经验少、实力不强，但我们人实在，愿意真诚与贵方合作。咱们谈得成也好，谈不成也好，至少你们可以交到我这样一个朋友!"

工程师寥寥几句肺腑之言，一下子就打消了对方的疑虑，使谈判顺利地向纵深发展。

坦诚式开局策略比较适合于有长期的合作关系的双方，以往的合作双方都比较满意，彼此比较了解，不用太多客套，减少了很多外交辞令，节省时间，直接坦率地说出自己的观点和要求反而更能使对方对己方产生信任感。采用这种策略时，要综合考虑多种因素，如自己的身份、与对方的关系、当时的谈判形势等。

坦诚式开局策略有时也可用于谈判力弱的一方。当己方的谈判力明显不如对方，并为双方所共知时，坦率地表明己方的弱点，让对方加以考虑，更能表明己方对谈判的真诚，同时也表明对谈判的信心和能力。

（四）挑剔式开局策略

挑剔式开局策略是指开局时对对手的某项错误或礼仪失误严加指责，使其感到内疚，从而达到营造低调气氛，迫使对手让步的目的。

实例分享

巴西一家公司到美国去采购成套设备。巴西谈判小组成员因为上街购物而耽误了时间。当他们到达谈判地点时，比预定时间晚了45分钟。美方代表对此极为不满，花了很长时间来指责巴西代表不遵守时间，没有信用，如果长期这样的话，以后很难合作，浪费时间就是浪费资源、浪费金钱。巴西代表感到理亏，只好不停地向美方代表道歉。谈判开始以后，美方代表似乎还对巴西代表迟到一事耿耿于怀，一时间弄得巴西代表手足无措，说话处处被动。之后巴西代表已无心与美方代表讨价还价，对美方提出的许多要求也没有静下心来认真考虑，匆匆忙忙就签订了合同。

等到合同签订以后，回过神来的巴西代表才发现自己吃了大亏，上了美方的当，但已经晚了。

本案例中，美国谈判代表成功地使用挑剔式开局策略，迫使巴西谈判代表自觉理亏，在来不及认真思考的情况下就匆忙签下对美方有利的合同。

（五）进攻式开局策略

进攻式开局策略是指通过语言或行为来表达己方强硬的态度，从而获得谈判对手必要的尊重，并借以制造心理优势，使得谈判顺利地进行下去。

实例分享

A 国一家著名的汽车公司在 B 国刚刚"登陆"时，急需找一家 B 国代理商来为其销售产品，以弥补他们不了解 B 国市场的缺陷。当 A 国汽车公司准备与 B 国的一家公司就此问题进行谈判时，A 国公司的谈判代表路上塞车迟到了。B 国公司的代表紧紧抓住这件事不放，想要以此为手段获取更多的优惠条件。

A 国公司的代表发现无路可退，于是站起来说："我们十分抱歉耽误了您的时间，但是这绝非我们的本意，我们对贵国的交通状况了解不足，所以导致了这个不愉快的结果，我希望我们不要再为这个无所谓的问题耽误宝贵的时间了，如果因为这件事怀疑到我们合作的诚意，那么，我们只好结束这次谈判。我认为，我们所提出的优惠代理条件是不会在 B 国找不到合作伙伴的。"

A 国代表的一席话说得 B 国代理商哑口无言，B 国代理商又不想失去这次赚钱的机会，于是谈判顺利地进行了下去。

A 国谈判代表成功地采取了进攻式的开局策略，阻止了 B 国谈判方谋求营造低调气氛的企图。

采用进攻式开局策略一定要谨慎，因为在谈判开局阶段就设法显示自己的实力，会使谈判一开局就处于剑拔弩张的气氛中，对谈判的进一步发展极为不利。

进攻式开局策略通常只在这种情况下使用：发现谈判对手在刻意制造低调气氛，这种气氛对本方的讨价还价十分不利，如果不把这种气氛扭转过来，将损害本方的切实利益。进攻式开局策略可以扭转不利于己方的低调气氛，使之走向自然气氛或高调气氛。但是，进攻式开局策略也可能使谈判陷入僵局。

讨论与提高

奥康与 GEXO 公司的谈判，奥康集团采用了怎样的开局策略？

三、开局策略的调整

开局策略是谈判双方在会谈之前根据谈判的目标、计划、进度和人员特征等进行的预测性安排。随着开局会谈的逐步展开，双方有了进一步的接触，彼此的谈判目标、意图和策略方法也就此渐露端倪，双方对彼此的基本情况会有一些了解，为了能够使谈判顺利地进行下去，就要根据谈判情形对既定的策略进行调整和完善，实现双方的一致目标。

具体来说，策略的调整要围绕两个方面进行分析：一是要分析对方是否在谈判开始时就持有合作、诚挚的态度；二是要分析在我方提出的谈判方案中，哪些是对方可能接受的，哪些是对方不易接受的。

如果对方在确定谈判目标和谈判议程等小问题上都不肯合作，那么对方对谈判毫无诚意或妄自尊大就是确定无疑的了。对此，我方应调整策略，让对方对自己有个正确的认识。如果对方只是关心他自己的利益，那就必须采取相应策略，放弃互惠的想法，努力争取自己的利益，这样，对方也许会及时醒悟，放弃其自私的要求。

谈判开局的过程中，谈判双方要不断回顾一下已取得了哪些共识，并对己方提出的谈判方案和所制定的策略进行评估，无论对方如何反应，都应对对方的行为和态度进行分析，并拟定恰当的应对策略。

思考与应用

制定商务谈判开局策略的意义是什么？

项目小结

1. 商务谈判开局的主要任务包括三项：营造良好的开局气氛、以恰当的开场陈述将谈判顺利导入交易磋商阶段、制定正确的开局策略。

2. 商务谈判气氛可分为高调的谈判气氛、低调的谈判气氛、自然的谈判气氛；不同谈判气氛的营造受到谈判人员素质、双方实力因素、双方关系因素的制约，谈判人员应科学合理地营造最适宜谈判开展的气氛。

3. 谈判开场陈述是开局阶段向磋商阶段过渡的转折点，要求谈判人员能够利用最短的时间清楚地阐述己方对谈判的要求、原则、态度以及主要问题。

4. 开局策略的制定是保证谈判如期进行的重要决策过程，一般的开局策略包括五种类型：一致式开局策略、保留式开局策略、坦诚式开局策略、挑剔式开局策略、进攻式开局策略。

学习检测

一、判断题

1. 在商务谈判中，谈判气氛一旦形成就不会改变。（ ）

2. 商务谈判人员可以通过开场陈述了解对方的立场和意图，确定下一阶段谈判的议题和策略。（ ）

3. 在进行开场陈述时，应避免对对方公司或产品进行负面评价，应保持客观、友好和专业的态度。（ ）

4. 最为理想的开局方式是给对方一定的心理压力，彰显我方谈判优势，以保证我方谈判的主导地位。（ ）

5. 欲望是成功的原动力，欲望越强烈，谋求目标的动机就越强烈。因此，开局策略应该根据对手的特点来制定，有针对性地刺激其欲望。（ ）

二、单项选择题

1. 在谈判开局阶段，能够奠定谈判成功基础的关键是（　　）。

A. 良好的谈判气氛　　B. 合理的报价

C. 反复磋商　　D. 确定谈判目标

2. 当谈判人员表现出话题活跃、口气轻松、精力充沛、兴致勃勃、服装整洁、举止大方、目光和善时，表明此时的谈判气氛属于（　　）。

A. 冷淡、对立、紧张的谈判气氛

B. 松弛、缓慢、旷日持久的谈判气氛

C. 热烈、积极、友好的谈判气氛

D. 平静、严肃、严谨的谈判气氛

3. 商务谈判中，适用于谈判双方实力接近且希望建立友好关系的开局策略是（　　）。

A. 一致式开局策略　　B. 保留式开局策略

C. 坦诚式开局策略　　D. 进攻式开局策略

4. 当谈判双方初次接触，且对彼此了解较少时，为了给对方造成神秘感，较为适宜的开局方式是（　　）。

A. 一致式开局策略　　B. 保留式开局策略

C. 坦诚式开局策略　　D. 进攻式开局策略

5. 商务谈判中，如果希望在一开始就展示己方的强硬立场，以期获得对方的尊重，可以选择的开局策略是（　　）。

A. 一致式开局策略　　B. 保留式开局策略

C. 坦诚式开局策略　　D. 进攻式开局策略

三、多项选择题

1. 影响谈判气氛的因素主要有（　　）。

A. 双方谈判人员的素质与表现　　B. 双方谈判目标

C. 双方的实力对比状况　　D. 双方的业务关系

E. 谈判的环境因素

2. 营造高调的谈判气氛通常采用的办法有（　　）。

A. 感情攻击法　　B. 声东击西法

C. 称赞法　　D. 疲劳战术

E. 沉默法

3. 商务谈判议程的内容通常包括（　　）。

A. 谈判的时间　　B. 谈判的场地

C. 谈判的主题　　D. 谈判的日程

E. 其他事项

4. 商务谈判人员在进行开场陈述时应遵循（　　）原则。

A. 在时间的把握上要“机会均等”

B. 在语言表达上要言简意赅

C. 在态度上要谦和、轻松、诚恳

D. 注意力放在本方利益的阐述上，力争让对方清楚明了

E. 时刻关注对方的态度、立场

5. 关于商务谈判的开局策略，以下说法中正确的是（　　）。

A. 进攻式开局策略适用于对方态度傲慢或强硬的情况

B. 坦诚式开局策略有助于建立信任和合作氛围

C. 保留式开局策略可以在不确定对方底牌时保护己方利益

D. 协商式开局策略适用于所有类型的谈判，无需考虑具体情况

E. 低调气氛的营造有助于隐藏己方真实意图

四、简答题

1. 如何营造高调的开局气氛？

2. 商务谈判开场陈述的主要内容有哪些？

3. 商务谈判的开局策略有哪些？

五、案例分析题

小刘是一家刚进入国内市场的××系统集成公司的业务员，他希望能与某移动通信公司进行合作，他选择了电话沟通方式与移动通信公司业务经理张先生进行初次联系。通话时间选择在农历新年的那段时间。

小刘：“早上好，张经理，现在接电话方便吗？”

张经理：“您是？”

小刘：“我是××系统集成公司的小刘，我们是一家专注于移动行业集成的服务商，同时也是××企业的战略合作伙伴，今天特意打电话给您，主要是想向您报个到，问一声新年好，同时也想向您请教几个问题，可以吗？”

张经理：“谢谢，也祝你新年好！有什么问题？”

小刘：“最近我在报纸上看到消息说，本地移动系统在春节高峰期的时候，因为对手机短消息的处理能力不够，造成用户的许多短消息在繁忙时段不能够成功发送，结果造成很大损失，所以想找您问问，是有这回事吗？”

张经理：“是有这回事，你的消息很灵通啊！”

小刘：“那么顺便问一下，张经理，在最高峰的时候，客户如果发十条短消息最终有多少条短消息能够成功发送呢？”

张经理：“在最高峰的时候，差不多只能发送三四条吧。”

小刘：“哦，那么，张经理，我们能够帮助您解决这个问题，我可以再耽误您几分钟时间吗？”

张经理：“没问题，如果你们真的可以帮助我们解决这个难题，咱们可以见面详谈。”

小刘与张经理之间的业务洽谈选择在农历新年这个特殊的阶段，一来在这期间，中国人的心情是有年味的——高兴占主导；二来对通信公司来讲，受业务难题的困扰，很希望有人能帮助他们解决。

问题：

1. 小刘采用了什么样的开局策略？

2. 根据所学知识，归纳出采用不同的开局策略时应注意的问题。

技能训练

一、背景描述

买方：天津商贸公司

卖方：河北农产品商贸公司

交易标的：银杏果

在上一期工作中，我们对商务谈判项目有了深入的调查分析，制订了本方的谈判目标和谈判计划，并对谈判计划进行了模拟论证。本期的工作任务是实现良好开局。

二、实训目标

通过本项目实训，使学生掌握营造谈判气氛的方法，并在良好的开局氛围中做好本方开场陈述以及实施本方开局策略，为开展实质性磋商做好准备。

三、实训任务及评价标准

<table>
<tr><th colspan="2">实训任务</th><th>评价标准</th></tr>
<tr><td colspan="2" rowspan="2">开局过程演练</td><td>开局过程完整</td></tr>
<tr><td>双方言谈举止符合礼仪规范</td></tr>
<tr><td rowspan="2">营造谈判气氛</td><td>初次见面开局气氛的营造</td><td>双方态度、语言、情绪表现恰当，能够尽快消除陌生感</td></tr>
<tr><td>不利背景下开局气氛的营造</td><td>能够尽释前嫌，积极合作</td></tr>
<tr><td colspan="2" rowspan="2">开场陈述</td><td>陈述内容完整</td></tr>
<tr><td>准确表达本方谈判目标和态度</td></tr>
<tr><td colspan="2" rowspan="2">确定开局策略</td><td>陈述选择该策略的理由</td></tr>
<tr><td>陈述该策略实施中可能发生的问题以及解决对策</td></tr>
</table>

四、实训要求

1. 本次实训以小组为单位，要求所有学生积极参与。
2. 小组成员要分工合作，注意团队合作意识的培养。
3. 如实记录演练过程，认真分析演练中的问题并提出改进意见。
4. 实训报告内容完整、结构合理、层次分明。
5. 请小组代表做 5 分钟经验总结。

项目五
价格磋商

学习导图

- 价格磋商
  - 报价与报价的策略
    - 影响报价的因素
    - 报价的方式
    - 报价的时机
    - 报价的原则
    - 报价的策略
  - 报价解释与价格评论
    - 报价解释
    - 价格评论
  - 讨价与还价
    - 讨价
    - 还价
    - 讨价还价策略
    - 讨价还价时应注意的问题

学习目标

知识目标：

1. 熟知商务谈判报价的内容结构、报价的方法和技巧。
2. 熟知商务谈判中讨价、还价的方法和技巧。

技能目标：

1. 具备正确选择报价、讨价、还价方式的能力。
2. 具备运用报价、讨价、还价策略与技巧实现谈判目标的能力。

素养目标：

1. 培养学生求真务实、严谨勤奋的工作态度。
2. 通过商务谈判战略战术的学习，培养学生创新思维能力。

案例导读

国内某电子产品销售公司（以下简称销售公司）与某科技开发公司进行新产品订购合同的洽谈。该产品拥有领先的技术，功能强大，假以时日必将成为热门产品。但是，目前新产品正处于市场引入期，消费者对该产品很陌生，使得该产品销量低、利润少。为了尽快回笼资金，科技开发公司对产品报价较高，双方因此产生了较大分歧。科技开发公司认为自己的报价符合国家政策要求和市场惯例，坚决不能让步。而销售公司则期望以市场接受能力为由降低售价。双方各执一词，僵持不下。

面对这一局面，销售公司代表十分诚恳地说：“不错，你们的报价确实符合市场惯例，计价方法也没有问题。但你们是否考虑到以下两点：第一，虽然你们的产品很先进，但是目前并没有得到国内消费者的认同，销量上不去，利润无法得到保证，再好的产品、再先进的技术也没有用武之地。第二，我公司有很高的市场声誉，拥有完整、稳定的销售渠道和营销团队，只要我们开展一系列的营销宣传，推出合理的市场价格，使消费者了解你们的产品，从而刺激购买行为，市场潜力必将被激发出来，到那时，产品的需求量会迅速上升。与我们合作，肯定会给贵公司带来大量订单。”

这一番话让科技开发公司谈判代表的态度发生一丝转变。

销售公司谈判代表继续说道：“眼下你们提出的价格肯定会影响该产品在市场上的竞争力。因为我们要进行大规模的广告宣传，如果按你们的产品价格来定价，那么产品价格就会高出消费者的消费能力，而消费者对这款产品的优势还不够了解，这样很可能会导致试销失败。如果我们试销失败了，其他销售企业也不会轻易再做尝试，产品上市将会很艰难。希望你们慎重考虑。”

此时，科技公司的谈判代表意识到这次洽谈并不仅仅是一次普通的商品交易，而是关系到开拓市场、长期合作的大事。牺牲眼前利益，降低产品售价，做出小的让步，会赢得与日俱增的广阔市场。科技公司谈判代表当即表示：为了配合市场开拓，可以先以成本价小批量供应一批产品，并愿意配合销售公司进行产品宣传，提供相应的宣传费用。此后，在双方共同努力下，该产品迅速打开市场，获得了消费者的认可，双方都得到了丰厚的回报。

【问题与思考】

1. 根据案例素材，你认为影响报价的因素有哪些？
2. 请分析：科技公司高报价的原因是什么，销售公司是如何评议这个报价的？
3. 请分析：销售公司在讨价还价中用到了哪些策略？

任务一　报价与报价的策略

报价是一方向另一方提出自己的价格条件的过程。从广义上讲，报价泛指谈判中一切期望实现的目标和要求，包括商品的数量、质量、包装、价格、装运、保险、支付、商检、索赔、仲裁等一系列的交易条件；从狭义上讲，报价是指双方对所交易的标的物的价格提出的观点。价格是这些条件中最敏感、最具有代表性的内容，也是谈判双方关注的焦点问题之一。

从谈判地位来看，报价是整个谈判过程的最核心、最实质的环节，是商务谈判的第一个重要回合，对讨价还价关系重大，而且关系着整个谈判结果。

知行合一：谈判能力的认知与提升

谈判能力是指谈判人员所具备的更好完成谈判工作的特殊能力，包括逻辑思维能力、观察能力、反应能力和表达能力等。谈判能力的提升方法如下：

（1）培养逻辑思维能力，谈判中应有明确的观点和正确的、合乎逻辑的依据。

（2）培养清晰表达的能力，说话时要有明确的主语和谓语，要适当地降低表达的抽象度。

（3）培养分析需求的能力，发现对方的需求，并清楚我方能提供什么。

（4）培养平常心，避免急功近利；做到脚踏实地、积极行动、关注细节。

（5）努力学习谈判技巧，让自己的选择更有主动性。

商务活动带有较大的不确定性，要求从事商务活动的人员要有应对不确定性的准备和办法，面对复杂多变的情况，谈判者的谈判能力对谈判目标的实现起着重要的作用。因此，谈判者要善于根据谈判情势的变化修订自己的目标和策略，冷静而沉着地处理各种可能出现的问题。

一、影响报价的因素

（一）宏观的政治和经济因素

任何商业活动都离不开国内外宏观经济背景，而宏观经济背景又时常受到国际军事、政治，以及国家产业政策等的影响。

实例分享

案例一：在第三次中东战争期间，海湾地区的阿拉伯国家为了抗议美国等西方发达国家对以色列的纵容政策，联合对西方国家实施石油禁运。石油禁运政策对西方国家的产业经济产生了重大影响，原油及成品油价格飞涨，化工产品的价格也随之上升，一些发达国家的日用品价格甚至成倍增长。

案例二：我国在21世纪初实施了西部大开发战略，重点对西部基础设施进行投资，从而影响到一些产品，如钢铁、水泥、建材等的价格，随后，国家根据钢铁等行业急速扩张的情况，对钢铁、汽车等行业实施调控政策，使得钢铁等产品价格趋于回落。

解析：从上面两个案例可以看出，国内外政治、经济、军事形势对整个国民经济和商业活动都会产生各种影响。商务谈判人员要懂得当今国内外经济、政治形势，并对其带给本行业的影响做到心中有数。

（二）产业结构因素

按照西方经济学的理论，任何一种产品都要经历萌芽期、成长期、成熟期以及衰退期。正确评估本行业当前的产品结构，对合理报价有着重要作用，因为每种产品在其不同发展时期的价格是完全不一样的。以电子通信产品为例，早期由于科技落后，移动电话、电子词典等电子产品的价格十分昂贵，这就是物以稀为贵；随着IT的日趋发展和进步，移动电话、电子词典等产品的价格开始下滑，由奢侈品变为普通商品。当然，随着竞争的日趋激烈，企业要不断加大力度进行技术革新和产品研发，形成自己的核心技术，使自己的产品性能更加多样化，品质更趋稳定，最终使得自己的产品价格高于同行业其他产品，赚取更多的利润。商务谈判人员一定要熟悉本行业的产品结构和技术发展方向，从而对产品的价格作出科学的评估。

（三）产品供求关系因素

通常来说，任何一种产品在诞生之初都是由少数几家企业生产，形成垄断局面。此时，市场供求关系为供小于求，价格的主动权掌握在卖方手中。随着技术的提高和普及，越来越多的企业开始生产这种产品，垄断局面被打破，市场供求关系由供小于求转变为供大于求，这时价格的主动权往往掌握在买方手中。谈判人员一定要正确评估当前的市场结构以及产品供求关系，这样才能正确报价。

（四）企业的成本因素

每种产品的生产都需要一定的过程，需要花费一定的人力、物力，这就是所谓的成本。企业不能做赔本的生意，因此，掌握企业和本行业的产品成本就显得十分重要。一般来说，企业的成本可分成采购成本、生产成本、人力成本、销售成本等几部分，成本内容有时需要细化，如生产成本包括水电的消耗、设备的折旧等。另外，一些成本内容也不是一成不变的，如采购成本的升降和员工收入的变化等。因此，全方位地掌握企业和本行业的成本情况，才能在报价时做到心中有数。

（五）产品因素

1. 产品或企业的声誉

企业的声誉、产品的声誉以及谈判者的名望、信誉都会对产品价格产生影响。一般来说，人们更愿意花钱买好货，或更愿意与重合同、守信誉的企业打交道。

2. 交易的性质

大宗交易或一揽子交易比那些小笔买单更能减少价格水平在谈判中的阻力。在大宗交易中，几万元可能只是个零头，而小本买卖则容易“斤斤计较”。

3. 货款支付方式

商品买卖或其他经济往来使用现金、支票、信用卡结账还是用产品抵偿，一次性付款还是分期付款、延期付款，都会对价格产生影响。

4. 产品的复杂程度

产品越复杂、越高级，价格问题就越不突出。复杂的产品往往都是依靠专有技术或垄断资源生产出来的，价格少有参照标准。

5. 产品的包装

当前企业产品的竞争已经从单纯的质量、功能、成本间的竞争延伸到包装之间的竞争，如何设计出富有吸引力的包装，引起顾客的注意，已经成为企业关注的问题。因此，包装的费用在一定程度上也影响着报价。

6. 销售时机

旺季畅销，淡季滞销。畅销时产品可以卖个好价钱，滞销时卖方则不得不削价贱卖，以免造成积压，影响资金周转。

（六）客户因素

1. 客户的评价

某一商品的好坏、价格的高低，不同的客户有不同的评价标准，这种主观感受是评判产品价格的关键。

2. 需求的急切程度

当“等米下锅”时，人们往往不大计较价格。就像一杯水对于一个干渴多时的人、一块面包对于一个饥肠辘辘的人那样，其使用价值会与正常情况下的使用价值有着惊人的差别，所以价格也会表现出很大的差距。这时人们注重的是交货期、供货数量，而不是价格的高低。

（七）竞争者因素

从卖方的角度分析，如果竞争者的价格比较低，买方就会拿这个价格作为参照和讨价还价的条件，逼迫卖方降价；反之，如果买方竞争者的出价较高，则卖方在价格谈判中处于有利地位。

以上七个方面是影响报价的主要因素，但绝不是说没有其他因素了。事实上，影响价格的因素还有很多。例如，一些季节性产品的价格会明显地受季节的影响。另外，支付方式也与价格有着很大的关系，承兑和抵押与现金支付相比，在价格上的表现也大不相同。此外，售后服务已经成为企业拉近与顾客距离的一种重要手段，售后服务中的产品维修、调试、安装、搬运等费用也是影响价格的因素之一。

从以上分析可以看出，报价绝不是随心所欲地乱要价，它必须是在一定资料、数字和事实分析的基础上得出的真实数据。这种报价才有可能被对方所理解和接受。

二、报价的方式

在各种类型的谈判中，谈判人员提出己方交易条件或整个谈判方案的方式有以下三种。

（一）书面报价

书面报价亦称报价单报价，是指报价方为谈判提供表明交易条件的较为详尽的文字、图表、数据等。报价方只以书面形式提出谈判条件，不做其他补充说明。在函电谈判、网络谈判中一般采用书面报价，面对面谈判较少使用。国际贸易中称此为发盘。

书面报价的优点是：(1) 各项条件（条款、要求）写得详细、清楚，可以给人一种正规、严肃且合法的印象；(2) 将己方所愿意承担的义务表达详尽，无须谈判，节约了时间。

书面报价的缺点是：(1) 书面材料客观上形成了对己方条文的约束，为向对方提出进一步的要求设置了障碍；(2) 书面材料可使对方过多地掌握己方的信息，增加了己方在谈判中的被动性。

常见的采用书面报价的情况有两种：(1) 在有关规则的约束下，本企业没有选择余地，只能以这种方式提出交易条件，如一些工程项目采用招投标的方式，此时报价就必须采用书面报价方式。(2) 基于各种考虑，报价方认为此项谈判条件是终局性条件，既是最初的交易条件，也是最后的交易条件，不希望对方进行任何讨价还价。

无论如何，采用书面报价时，报价方应特别注意一点：提供的材料必须完备，表述明确无误，并在材料中说明对方须无保留地接受。如果材料不完备，表述含糊，则很容易使对方认为还有讨价还价的余地，也容易被对方找到讨价还价的借口。

（二）口头报价

口头报价就是仅以口头方式提出交易，没有任何书面材料。在面对面谈判、电话谈判中，比较多的是用口头方式提出交易条件。

口头报价的优点是：(1) 灵活性强，可以根据具体条件随时变更自己的策略、方法及谈判计划；(2) 能够加强沟通的效果，可带有感情色彩，争取对方的支持。

口头报价的缺点是：(1) 仅用口头表达，有些复杂的问题难以叙述清楚，对方可以用“没听清”“不理解”为借口暂停谈判，拖延时间；(2) 口头表达的随意性很大，容易造成偏离谈判主题的局面；(3) 口头表达容易使对方从我方的口误中推测隐藏的核心问题、关键问题。

（三）书面报价与口头报价相结合

这一方式介于上述两种方式之间，即报价方提交书面材料，并做部分口头补充。

这种报价方式的优点有：(1) 有了书面文件，便于对方理解，不至于延误谈判；(2) 在通过书面材料将一些复杂的数据、图表等阐述清楚的同时，己方在谈判时又有较大的灵活性。

该方式的缺点是：由于书面材料提出的交易条件不是终局性的，往往使对方了解了更多的本企业准备履行的义务，从而可能不利于己方讨价还价。这就要求谈判人员具有较强的沟通能力、应变能力，为己方谈判争取更大的主动性。

在实际谈判中，多数情况下谈判人员往往以书面报价为主，以口头报价作为补充。

三、报价的时机

关于报价时机的把握，不同的人有不同的看法。很多人主张"先发制人"，即采用先报价的策略。这里需要辩证地分析。作为卖方来说，通常会采取此种策略，希望一招使得对方就范，殊不知对方往往也是有备而来，之前已经充分了解了产品的市场情况以及卖方的生产情况，一旦卖方要价偏高，对方就会马上抓住把柄还击，反而使卖方陷入被动。如果当前市场处于买方市场，或者买方的实力过于强大，那么卖方的"先发制人"策略往往就会落空，此时应采取"后发制人"的策略。如果当前的市场处于卖方市场，或卖方实力过于强大，则可以采取"先发制人"的策略。对于买方来说情况相似。总而言之，要在谈判前仔细分析当前的市场状况和双方博弈的态势，制定出正确的报价策略。

（一）先报价的利与弊

先报价的有利之处：(1) 先报价可以占据主动地位，影响对方谈判策略的实施，而这一影响对谈判全过程的所有磋商行为都会持续发挥作用。(2) 先报价为谈判确立了一个起点，谈判将围绕这个点展开，并在此基础上达成协议。(3) 先报价比反应性报价显得更有信心，可以使己方首先在气势上压倒对方。

情景剧场

情景一：冬季来临，张清打算去服装专卖店买一件羽绒服。

进店后，张清问道："羽绒服多少钱一件？"

"长款 2 500 元，短款 2 200 元。您要哪一款？"店员回答。

张清说："太贵了，便宜点，又不是最新款。"

店员说："虽不是最新款，但轻薄保暖，做工精细，上市以来非常受白领青睐。"

张清试穿了长、短两款后，问道："长款最低卖多少钱？"

店员说："如果真的想要，可以谈谈。"

两人经过反复协商，最终以 2 350 元成交。双方都很满意。

情景二：冬季来临，张清打算去服装专卖店买一件羽绒服。

进店后，张清问道："羽绒服多少钱一件？"

"这款羽绒服有长、短两款，您先试穿一下，看看喜欢哪款。"店员回答。

张清试穿后感觉很满意，说："报个价吧，多少钱一件。"

店员说："您想多少钱买？"

张清说："我要长款的，最多 2 000 元？"

店员说："太少了，都不够成本，这个价不行。"

两人经过反复协商，最终以 2 200 元成交，双方都很满意。

解析： 同样的时间、地点，同样的商品，因为先报价的人不同，代表了不同的利益，因而确定了不同的谈判起点，产生了不同的效果。

先报价的不利之处：(1) 对方了解到我方的报价后，有经验的谈判人员可以对他们的原有方案进行调整，这等于使对方多了一次机会，如果我方作为卖方将交易起点定得太低，对方就可以修改原先准备的报价，取得意外的收获。(2) 先报价会给对方树立一个攻击的目标，对方常常会集中力量攻击这一报价，迫使报价方一步步退让。

（二）后报价的利与弊

后报价的利弊正好与先报价相反。其有利之处在于，对方在明处，自己在暗处，可以根据对方的报价及时地修改自己的策略，以争取最大的利益。但同时，后报价容易被对方占据主动，在对方设定的框架范围内进行谈判。

在实际商务谈判中，“先发制人”和“后发制人”各有利弊，无论采用哪种方法，都要综合评估自己的谈判实力、谈判地位、谈判经验和双方的谈判关系等因素，同时还要遵守以下商务谈判惯例的要求：

(1) 发起谈判者与应邀者之间，一般由发起者先报价。

(2) 投标者与招标者之间，一般由投标者先报价。

(3) 卖方与买方之间，一般由卖方先报价。

实例分享

有一位高级工程师，他的某项发明获得了发明专利权。一天，公司总经理派人把他找来，表示愿意购买他的发明专利，并问他愿意以什么样的价格转让。他对自己的发明到底值多少钱心中无数，心想只要能卖 10 万元就很不错了，可是他的家人却事先告诉他至少可以卖 30 万元。到了公司总经理的办公室，因为不了解行情，所以他很胆怯，一直支支吾吾，不愿先正面说出自己的报价，而是说：“我的发明专利在社会上有多大作用，能给公司创造多少价值，我并不十分清楚，还是先请您说一说价格吧！”

这样无形中就把球踢给了对方，让总经理先报价。总经理只好先报价了：“50 万元，怎么样？”这位高级工程师简直不敢相信自己的耳朵，直到总经理又说了一遍，他才知道这是真的，再经过一番讨价还价，最后双方以 55 万元的价格达成了协议。

解析： 当我们谈判经验或者谈判实力不足时，可以运用示弱的方法，让对方先报价，从而更多地了解对方的条件，及时修改自己的方案，最终实现自己的目标。本案中，这位高级工程师就是根据总经理的报价，及时修改了自己的报价，得到了他意想不到的收获。

讨论与提高

你认为“先发制人”报价的基础是什么？

如何把握报价时机

四、报价的原则

（一）开盘价因买卖双方而异

对于卖方来讲，开盘价必须是“最高的”；相应的，对于买方来讲，开盘价必须是“最低的”，这是报价的首要原则。

首先，若我们为卖方，开盘价为我方的要价确定了一个最高限度。一般来讲，除特殊情况外，开盘价一经报出，就不能再提高了。最终双方成交的价格肯定是在此开盘价格以下。若我们为买方，开盘价就为我方的要价确定了一个最低限度。一般来讲，没有特殊情况，开盘价也是不能再降低的，最终双方成交的价格肯定在此开盘价格之上。

其次，从人们的观念上来看，“一分钱、一分货”是多数人信奉的观点。因此，开盘价较高会影响对方对我方提供的商品或劳务的印象和评价。

再次，开盘价较高能够为以后的讨价还价留下充分的回旋余地，使本方在谈判中更富有弹性，便于掌握成交时机。

最后，开盘价的高低往往对最终成交水平具有实质性的影响，即开盘价高，最终成交价的水平也就比较高；开盘价低，最终成交价的水平也相应比较低。

（二）开盘价必须合情合理

开盘价要报得高一些，但不是漫天要价、毫无道理、毫无控制，恰恰相反，高的开盘价必须合乎情理，必须能够讲得通才成。如果报价过高，又讲不出道理，对方必然会认为我方缺少谈判的诚意，或者被逼无奈而终止谈判扬长而去，或者以其人之道还治其人之身，也来个“胡乱还价”，抑或一一质疑，而我方又无法解释，其结果只好是被迫无条件地让步。在这种情况下，有时即使我方已将交易条件降低到较公平、合理的水平，对方仍会认为尚有“水分”可挤，因而还会穷追不舍。可见，开盘价脱离现实便会自找麻烦。

（三）报价应该坚定、明确、完整，且不加任何解释和说明

报出开盘价时要坚定、果断，要毫不犹豫。这样做能够给对方留下我方认真、诚实的好印象。要记住，任何欲言又止、吞吞吐吐的行为，必然会导致对方的不良感受，甚至会使对方产生不信任感。

开盘报价要明确、清晰而完整，以便对方能够准确地了解我方的期望。实践证明，

报价时含糊不清最容易使对方产生误解，从而扰乱我方所定步骤。

报价时不要对我方所报价格做过多的解释、说明和辩解，因为对方不管我方报价的水分多少都会质疑。如果在对方还没有质疑之前，我方便主动加以说明，会提醒对方这是我方最关心的问题，而这种问题有可能是对方尚未考虑过的问题。因此，有时过多的说明和解释会使对方从中找出破绽或突破口，向我方猛烈地反击。

以上是就一般情况而言的报价原则。必须指出的是，报价在遵循上述原则的同时，必须考虑当时的谈判环境和我方与对方的关系状况。如果对方为了自己的利益而向我方施加压力，则我方就必须向对方施加压力，以保护我方的利益；如果双方关系比较友好，特别是有过较长的合作关系，那么报价就应当稳妥一点；如果我方作为卖方有很多竞争对手，那就必须把价格压低到至少能受到邀请而继续谈判的程度，否则连继续谈判的机会都没有，更谈不上其他了。因此，除了掌握一般性报价的原则和策略外，我们还需要灵活地加以运用。

五、报价的策略

（一）西欧式报价策略

西欧式报价策略也称高报价法，其一般模式是：首先提出有较大余地的价格，然后根据买卖双方的实力对比和该笔交易的外部竞争状况，通过给予各种优惠，如数量折扣、价格折扣、佣金和支付条件上的优惠（延长支付期限、提供优惠信贷等）来逐步达到成交目的。这种报价法只要能稳住买方，往往会有不错的效果。

（二）日本式报价策略

日本式报价策略也称低报价法，其一般做法是：将最低价格列在价格表上，以求首先引起买主的兴趣，由于这种低价格一般以对卖方最有利的结算条件为前提，并且这种低价格条件交易的各方面很难全部满足买方的需要，如果买方要求改变有关条件，那么卖方就会相应提高价格，买卖双方最后成交的价格往往高于价格表中的价格。日本式报价在面临众多外部对手时是一种比较策略的报价方式，这是因为：一方面，这种报价方式可以排斥竞争对手而将买主吸引过来，取得与其他卖主竞争中的优势和胜利；另一方面，当其他卖主纷纷走掉时，买主原有的买方市场的优势已不复存在，是一个买主对一个卖主，从而双方可以坐下来慢慢谈判，一点一点地把价格提上去。

日本式报价策略与西欧式报价策略相比虽有利于竞争，但就买方心理而言，一般人总是习惯于价格由高到低逐步降价，而不是相反。

讨论与提高

你认为谈判人员应如何应对日本式报价？

（三）加法报价策略

加法报价策略是报价时不将自己的要求一次性报出，而是分几次提出，以免一开始就吓到对方，导致谈判破裂。由于总的要求是被分解后逐个提出的，往往被认为是一个一个小要求，就容易被对方接受，一旦对方接受了第一个要求后，往往就会接受下一个要求。

（四）除法报价策略

除法报价策略是先报出自己的总要求，然后再根据某种参数（时间、用途等）将价格分解成最小单价，从而使买方觉得报价不高，可以接受。

套餐式报价

思考与应用

谈一谈：你在实践中还用过哪些报价技巧？

任务二　报价解释与价格评论

知行合一：应变能力的认知与提升

应变能力是指面对意外事件等压力，能迅速地作出反应，求得合适的方法，使事件得以妥善解决的能力，通俗来说就是应对变化的能力。应变反应可以是本能的，也可以是经过思考而作出的决策。良好的应变能力表现为：能在变化中产生应对的创意和策略；能审时度势、随机应变；能在变动中辨明方向、持之以恒。

应变能力提升来源于长期的经验积累，商务谈判人员可以从以下方面加强锻炼：

(1) 积极参加富有挑战性的活动，在实践中积累经验。

(2) 扩大个人的交往范围，在不同环境中锻炼适应能力。

(3) 加强自身的修养，遇事冷静，不急不躁。

(4) 加强专业技能学习，主动锻炼自身的分析能力和决策能力。

一、报价解释

报价解释，是指卖方就其商品特点及其报价的价值基础、行情依据、计算方式等依照买方提问所做的介绍、说明或解答。

（一）报价解释的作用

报价解释是买卖双方就价格问题进行交锋的开始，对双方都具有重要意义。

从卖方来看，可以利用报价解释充分表明所报价格的真实性、合理性，增强其说服力，软化买方的要求，以迫使买方接受报价或降低买方讨价的期望值。

从买方来看，可以通过报价解释了解卖方报价的实质和可信程度，掌握卖方的薄弱之处，估量讨价还价的余地，进而确定价格评论应针对的要害。

（二）报价解释的主要内容

报价解释包括以下内容：

（1）分析目前产品市场的行情，说明本公司报价的合理性。例如，以货币汇率变化为由对调价进行解释。

（2）进一步解释本公司产品质量及成本情况。例如，技术改良、产品升级、技术服务费、销售提成、进场费等。

（3）从双方合作前景出发，进一步向对方解释己方的谈判目的，并指出这一合作能给对方带来的好处。

（三）报价解释的基本原则

报价解释应遵循“有理、有利、有节”的原则。在解释报价时应注意以下几点。

1. 有问必答

报价后，对买方提出的疑点和问题，须有问必答，并坦诚、肯定，不可躲躲闪闪、吞吞吐吐，否则会给人以不坦诚之感。卖方应在报价前充分掌握各种相关资料、信息，并对买方可能提出的问题进行周密的分析、研究和准备，以通过报价解释表明报价的真实、可信。

2. 不问不答

这是指买方未问到的问题卖方一般不必回答，以免言多语失、“此地无银三百两”，让买方看轻自己，削弱自己在价格谈判中的地位。

3. 避实就虚

报价解释中应多强调己方货物、技术、服务等方面的特点。若买方提出某些不好回答的问题时，应尽量避其要害或转移视线，有的问题也可采取“拖”的办法。例如，先记录下买方的问题，承诺过几天给予答复，过几天买方不找就算了，找来时再变通解答。

4. 能言勿书

报价解释能用口头方式的，不用文字写；实在要写的，写在黑板上；非要落到纸上的，宜粗不宜细。这样留有再解释、修改、否定的余地，从而掌握主动权，否则，白纸黑字、具体详尽地写下来后，再想解释、更改就很被动。

报价解释中，作为买方，其应对策略应当是善于提问，即无论卖方怎样闪烁其词，都要提出各种问题，或单刀直入，或迂回侧击，设法把问题引导到卖方有意躲避或己方最为关心之处，迫使卖方解答，以达到己方的目的。

二、价格评论

价格评论，是指买方对卖方所报价格及其解释的评析及论述。

（一）价格评论的作用

价格评论同样是双方相互摸底的过程，对接下来的讨价还价有重要的基础性作用。

买方可针对卖方价格解释中的不实之词指出其报价的不合理之处，为之后的价格谈判创造有利条件。

从卖方来看，其实是对报价及其解释的反馈，便于了解买方的需求、欲望及其最为关切的问题，有利于进一步的价格解释和对讨价有所准备。

（二）价格评论的原则

价格评论的原则是：针锋相对，以理服人。在进行价格评论时具体应做到以下四点：

（1）价格评论既要猛烈，又要掌握节奏。评论对方报价时要切中要害、猛烈攻击，直指对方的“水分”。但不能一下子把所有问题都摆出来，要一件一件地谈，避免激怒对方，使谈判陷入僵局。

（2）价格评论时重在说理，以理服人。价格评论时要用真实的事实、数据说话，不猜测、不推断，以显示己方的谈判诚意。

（3）价格评论中，谈判成员既要自由发言，又要组织严密，要集中火力攻击其弱点。此时切不可多向发力，导致主题分散，而被对方分化瓦解。

（4）评论中再侦查，侦查后再评论。商务谈判不仅要会说，更要会听，要能够从对方的发言中发现对方的谈判策略、谈判目标，以及产生的新问题，进而引导谈判向纵深发展，争取谈判的主导地位。

讨论与提高

你在购物时是如何评判商家的报价的？你用到了哪些方法？

思考与应用

在商务谈判中，价格评论的作用是什么？

任务三　讨价与还价

讨价还价是谈判双方价格交锋中的一个必经阶段。它可能很快，在几分钟、十几分钟内结束；也可能很慢，需要几个月甚至几年的时间。它是双方喜怒哀乐和攻防转换的关键，是谈判双方力量、意志和智慧的较量。优秀的谈判者不仅讲求谈判的基本原则、方法，还会熟练地运用讨价还价的策略与技巧。“谈判有法，但无定法。”谈判工作的圆满完成有赖于谈判者的创新能力。

知行合一：创新能力的认知与提升

创新能力是人类各种能力中最高级别的能力。创新是指以现有的思维模式提出有别于常规或常人思路的见解为导向，利用现有的知识和物质，在特定的环境中，本着理想化需要或为满足社会需求，而改进或创造新的事物，并能获得一定有益效果的行为。一个人的创新能力由两部分组成：一是智力能力，包括个体对知识的学习和积累水平以及对知识的理解力、记忆力、想象力水平；二是应变能力，即个体对复杂环境的反应与决策能力。

党的二十大报告提出：“科技是第一生产力、人才是第一资源、创新是第一动力。”商务谈判是一项复杂的工作，商务谈判人员的创新能力可以体现为面对各种突发情况时，能够迅速地发现要害、找到方法、解决问题、抓住机遇的能力。

创新能力的提高有赖于深入学习和反复实践。朱熹的《朱子全书》中说：“举一而三反，闻一而知十，乃学者用功之深，穷理之熟，然后能融会贯通，以至于此。”

一、讨价

（一）讨价的含义

讨价是指在商务谈判过程中，交易一方报价并作出价格解释与评论之后，另一方认为离自己的期望值较远、报价水分太大而不会接受对方的意见，并提出“重新报价”或“改善报价”的要求，即为“讨价”。讨价可以是实质性的，也可以是策略性的，所起作用是降低对方的期望值，为还价做准备。

（二）讨价的方式

在商务谈判中，讨价的一般规律（即成功的讨价规律）是从水分最大的那部分开始讨价，然后再对水分中等的那部分讨价，最后对水分较小的那部分讨价。实施的时候，通常是由总体讨价向具体讨价过渡。

1. 总体讨价

总体讨价就是从总体价格和内容、方式等方面要求对方重新报价，常常用于价格评论之后的第一次要价，或者用于较为复杂交易的第一次要价。双方从宏观的角度，主要凭“态度”压价，笼统地提要求，不显露掌握的准确材料。

2. 具体讨价

具体讨价是就分项价格和具体报价内容要求对方重新报价，常常用于对方第一次改善价格之后，或不易采用笼统讨价方式的时候。具体讨价时应注意不能任意确定从哪一块讨价，而是要根据主次、难易程度综合考虑。

（三）讨价的步骤及次数

在实践中，讨价时可以按照以下三个阶段依次进行：全面讨价—针对性讨价—新的全面讨价。

（1）全面讨价。这是根据对方的价格解释和谈判态度，提出的要求整体改善报价的行为。一般价格谈判的初始报价都包括一个策略性的虚报部分，同时，报价方又都有希望保持自己的“良好形象”和与客户的“良好关系”的心理，因此，讨价中对方往往会作出“姿态性的改善”。不过，常言道：“事不过三。”讨价超过三次容易引起对方反感。因此，对于全面讨价，从心理因素的角度来说，一般可以顺利地进行两次。当然，经过两次改善后的报价，如果还存在明显的不合理，继续讨价仍完全必要。

（2）针对性讨价。针对性讨价可能是一项，也可以是两项或若干项，谈判人员要根据总体谈判策略而定。从针对性讨价来分析，这种讨价一般是在全面讨价的基础上有针对性地进行的，所以，无论是从实际出发还是从心理因素考虑，讨价次数基本上都遵循“事不过三”的原则，通常一两次即可。

（3）新的全面讨价。因为讨价一次并不一定能够得到对方实质性地改善价格，所以，最后仍要从全面出发进行新一轮的讨价。这一阶段是在前两个阶段的基础上进行的，讨价次数要视对方报价水分的大小而定，一般一两次即可。

讨论与提高

你在购物时是如何进行讨价的？效果如何？

二、还价

（一）还价的含义

还价也称“还盘”，一般是指针对一方的报价另一方作出的反应性报价。还价以讨价为基础，发布本方谈判的条件，促使谈判向有利于实现本方目标的方向发展。还价行为作出后，实质上是给谈判确立了另一个边界。此后谈判双方将在这两个边界范围内开展进一步的讨价还价。

（二）还价前的准备工作

1. 分析对方报价的原因

根据市场行情及商品比价资料，对对方报价及修改后报价的内容进行全面分析，推算出对方所报价格中水分的大小，并尽力揣摩对方的真实意图，从中找出对方报价虚头最大、本方反驳论据最充分的部分作为突破口，同时找出报价中相对薄弱的环节，作为本方还价的筹码。

2. 分析形势，做好还价的预算

还价的精髓在于“后发制人”。要想发挥“后发制人”的威力，就必须在还价前针对对方的报价作出周密的筹划，要将谈判所面临的问题进行分类，区分问题的轻重缓急，按照谈判目标确定先后顺序，有计划地提出本方条件，逐步给对方施压，以换得对方的让步。

（三）还价方式与次数

1. 还价方式

一般来说，还价方式可分为单项还价、分组还价和总体还价。

（1）单项还价是对所谈标的物的每一个具体项目进行还价。

（2）分组还价是根据价格分析时划出的价格差距的档次分别还价。

（3）总体还价是把所谈标的物集中在一起还个总价。

2. 还价次数

还价次数不能简单、机械地定为几次为好，应根据双方目标的差距与让价的难易程度而定。一般来讲，要注意以下几点：

（1）尽量加大还价幅度，减少还价次数。

（2）制定合理的“还价台阶”，步步为营。

（3）还价要留有余地，以便本方在谈判的最后也能做适当让步。

三、讨价还价策略

（一）投石问路策略

投石问路策略是试探对方虚实的一种战略战术。具体做法是：一方在谈判中通过不断地询问，来直接了解从对方那里不容易获得的诸如成本、价格等方面的尽可能多的资料，以此来摸清对方的虚实，掌握对方的心理，以便在谈判中作出正确的决策。

投石问路策略的关键在于选择合适的“石”，提出的假设应该是本方所关心的问题，而且是对方无法拒绝回答的。例如，想试探对方在价格上是否还有回旋余地，可以问“如果我方增加采购量，是否可以优惠一些呢?”或者“如果我方可以一次性支付货款，是否可以优惠一些呢?”等问题。这样既能保持“平等、信赖”的气氛，又有利于进一步掌握对方的情况。

运用投石问路策略时应注意的问题如下：

（1）提出的问题要恰当。要根据对方的心理活动，运用各种不同的方式提出问题，所提的问题应能够引起对方兴趣，对方能够并且愿意回答。

（2）提出的问题要有针对性。在谈判中，每一个问题的提出都要把问题的解决引导到交易能否做成这一方向上去，并给予足够的时间使对方做尽可能详细的正面回答。

（3）尽量避免暴露提问的真实意图，且不要与对方争辩，也不必陈述本方的观点，耐心等待对方的答案。

（二）吹毛求疵策略

吹毛求疵策略又称严格要求策略，即为了给本方的要求制造理由、提供依据，同时也为了让对方知道本方是内行而使用的策略。其具体做法是：第一，按照“一分钱一分货”的道理，一点一点地瓦解对方的立场，要求对方改善报价或重新报价；第二，在挑毛病时，将有关的和无关的、能认定的和不能认定的毛病混为一谈，扰乱对方的目标和计划；第三，抓住对方建议或回复中的缺点，加以放大，让对方感到“自责”，从而掌握讨价还价的主动权。

吹毛求疵策略是买卖双方均可运用的策略。买方对卖方的商品从各个方面进行严格检查，提出交易中的许多问题并要求卖方改善报价，买方挑毛病目的就是使卖方降低其商品的价格。对于买方提出的要求，卖方不宜轻易让步，同时卖方也可向买方提出一些问题和要求，从而增强本方讨价还价的力量。

运用吹毛求疵策略时应注意的问题如下：

(1) 一般在商品质量、性能、成本价格、运输等方面寻找“瑕疵”。

(2) 要抓住重点，击中要害，不要面面俱到，否则会让对方失去谈判的兴趣。

(3) 一般采用对比法进行，但不要一味地贬低，否则会让对方认为我方没有谈判的诚意。

实例分享

苹果熟了，果园里一片繁忙景象。一家果品公司的采购员来到果园，问果农：“多少钱一千克?”“2.6 元。”“2.2 元行吗?”“少一分也不卖。”由于目前正是苹果上市的时候，不久，又一家果品公司的采购员走上前来。“多少钱一千克?”“2.6 元。”“整筐卖多少钱?”“零买不卖，整筐买 2.6 元一千克。”接着这家果品公司的采购员挑出一大堆毛病来，如苹果的质量、大小、色泽等，其实是在声明：瞧你的商品多次。果农显然不同意他的说法，在价格上也不肯让步。这位采购员却不急于还价，而是不慌不忙地打开筐盖，拿起一个苹果掂量着、端详着，不紧不慢地说：“个头还可以，但颜色不够红，这样上市卖不上价呀!”接着伸手往筐里掏，摸了一会儿摸出一个个头小的苹果：“老板，您这一筐，表面是大的，筐底可藏着不少小的，这怎么算呢?”边说边继续在筐里摸着，不一会儿，又摸出一个带伤的苹果：“看，这里还有虫咬，也许为冰雹所伤。您这苹果既不够红，又不够大，算不上一级，勉强算二级就不错了。”这时，果农沉不住气了，说话也和气了，“您真想要，出个价吧。”双方最后以每千克低于 2.6 元的价钱成交了。第一个采购员遭到拒绝，而第二个采购员却能以较低的价格成交，关键在于第二个采购员在谈判中采用了吹毛求疵策略，说出了压价的道理。

解析：吹毛求疵策略，即通过再三挑剔，提出一大堆问题和要求，尽管有的是真实的，有的是虚张声势，但都可以成为讨价还价的理由，达到以攻为守的目的。同时，从心理角度分析，买方运用这种策略讨价还价，可使买方的精明强干得到体现，促使卖方重视买方，从而达到买方想要的谈判效果。

(三) 感情投资策略

感情投资策略是典型的“以人为本”策略，目的是在谈判中凭借双方之间愉快的交流，建立起彼此之间的理解、信任和友情，打下深厚的感情基础，建立良好的关系，以解决谈判中产生的棘手问题。要想达到这一目标，可以运用以下方法：第一，在开局阶段营造积极友好的谈判气氛，寒暄时尽量谈对方感兴趣的话题，寻找共同语言，增进沟通。第二，在交易磋商阶段，要做一个“解决问题的专家”，积极协调彼此之间的问题，可以在次要问题上主动迎合对方，增进理解和信任。第三，在谈判中可以互赠礼品，或者借助故交、回忆曾经的合作经历等，以增进感情。

运用这一策略时需要注意的问题如下：

(1) 以人为本，真诚友好，注意细节。

(2) 控制情绪，“冷”“热”适度。拉法在《谈判的艺术与科学》一书中指出：“自我控制，尤其是对自己情感和外观的控制是优秀谈判者的重要能力。”谈判者应该运用积极的情感来进行谈判。

（3）作为“润滑剂”使用的礼品、宴请等活动要严格遵守国家法律法规的要求，不能超标或作出有损国格和尊严的行为。

（四）诱敌深入策略

诱敌深入策略即试探性地使用假设条件，启发、引导对方作出相应的或更大的让步。《孙子兵法》曰：“形之而知死生之地。”这就是诱敌深入战略，即先拿小的利益诱惑对方，在小的问题上作出让步，在此基础上，一步一步慢慢地提出新要求，诱使对方不断陷入，从而达成自己的目标。诱敌深入策略的具体做法是：第一，先谈小的、简单的问题，这些问题比较容易达成一致，然后满足对方的某种需求，让对方满意。第二，慢慢进入自己想要得到的利益，让对方让步，满足自己的需求。

运用诱敌深入策略时应注意的问题如下：

（1）要有严密的让步计划，对那些自己可以不要的东西，想方设法让给对方，并让对方觉得有利可图。

（2）让步内容要能够引起对方兴趣，引导谈判的节奏，从而使对方越陷越深。

（3）让出的条件与索要的回报之间存在内在联系。

（五）积少成多策略

积少成多策略是指在向对方索取时，要一项一项、一点一点地索取，最后达到聚沙成塔、集腋成裘的效果。这一策略的核心思想是抓住人们对“一点”不在乎的心理，所以在讨价还价中很奏效。使用这一策略的具体方法是：第一，利用对方“顾全大局”的心理，一点一点地还价。第二，故意放大要求对方降价的理由，让对方感觉“让出一点点也没有关系”。

运用这一策略时需要注意的问题如下：

（1）讨价还价的要求尽量要“小”，不要引起对方的注意。

（2）主谈人应具有“小利也是利”的思想，即使是对方很小的让步，也值得去争取。

情景剧场

张杰的汽车意外地被一辆大卡车给撞毁了，幸亏他的汽车买的是全险，可是确切的赔偿金额却要由保险公司的查勘员鉴定后才能加以确定，于是双方便有了下面的对话：

查勘员：“我们研究过你的案件，我们决定采用保险单的条款。这表示你可以得到24万元的赔偿。”

张杰：“我知道。你们是怎么算出这个数字的？”

查勘员：“我们是依据这部汽车的现有价值。”

张杰：“我了解，可是你们是按照什么标准算出这个数目的？你知道我现在要花多少钱才能买到同样的车子吗？”

查勘员：“你想要多少钱？”

张杰：“我想得到按照保单应该得到的钱，我找到一部类似的二手车，价钱是25万元，加上各种税费之后，大概是26万元。”

查勘员："26 万元太多了吧！"

张杰："我所要求的不是某个数目，而是公平的赔偿。你不认为我得到足够的赔偿来换一部车是公平的吗？"

查勘员："好，我们赔你 25.5 万元，这是我们可以付出的最高价。公司就是如此规定的。"

张杰："你们公司是怎么算出这个数字的？"

查勘员："你要知道，25.5 万元是你可以得到的最高数，你如果不想要，我就爱莫能助了。"

张杰："25.5 万元可能是公道的，但是我不敢确定。如果你受公司政策的约束，我当然知道你的立场。可是除非你能客观地说出我能得到这个数目的理由，我想我最好还是诉诸法律，我们为什么不先研究一下这件事，然后再谈。星期三上午 11 点我们可以见面谈谈吗？"

查勘员："好的。我今天在报上看到一辆用了七八年的同品牌汽车，出价是 24.8 万元。"

张杰："噢！上面有没有提到行车里程？"

查勘员："49 000 千米。为什么你问这件事？"

张杰："因为我的车只跑了 25 000 千米，你认为我的车子可以多值多少钱？"

查勘员："让我想想……1.2 万元。"

张杰："假设 24.8 万元是合理的话，那么就是 26 万元了。广告上面提到导航仪没有？"

查勘员："没有。"

张杰："你认为一部导航仪值多少钱？"

查勘员："3 000 元。"

张杰："四个刚换的轮胎呢？"

…………

几天之后，张杰拿到了 26.5 万元。

讨论与提高

在汽车索赔谈判中，张杰是如何一步一步实现自己的目标的？

（六）抬价压价策略

在谈判中，双方针对交易条件都是反复磋商，讨价还价之后才能确定下来。在不了解对方的目标和让步条件时，为了提升谈判空间，防止对方强势压价以及保存本方实力，通常卖方会抬高报价，而买方会压低报价。抬价压价策略运用的关键是：抬价或压价到什么程度是对方能够接受的，既保存了谈判实力，又不会让谈判破裂。因此，抬价或压价应建立在科学的计算及精确的观察、判断、分析的基础上的。当然，忍耐力、经验、能力和信心也是十分重要的。

运用这一策略时需要注意的问题如下：

（1）运用科学计价方法反驳对方价格的不实之处。

（2）重新确定谈判的边界，不要因过度纠缠对方的报价而浪费时间。

（3）如果在价格上迁就了对方，则必须在其他方面获得补偿。

（4）在合同没有签订以前，要求对方作出某种保证，以防对方反悔而再次抬高或压低价格。

四、讨价还价时应注意的问题

讨价还价时应注意以下问题：

（1）仔细检查对方开出的每一个条件并逐项询问其理由。在可能的情况下，尽力引导对方就各个条件的可变动性发表意见，不要根据主观的推测去任意改变我方的原计划与对策。

（2）认真倾听并记录好对方的回答意见。应在倾听对方的陈述时，捕捉对方言谈中透露出来的信息，探究对方的真实意图。同时，应尽量引导对方对问题作出正面的回答。

（3）当对方想了解我方报价或还价的理由时，原则上应尽量把自己回答的内容限制在最小的范围内，只告诉对方最基础的东西，不必多加说明与解释。

思考与应用

吹毛求疵策略是商务谈判中常用的策略，在使用该策略时应注意哪些问题？

项目小结

1. 影响报价的因素包括宏观政治经济因素、产业结构、产品供求关系因素、企业的成本因素、产品因素、客户因素、竞争者因素。

2. 报价的方式有书面报价、口头报价、书面报价与口头报价相结合三种。

3. 报价的原则有开盘价因买卖双方而异，开盘价必须合情合理，报价应该坚定、明确、完整，且不加任何解释和说明。

4. 报价策略有西欧式报价策略、日本式报价策略、加法报价策略、除法报价策略。

5. 报价解释的内容包括市场的行情分析、产品分析、合作前景分析；报价解释的基本原则是“有理、有利、有节”。

6. 讨价还价是交易磋商过程中的重要阶段。讨价还价的策略主要有投石问路策略、吹毛求疵策略、感情投资策略、诱敌深入策略、积少成多策略、抬价压价策略。

学习检测

一、判断题

1. 在商务谈判中，报价阶段的任务就是谈判双方针对交易的全部条件进行阐释的过程。（　　）

2. 报价解释，是指卖方就其商品特点及其报价的价值基础、行情依据、计算方式等所做的介绍、说明或解答，通常是在报价后就要进行的环节。（　）

3. 还价是指在商务谈判过程中，一方认为报价离自己的期望值较远、报价水分太大而提出的“重新报价”或“改善报价”的要求。（　）

4. 讨价还价是商务谈判中不可避免的环节。（　）

5. 总体还价是根据价格分析时划出的价格差距的档次分别还价。（　）

二、单项选择题

1. 在商务谈判中，能够兼顾严密性与灵活性的报价方式是（　）。

A. 书面报价　　B. 口头报价

C. 书面报价与口头报价相结合　　D. 第三方报价

2. 关于报价时机的把握，以下各项中更适合采取“后发制人”策略的是（　）。

A. 当前市场处于卖方市场，卖方实力强大

B. 买方已经充分了解了产品的市场情况和卖方的生产情况

C. 卖方希望一招使得对方就范，占据主动地位

D. 谈判双方势均力敌，且市场供需平衡

3. 先提出较高价格，然后逐步通过优惠来达到成交目的的报价策略是（　）。

A. 日本式报价策略　　B. 西欧式报价策略

C. 加法报价策略　　D. 除法报价策略

4. 还价前的准备工作包括（　）。

A. 制定合理的“还价台阶”，步步为营

B. 分析对方报价的原因

C. 把谈判目标集中在一起准备还价

D. 分析形势，做好还价的预算

5. 在商务谈判中，当一方希望了解对方在价格上是否有让步空间时，最有可能采用的策略是（　）。

A. 总体还价　　B. 投石问路　　C. 单项还价　　D. 分组还价

三、多项选择题

1. 关于影响报价的主要因素，以下选项正确的是（　）。

A. 产业结构因素：产品在其不同发展时期的价格差异

B. 产品供求关系因素：市场供求关系对价格主动权的影响

C. 企业的成本因素：仅包括生产成本，不包括采购成本和销售成本

D. 产品因素：产品的声誉、交易的性质、货款支付方式均对价格有影响

E. 客户因素：客户的评价和需求急切程度直接影响产品价格

2. 关于书面报价的方式及其特点，以下描述正确的是（　）。

A. 详细、清楚，给人正规、严肃且合法的印象

B. 通常在面对面谈判中使用，便于即时沟通

C. 在国际贸易中被称为发盘

D. 可以节省谈判时间，因为条件已详尽表述

E. 具有完整性、逻辑性、灵活性

3. 关于报价原则和策略，以下说法正确的是（　　）。

A. 卖方开盘价通常是“最高的”，而买方开盘价则是“最低的”，这是为了设定谈判的初始价格范围。

B. 开盘价必须合情合理，过高的报价若无法合理解释，会损害谈判的诚意，甚至导致谈判破裂。

C. 谈判人员在报价时应坚定、明确且不加过多解释，以避免给对方留下不诚实或犹豫不决的印象。

D. 日本式报价策略通过先提出最低价格来吸引买家，但成交价格往往因条件变更而高于初始报价，这种策略在竞争激烈时特别有效。

E. 开盘价的高低对最终成交水平没有实质性的影响。

4. 关于报价解释和价格评论，以下说法正确的是（　　）。

A. 报价解释是卖方对其报价的价值基础、行情依据和计算方式进行详细阐述的过程，旨在增强报价的说服力。

B. 在报价解释中，卖方应遵循“有问必答、不问不答、避实就虚、能言勿书”的原则，以掌握谈判的主动权。

C. 报价解释应遵循“有理、有利、有节”的原则。

D. 价格评论是买方对卖方报价及其解释的评析过程，主要目的是指出卖方报价中的不合理之处，并为后续的价格谈判创造有利条件。

E. 价格评论时，买方应重在说理，用真实的事实和数据来支持自己的观点，同时要注意评论的节奏和火力集中，避免激怒对方。

5. 在商务谈判中，能够体现“以人为本”或情感投资的理念，并可能帮助建立双方之间的理解和信任的策略或方法是（　　）。

A. 采用投石问路策略，通过提出恰当且有针对性的问题来摸清对方的虚实，同时保持平等、信赖的氛围。

B. 运用吹毛求疵策略，通过指出对方商品或报价中的缺点来降低价格，尽管这可能影响双方关系的和谐。

C. 在开局阶段营造积极友好的谈判气氛，寻找共同话题，增进双方之间的沟通和理解。

D. 在谈判过程中互赠礼品，或借助故交、回忆曾经的合作经历等方式，来加深双方之间的情感和信任。

E. 采用诱敌深入策略，通过试探性地使用假设条件，启发、引导对方作出相应的或更大的让步。

四、简答题

1. 什么是报价？报价的基本原则有哪些？

2. 报价解释的主要内容有哪些？

3. 讨价还价的策略有哪些？

五、案例分析题

山东省某市塑料编织袋厂厂长获悉日本某株式会社准备向我国出售塑料编织袋生产线后，立刻与日商谈判。在谈判桌上，日方代表一开始开价 240 万元。我方厂长立即答复："据我们掌握的情报，贵国××商社所提供的产品与你们的完全一样，开价只是贵方的一半，我建议你们重新报价。"一夜之间，日本人列出详细价目清单，第二天报出总价 180 万元。随后在持续 9 天的谈判中，日方在 130 万元的价格上不再妥协。我方厂长有意同另一家西方公司做了洽谈，日方得悉后，总价立即降至 120 万元。我方厂长仍不签字，日方大为恼怒，我方厂长拍案而起："先生，你们的价格、你们的态度都是我们不能接受的！"说罢把提包甩在桌上，里面西方某公司设备的照片散了一地。日方代表大吃一惊，忙要求说："先生，我的权限到此为止，请允许我再同上级联系，请示后再商量。"第二天，日方宣布降价为 110 万元。我方厂长在拍板成交的同时，提出安装所需费用一概由日方承担，又迫使日方作出了让步。

问题：

1. 我方厂长在谈判中运用了怎样的讨价还价技巧？
2. 我方厂长在谈判中稳操胜券的原因有哪些？
3. 请分析日方最后不得不成交的心理状态。

技能训练

一、背景描述

买方：天津商贸公司

卖方：河北农产品商贸公司

交易标的：银杏果

在上一期工作中，我们完成了商务谈判开局工作，双方建立了良好的谈判氛围。本期的工作任务是开始进行实质谈判，双方分别进行报价与讨价还价。

二、实训目标

通过本项目实训，学生应掌握报价的方法，能够科学合理地进行价格解释和价格评论，在磋商中能够运用讨价还价策略把控谈判的节奏，以保证谈判总目标的实现。

三、实训任务及评价标准

实训任务	评价标准
报价方式与报价时机选择	报价单信息完整、准确
	正确运用报价策略
报价解释与报价评论	支撑价格的信息资料齐全
	价格解释条理清晰、准确
	价格评论准确、直击要害
运用讨价还价策略进行磋商	讨价还价策略运用得当
	讨价还价条理清晰、目标明确

四、实训要求

1. 本次实训以小组为单位，要求所有学生积极参与。
2. 小组成员要分工合作，注意团队合作意识的培养。
3. 如实记录演练过程，认真分析演练中的问题并提出改进意见。
4. 实训报告内容完整、结构合理、层次分明。
5. 请小组代表做 5 分钟经验总结。

项目六
让步与僵局

学习导图

- 让步与僵局
  - 让步的策略与技巧
    - 让步的原则和要求
    - 让步的方式与幅度
    - 让步的策略
    - 让步阶段应注意的事项
  - 谈判僵局的产生与破解
    - 谈判僵局的含义
    - 谈判僵局产生的原因
    - 避免谈判僵局的方法
    - 破解谈判僵局的策略

学习目标

知识目标：

1. 熟悉商务谈判中让步的时机和策略。
2. 熟悉商务谈判僵局制造和化解策略。

技能目标：

1. 具有灵活运用让步策略、把控谈判节奏的能力。
2. 具有有效规避和处理谈判僵局的能力。

素养目标：

1. 培养学生勇于奋斗、乐观向上的精神。

2. 培养学生良好的心理素质，能够适应未来工作与生活中的各种压力。

案例导读

日本某公司向中国某公司购买电石，此时，它们之间已交易了五个年头，当年谈价格时，日方压价 30 美元/吨，今年又要压价 20 美元/吨，即从 410 美元压到 390 美元/吨。据日方讲，他们已拿到多家报价，有 430 美元/吨，有 370 美元/吨，也有 390 美元/吨。

据中方了解，370 美元/吨是个体户报的价，430 美元/吨是生产能力较小的工厂供的货。

供货厂的厂长与中方公司的代表共 4 人组成了谈判小组，由中方公司代表为主谈。谈判前，工厂厂长与中方公司代表达成了一致意见，工厂可以在 390 美元成交，因为工厂需要订单。公司代表又向其主管领导汇报，分析价格形势。主管领导认为：价格不取最低，因为我们是大公司，讲质量，讲服务；谈判中可以灵活让步，但步子要小，若在 410 美元以上拿下则可成交，拿不下时把价格定在 405～410 美元；如果有问题，主管领导再出面谈，请工厂配合。中方公司代表将此意见转达给了工厂厂长，双方达成了共识。

经过交锋，最后成交价格为 405 美元，比工厂厂长的成交价高了 15 美元/吨。工厂代表十分满意，日方也很满意。

【问题与思考】

1. 在上述案例中，中方成功的主要原因是什么？
2. 在交易磋商中，中方代表是如何让步的？
3. 你认为商务谈判人员应如何应对谈判中的压力？

任务一　让步的策略与技巧

商务谈判进入磋商阶段后，双方的经济利益纷争越来越激烈，谈判人员要面对各种压力和挫折。优秀的谈判人员不仅要拥有良好的心理素质，还要能够揣摩对方的心理状态，既维护自己一方的根本利益，又能够根据实际情况作出一些让步，从而确保合同的最终签订。在商务谈判中，让步本身就是一种策略，它体现谈判者用主动满足对方需要的方式来换取己方需要的精神实质，此时，谈判人员切不可意气用事，贻误战机。

知行合一：培养良好的心理素质

心理素质是人的整体素质的组成部分，是情绪内核的外在表现。从心理学的角度讲，心理素质包括情感、信心、意志力和韧性等。马斯洛认为，良好的心理素质表现在以下10个方面：(1) 具有充分的适应力。(2) 能充分地了解自己，并对自己的能力作出适度的评价。(3) 生活的目标切合实际。(4) 不脱离现实环境。(5) 能保持人格的完整与和谐。(6) 善于从经验中学习。(7) 能保持良好的人际关系。(8) 能适度地发泄情绪和控制情绪。(9) 在不违背集体利益的前提下，能有限度地发挥个性。(10) 在不违背社会规范的前提下，能恰当地满足个人的基本需求。

心理素质的培养和提高可以从以下三个方面入手：(1) 自我认识，要了解自己，找准定位。(2) 把握自己的情绪。(3) 提高受挫能力。

良好的心理素质是商务谈判人员必须具备的职业素质。

一、让步的原则和要求

(一) 明确让步的条件

在详细分析整个谈判形势后，谈判者要决定哪些条件是必须坚持的，必须坚持的条件不能让步。谈判者还要确定哪些条件可以适当让步以及己方能接受的最低条件，以划定让步的底线。无论如何，让步的代价一定要小于让步所得到的利益，要避免无谓的让步。

(二) 选择让步的时机

让步的时机与谈判的顺利进行有密切的关系，根据谈判的需要，己方既可以先于对方让步，也可以后于对方让步，甚至双方同时作出让步。让步的时机要恰到好处，不到必要让步的时候绝对不要作出让步的许诺。一般来说，当对方没有表示出任何退让的可能，让步不会给己方带来相应的利益，也不会增强己方讨价还价的筹码，更不会使己方占据主动的时候，不能作出让步。

(三) 确定让步的方式

不同的让步方式可传递不同的信息，产生不同的结果。让步没有固定的模式，通常表现为多种让步方式的组合，并随谈判的不同情况进行调整。

(四) 把握让步的幅度

让步可能是分次进行的，每次让步都要让出自己的一部分利益。让步的幅度要适当，一次让步的幅度不宜过大，让步的节奏也不宜过快。如果一次让步过大，会使对方的期望值迅速提高，对方会提出更高的让步要求，使己方在谈判中陷入被动。如果让步节奏过快，对方轻而易举就可以得到需求的满足，他们会认为己方的让步无须承担压力和损失，也就不会对让步给予足够的重视。

(五) 营造和谐的气氛

和谐的谈判气氛有利于谈判双方冷静地思考问题和正确地对待分歧，在相互信任的基础上作出让步，谋求谈判的成功。反之，紧张、对峙的气氛则会严重妨碍谈判的推进。

(六) 用好让步的技巧

在交易磋商中，应力争在关键性问题上让对方先作出让步，而在一些不重要的问题上己方可以考虑主动作出让步姿态，促使对方态度发生变化，争取对方的让步。

（七）检验让步的效果

己方作出让步之后要观察对方的反应，观察对方表现出的态度和行动是否与己方的让步有直接关系、己方的让步对对方产生多大的影响和说服力、对方是否也作出相应的让步。如果己方先做了让步，那么在对方作出相应的让步之前，就不能再让步了。

讨论与提高

你认为商务谈判中应如何把握让步的时机？

二、让步的方式与幅度

让步的方式与幅度直接关系到让步方的利益，理想的让步方式是每次作递减式让步，做到让而不乱，遏制对方无限制地要求让步的想法。一般来说，谈判人员可以从以下三个方面考虑让步的方式和幅度：（1）每次让步都给对方一定幅度的优惠，表达我方的谈判诚意，同时保全对方的面子，使对方有一定的成就感。（2）让步的幅度应越来越小，使对方感受到我方让步不容易，是在竭尽全力满足对方的要求，激发对方的重视和珍惜之情。（3）最后的让步幅度要小、节奏要慢，这是给对方的警示，表明我方让步已经到了极限。当然也有特殊情况，最后一次让步幅度比较大，甚至超过前一次，这是为了表示我方合作的意愿而发出的要求签约的信息。

在实践中，由于考虑到谈判效率和策略，每次让步并非都是理想的方式，美国谈判专家卡洛斯总结出了如表 6－1 所示的八种经典让步方式（限定让步值为 60 元，分四期展开让步）

表 6－1　八种经典让步方式　　单位：元

让步方式	一期	二期	三期	四期
冒险型	0	0	0	60
低劣型	60	0	0	0
刺激型	15	15	15	15
诱惑型	8	13	17	22
希望型	22	17	13	8
妥协型	26	20	12	2
危险型	49	10	0	1
虚伪型	50	10	−1	1

（一）冒险型方式

该方式在让步的最后阶段一步让出全部的可让利益。由于该方式使对方感觉己方一直不会妥协，因而被称为坚定的让步方式。在运用这种方式时，买卖双方往往都要冒着形成僵局的风险。

特点：让步方态度比较果断，被认为有大将风度。

优点：由于在起初阶段寸步不让，若谈判对手缺乏毅力和耐心，就有可能被征服。

缺点：因谈判寸步不让，有可能失去伙伴，风险较大，也容易给对方造成己方缺乏谈判诚意的印象。

适用范围：投资少、依赖性差，在谈判中占有优势的一方。

（二）低劣型方式

该方式在谈判进入让步阶段时，一开始即亮出底牌，拿出全部的可让利益，从而达到以诚取胜的目的。在运用这种方式时，可能导致失掉本来能够力争的利益，还要注意避免招致对手得寸进尺的进攻。

特点：态度诚恳、务实、坚定、坦率。

优点：一开始就亮出底牌，打动对方采取回报行为，促成和解；大幅度让步，富有诱惑力；让步一步到位，有利于速战速决，降低成本。

缺点：让步方式过急，容易让对方误认为还有利可图，提升对方讨价的预期。

适用范围：卖方处于谈判的劣势，或谈判各方之间的关系较为友好，处于劣势的一方宜采用。采用该让步方式时应当尽可能表现得积极、坦诚、以诚动人，感召对方以同样的方式来回报。

（三）刺激型方式

采用该方式时，等额让出可让的利益，态度谨慎，富有商人的气息，这种让步方式也称“色拉米香肠式谈判让步方式”。这是一种规范型让步方式。在运用这种方式时，要是遇到耐心等待的买主，就会鼓励其期待进一步的让步，此时让步方要注意提醒对方最后一次让步，防止对方无休止地进攻。

特点：在谈判让步过程中不断讨价还价，让步的数量和速度是均等、稳定的。

优点：让步平稳、持久，不易让对方占便宜；容易利益均享；遇到无时间长谈的对手时，会占上风。

缺点：谈判平淡无奇、效率低、成本高。

适用范围：在缺乏谈判知识或经验的情况下进行一些较为陌生的谈判时运用，效果比较好。

（四）诱惑型方式

采用该方式时，让步额度总体递增，每两次让步的差值先高后低，然后又拔高，这种让步方式的技术性较强，需要在谈判过程中仔细观察谈判对手对让步的反应，以调整让步的速度和数量，实施起来难度较大。如果缺乏谈判经验，使用此法容易出现破绽。

特点：较为灵活，可让谈判者在让步过程中正确处理竞争与合作的尺度；在较为恰当的起点让步，然后缓速减量，给对方传递一种接近尾声的信息。

优点：起点恰当、适中；谈判富有变化；二期让步的减缓易促使对方尽快拍板。

缺点：易鼓励对方继续讨价还价；二期让步让对方产生接近尾声的感觉，不利于双方建立诚信合作的关系。

适用范围：竞争性较强，一般为谈判高手所使用。

（五）希望型方式

在该方式下，让步额度总体递减，由高峰走向低谷。

特点：合作为主、竞争为辅、诚中见虚、柔中带刚。

优点：富有诱惑力；三期的让利易使对方产生获胜感而达成协议，并感到满意。

缺点：开始时让步大，易给对方造成我方柔弱可欺的不良印象，强化对方的进攻，另外，头两期的大让利和后两期的小让利，易给对方留下我方诚意不足的印象。

适用范围：合作性谈判，一般为谈判高手所使用。

（六）妥协型方式

在该方式下，让利的幅度由大到小，渐次下降，先让出较大的利益，然后再逐期减让，到最后一期让出较小利益。

特点：坦率，符合谈判讨价还价的一般规律。

优点：让人容易接受；先大后小的方式有利于促成谈判的和局；一步比一步谨慎，避免让步失误；达成等价交换。

缺点：让步由大到小，越争取利益越小，会使买方心情沮丧；这是谈判让步中惯用的方法，缺乏新鲜感。

适用范围：商务谈判的提议方。

（七）危险型方式

在该方式下，一开始时大幅度让利，随后出现反弹。在初期让出绝大部分可让的利益，可以表示己方的诚意。

特点：给人以软弱、憨厚、老实之感，成功率较高。

优点：让出多半利益，有可能获得对方较大的回报；最后让出小利，显示自己的诚意，使对方难以拒绝签约。

缺点：开始的软弱表现会使对方变本加厉。三期拒绝让步可能会令谈判出现僵局。

适用范围：谈判竞争中处于不利境地，但又急于获得成功，己方处于劣势，初期即让出较大的利益，由于此种让步较早、较大，可能会使对方得寸进尺，三期时采取固守方式。

（八）虚伪型方式

在该方式下，开头两期让出可让利益，三期赔利相让，四期讨回赔利。这种谈判常见于长期合作谈判和大型工程项目合作谈判。

特点：风格果断诡诈，富有冒险精神。

优点：开始两期让出全部利益，具有吸引力；前两期冒险让出利益，会有诱惑力，使得对方沿着自己思路前进。

缺点：开头两期让出全部利益，会导致对方期望增大，强化对方议价能力；三期额外的让利有损自己的利益；在四期讨回让利时，可能导致谈判破裂。

适用范围：陷于僵局或危难性的谈判，只有富有谈判经验的人才能灵活运用。

讨论与提高

在商务谈判进行到最后阶段，有的销售人员为了保住订单，经常会爽快地作出让步。你认为这样做的后果是什么？

分析提示

三、让步的策略

在商务谈判中，为了达成协议，让步是必要的。但是，让步不是轻率的行动，必须慎重处理。成功的让步策略可以起到以局部小利益的牺牲来换取整体利益扩大的作用，甚至在有些时候可以达到“四两拨千斤”的效果。让步策略的制定应从攻、防两个方面进行准备，既要拥有促使对方让步的能力，又要做好防御对方进攻的准备。正所谓“商场如战场”，军事上的战略战术对商务谈判活动有着重要的指导意义。

（一）促使对方让步的策略

1. 先苦后甜策略

先苦后甜策略即先用苛刻的虚假条件使对方产生疑虑、压抑、无望等心理，以大幅度降低对手的期望值，然后在实际谈判中逐步给予优惠或让步的策略。使用这一策略可以实现四个目的：第一，使对方降低价格；第二，使我方有讨价还价的余地；第三，让对方知道，我方是不会轻易被人欺骗的；第四，对方在以低价将商品售出时，使用这一策略可以使其有向领导交代的借口。

应对该策略的对策是：(1) 必须要有耐心，那些虚张声势的问题及要求自然会渐渐地露出马脚。(2) 遇到了问题，要能直攻腹地，开门见山地和买主私下商谈。(3) 对于某些问题和要求，要能避重就轻或视而不见。(4) 当对方在浪费时间、无中生有、“鸡蛋里面挑骨头”时，一定要当面制止。(5) 向买主建议一个具体而又彻底的解决办法，不要与买主去争论那些与交易关系不大的问题。(6) 可以向对方提出某些虚张声势的问题，以增强自己的谈判力量。

2. 软硬兼施策略

软硬兼施策略又称红白脸策略，或鹰鸽派策略。在谈判的初始阶段，先由“唱白脸”的人出场，他苛刻无比、立场坚定、毫不妥协，让对手产生极大的反感。当谈判进入僵持状态时，“唱红脸”的人出场，他体谅对方的难处，照顾对方的某些要求，放弃自己一方的某些苛刻条件和要求，作出一定的让步。使用该策略时应注意两个问题：(1) 扮演“红脸”的应为主谈人，他一方面要善于把握谈判的条件，另一方面要把握好出场的火候。(2) 扮演“白脸”的谈判者既要表现得“凶”，又要保持良好的形象，即态度强硬，但又处处讲理。

应对该策略的对策是：(1) 对方无论是“唱红脸”的还是“唱白脸”的，都属于同一阵营，其目的就是从己方手里得到利益，因而应同等对待。(2) 放慢谈判及让步速度，在“白脸”面前也要寸步不让，当持温和态度的“红脸”上场时，要求其立即作出让步，并根据他的让步决定自己的对策。

软硬兼施策略往往在对手缺乏经验，很需要与己方达成协议的情境下使用。

3. 情绪爆发策略

在谈判过程中，情绪的爆发有两种情况：一种是情不自禁地爆发；另一种是有目的地爆发。在运用“情绪爆发”这一策略迫使对方让步时，必须把握好时机和态度。情绪无由而发会使对方一眼看穿；烈度过小，起不到震慑对方的作用；烈度过大，会让对方感到小题大做，使谈判陷入破裂而无法修复。

应对该策略的对策是：面对对方突然爆发的激动情绪，要做到泰然处之、冷静处理，尽量避免与对方进行情绪上的争执。同时，把话题尽量引回到实际的问题上，一方面要表示充分理解他的观点，另一方面又要耐心解释不能接受其要求的理由。也可以宣布暂时休会，给对方冷静的时间，然后再指出对方行为的无礼，重新进行实质性问题的谈判。

4. 车轮战术策略

车轮战术策略是指在谈判桌上的一方遇到关键问题或与对方有无法解决的分歧时，借口自己不能决定或寻找其他理由，转由他人再进行谈判的策略。该策略通过更换谈判主体，侦察对手的虚实，耗费对手的精力，削弱对手的议价能力，为自己留下回旋余地，从而掌握谈判主动权。对方面对新更换的谈判对手时，需要重新开始谈判，这样会付出加倍的精力、体力和投资，时间一长，难免出现漏洞和差错。这正是运用车轮战术策略的一方所期望的。

应对该策略的对策是：(1) 无论对方是否准备采用该策略，都要做好充分的心理准备。(2) 新的对手上场后不重复过去的争论，如果新的对手否定其前任作出的让步，自己也借此否定过去的让步，一切从头开始。(3) 用正当的借口使谈判搁浅，直到把原先的对手再换回来。

5. 挑拨离间策略

挑拨离间策略是把对方谈判小组中持有利于本方意见的人员作为重点，以各种方式给予支持和鼓励，与之结成一种暂时的无形同盟。比如说，对这些人员的态度特别友善，对其意见多持肯定态度，有些意见如不能接受，则以很温和、委婉的方式予以说明和拒绝。而对待不利于本方的对方谈判人员，则采取强硬态度。己方的这一策略运用得当，能使对手毫无察觉。只要对方谈判小组中的某一成员松了口，其内部必然会自乱阵脚，争取对方让步也就大有希望了。此外，这种做法也容易导致对方谈判小组内部成员之间的相互猜疑，从而瓦解其战斗力。

应对该策略的对策是：(1) 廉洁自律，从大局出发，个人、局部利益服从集体、全局的利益。(2) 宽宏大量，以海纳百川的气度化解内部矛盾，避免纠纷。(3) 开诚布公，诚恳地和对方交换意见，把问题摆在桌面上，破解对方挑拨离间的行为。

秦始皇与合纵连横策略

6. 利用竞争策略

如果商务谈判中让对方感受到其他竞争对手的存在，则容易给对方造成让步的压力，其谈判的实力就会大为减弱。制造和利用竞争永远是谈判中逼迫对方让步的最有效的武器和策略。有经验的谈判者总是故意制造存在竞争者的谈判格局，诱使对方作出让步。

制造竞争的具体方法有：邀请多家卖主参加投标，利用卖主之间的竞争取胜；同时邀请几家主要的卖主参与谈判，把与一家谈判的条件作为与另一家谈判要价的筹码，通过背靠背竞争，促使各家卖主竞相降低条件；邀请多家卖主参加集体谈判，当着所有卖主的面以压低的条件与其中一位卖主谈判，以迫使卖主接受新的条件。因为在这种情况下，卖主处在竞争的压力下，如不答应新的条件，又怕生意被别人抢去，便不得不屈从于买方的意愿。

应对该策略的对策是：己方的对策要因其制造的竞争方式的不同而不同。对于利用招标进行的秘密竞争，要积极参加。对于背靠背的竞争，应尽早退出。对于面对面的竞争，要采取相反的两种对策：一种是参加这种会议，但只倾听而不表态，不答应对方提出的任何条件，仍按自己的既定条件办事；另一种是不参加这种会议，不听别人的观点，因为在会议上很容易受到买方所提条件的影响。

7. 得寸进尺策略

该策略也称蚕食策略，是指一方在争取对方一定让步的基础上，再进一步提出更多的要求，以争取己方利益。这一策略的核心是一点一点地提要求，积少成多，以达到自己的目的。

应对该策略的对策是：坚守己方原则，不放过任何一点“微末”利益。在让步过程中做到有效适度、谨慎有序、明明白白，防止对方的蚕食鲸吞。

8. 声东击西策略

声东击西策略是指在谈判中，一方出于某种需要而有意识地将会谈议题引到并不重要的问题上，借以分散对方的注意力，达到己方的目的。其实就是先采取障眼法，作为缓兵之计，把主要问题先搁下来，以便抽出时间对有关问题做更深入了解，探知和查明更多的信息和资料，或以此延缓对方所要采取的行动。

应对该策略的对策是：(1) 牢记本方的谈判目标，掌控谈判的节奏。(2) 明确本场谈判的核心议题，防止对方转移目标。(3) 采取将计就计策略，相应的提出其他条件，扰乱对方的谈判计划。

9. 先斩后奏策略

先斩后奏策略的做法主要有：卖方先取得买方的预付金，然后寻找理由提价；买方先获得卖方的预交商品，然后提出推迟付款；买方取得货物之后，突然又以堂而皇之的理由要求卖方降价等。

应对该策略的对策是：（1）要尽量避免“人质”落入他人之手，让对方没有“先斩”的机会。（2）即使交易中必须先付定金或押金，也必须做好资信调查，并有在何种情况下可以退款的保证。（3）可以采取针锋相对策略，尽可能相应掌握对方的“人质”，一旦对方使用此计，可以采用“以其人之道还治其人之身”的做法。

10. 最后通牒策略

最后通牒策略一般在谈判后期或谈判即将结束时使用，谈判开始或中期时不建议使用该策略，否则很容易让对方感到巨大压力而放弃谈判，另寻合作对象。

在谈判中，如果我们遇到对方的最后通牒，应该采取的对策是：（1）应该分析和判断对方的最后通牒是真还是假。（2）可以置对方的最后通牒于一边，改变交易的方式以及其他的交易条件，试探对方的反应，在新的条件的基础上与对方谈判。（3）如果判断对方的最后通牒可能是真的，那么，应该认真权衡一下作出让步达成协议与拒绝让步失去交易的利弊得失后再做决策。

（二）阻止对方进攻的策略

1. 针锋相对策略

针锋相对策略就是针对谈判对方的观点，逐一予以驳回，进而坚持自己立场的毫不退让的做法。这一策略的基础是双方有合作意愿，不会轻易一拍两散。当对方步步紧逼的时候，本方谈判人员基于自己的实力条件和利益需要“以其人之道，还治其人之身”。这一策略的具体做法是：对方说什么，你跟着驳什么，并提出新的意见。例如，对方说：“现在人工成本高，故产品售价高。”我方可以反驳：“你的人工费绝没有像你说的那么高。”如果对方说“不谈了！”我方就可以说：“不谈可以，只要你方能承担相应的损失。”

使用该策略应注意的问题是：（1）驳斥对方时，要对准话题，不能跑偏，否则，对方会说：“你没听明白”，从而一下子瓦解你的话锋。（2）“话锋”的锐利完全在于有理，而不是声色俱厉，无论如何要注意不能“人身攻击”。

2. 以退为进策略

以退为进策略是指以退让的姿态作为进取的阶梯，退是一种表面现象，由于在形式上采取了退让，使对方能从己方的退让中得到心理满足，不仅思想上会放松戒备，而且作为回报，对方也会满足己方的某些要求。商务谈判中的以退为进策略表现为先让一步，顺从对方，然后争取主动、选择时机进而反守为攻。例如，面对卖方居高不下的价格，买方可以说：“我们很理解您的想法，也可以按照您的价格采购，但是这样的话，根据我们目前的资金情况，只能减少采购数量。”

使用该策略应注意的问题是：（1）不要做无谓的让步，本方每次让步都应换取对方的让步。（2）要强调本方的困难处境，争取对方的谅解和适当的退却。（3）让步幅度不宜过大，要给后续谈判留下讨价还价的余地。

3. 极限控制策略

极限控制策略是指谈判人员为了降低对方预期、阻止对方步步紧逼而采取的转移矛盾的措施。极限控制策略有四种做法：(1) 权力极限策略，这是利用控制本方谈判人员的权力来限制对方的自由，防止其进攻的一种策略。例如，对方提出的要求难以拒绝，又不想使谈判陷入僵局的时候，可以说："您的要求我们没有这个权限，需要向上级请示。有可能上级会要求重新商议这个项目，您看是不是还要请示我们领导？" (2) 政策极限策略，这是本方以企业在财政方面的有关规定作为无法退让的理由，阻止对方进攻的一种策略。(3) 预算极限策略，这是利用本方在财政预算方面所受的限制，向对方施加影响，达到阻止其进攻的一种策略。(4) 先例极限策略，这是引用本方过去的案例或者同行业的案例来阻止对方进攻的策略，就是要让对方认识到我方"从未做过这样的承诺"或者"同行业从没有过这样的例子"，以此来缩短决策过程，增加本方谈判信心。

使用该策略应注意的问题是：(1) 要给本方后续谈判留有回旋变通的余地，不能把话说满。(2) 陈述的理由要合适，符合行业惯例。(3) 要掌握好时机，既要让对方停止进攻，又不能导致对方放弃谈判。

4. 休会策略

这是指在谈判的过程中遇到对方步步紧逼时，谈判一方提出中断谈判的策略。暂时休会能使谈判人员有机会重新思考和调整对策，促进谈判的顺利进行。休会策略运用得当，能起到调节谈判人员的精力、控制谈判进程、缓和谈判气氛、融洽双方关系的作用。休会策略一般在以下情形下使用：(1) 谈判出现僵局时。当谈判双方的分歧加大，一方步步紧逼，另一方坚决不退让时，可采用休会的策略使双方冷静下来，客观分析问题。(2) 在对方出现不满情绪时，为避免对方采取消极态度，就应休会以调整气氛。(3) 谈判出现疑难问题时，双方休会，各自进行协商，并提出合理的处理办法，以避免一方压迫另一方谈判的情况。

使用该策略应注意的问题是：(1) 休会是暂时的调整，时间不宜过长。(2) 休会期间要重新评估谈判形势，及时调整谈判方案，改变不利的谈判气氛，为重新开启谈判做准备。(3) 重启谈判之后要能够提出新方案、新目标，避免重蹈覆辙。

实例分享

某国内高科技企业（以下简称"甲方"）与一家国际知名技术提供商（以下简称"乙方"）就一项核心技术授权进行谈判。双方在技术转让费用、市场准入条件及后续技术支持等方面存在严重分歧，在经过多轮激烈交锋后，谈判双方立场难以调和，气氛紧张，谈判进度停滞不前。此时，甲方谈判团队意识到需要采取措施打破僵局。甲方主谈人适时提出休会建议，表示双方需要冷静下来，重新梳理各自立场和诉求，以便更好地寻找解决方案。乙方虽不情愿，但考虑到僵局持续下去对双方都不利，最终同意休会。

休会期间，甲方团队进行了深入的内部讨论，分析了乙方的核心利益和可能的让步空间，同时准备了更加详细的技术评估报告和市场分析报告，作为后续谈判的依据。

经过充分准备，双方重新坐回谈判桌前。甲方利用休会期间整理的资料，有针对性地提出了更加合理的报价和更加灵活的市场准入条件，同时强调了双方合作的长远利益。乙方在感受到甲方的诚意后，也逐步调整了自己的立场，双方最终在多个关键问题上达成了共识。

讨论与提高

实施休会策略期间，谈判人员应做些什么事情？

5. 疲劳战术

疲劳战术是指在谈判中如果一方谈判实力较强，态度傲慢，步步紧逼时，另一方谈判人员可以通过拉锯战的方式，使对方疲惫、生厌，逐渐磨去其锐气，以扭转己方在谈判中的不利地位，等到对手精疲力竭而急于求成时，本方反守为攻，促使对方接受本方条件的一种策略。疲劳战术的做法有两种：(1) 劳力，就是双方拼体力。把谈判日程安排紧凑，把谈判议题设计烦琐，做到“夜以继日”地谈，让人眼花缭乱，疲于应付。(2) 劳心，就是双方拼耐心，拼意志力。反映在谈判过程中，语言乏味，表述烦琐，言辞空洞，逻辑不清，明知对方已无耐心，还要表现出虚心接受、极力促成交易的姿态。

使用该策略应注意的问题是：(1) 态度诚恳，柔中有刚，不可以硬碰硬，致使谈判破裂。(2) 对于核心问题采用回避、周旋的方针，既不否定，也不接受。(3) 既要做好“长期奋战”的思想准备，还要控制好节奏，抓住战机，及时收官。

四、让步阶段应注意的事项

(一) 目标价值最大化

谈判者需要评估目标的重要性，分析自己所处的环境和位置，考虑在不牺牲任何目标的前提下冲突是否可以解决。如果在冲突中必须有所选择的话，应区分主目标和次目标，以保证整体利益的最大化，但同时也应注意目标不要太多，以免顾此失彼，给谈判对手以可乘之机。

(二) 保证让步的刚性

在让步中必须注意以下几点：(1) 谈判对手的需求是有一定限度的，也是具有一定层次差别的，让步策略的运用必须是有限的、有层次区别的。(2) 让步策略运用的效果是有限的，每一次让步只能在谈判的一定时期内起作用，是针对特定阶段、特定人物、特定事件起作用的，所以不要期望满足对手的所有意愿，对于重要问题的让步必须给予严格的控制。(3) 时刻将让步的资源投入与己方所期望的产出进行对比分析，必须做到让步的资源投入小于所产生的积极效益。

(三) 让步要素清晰

谈判者要在适当的时机和场合作出适当、适时的让步，让步的标准、让步的对象、让步的理由、让步的具体内容及实施细节应当准确、明了，避免因为让步导致新的问题和矛盾产生，要使让步的作用发挥到最大、所起到的作用最佳。

（四）让步后的弥补

如果迫不得已，己方再不作出让步就有可能使谈判夭折的话，也必须把握住“此失彼补”的原则。即这一方面虽然己方给了对方优惠，但在另一方面必须加倍地，至少要等额地获取回报。当然，在谈判时，如果发觉此方面己方让步可以换取彼方面更大的好处时，也应毫不犹豫地让步，以保持全盘的优势。

思考与应用

商务谈判中，如果对方使用车轮战术时，谈判人员应如何应对？

任务二　谈判僵局的产生与破解

一、谈判僵局的含义

谈判僵局是指谈判过程中可能出现的谈判难以再顺利进行下去的僵持局面。在谈判中，谈判双方各自对利益的期望或对某一问题的立场和观点存在分歧，很难达成共识，而双方又都不愿意作出妥协时，谈判进程就会出现停顿，谈判即进入僵持状态。

谈判僵局出现后，对谈判双方的利益和情绪都会产生不良影响。因此，调整情绪，分析谈判僵局出现的原因，运用科学、有效的策略和技巧打破僵局，重新使谈判顺利进行下去，是谈判者必须掌握的重要技能。

知行合一：情绪与情绪管理

情绪具有心理和生理反应的特征，包括喜、怒、忧、思、悲、恐、惊七种表现。情绪可划分为积极情绪、消极情绪。当一个人在面对困境、面对挫折的时候，通常会有紧张、焦虑、烦躁、失落和抑郁等消极表现，进而导致行为冲动而引发一系列不良后果。人的情绪不可能被完全消弭，但可以进行有效疏导、有效管理、适度控制。

所谓情绪管理，就是善于掌握自我，善于调节情绪，对生活中矛盾和事件引起的反应能适当排解，能以乐观的态度、幽默的情趣及时地缓解紧张的心理状态。面对来自工作和生活中的压力，我们可以采用心理暗示法、注意力转移法、适度宣泄法、自我安慰法、交往调节法、情绪升华法等方法加以调节。

二、谈判僵局产生的原因

（一）立场、观点的争执

这是指双方各自坚持自己的立场、观点而排斥对方的立场、观点，形成僵持不下的局面。在谈判过程中，如果双方对各自的立场、观点产生主观偏见，认为己方是正确的，对方是错误的，并且谁也不肯放弃自己的立场、观点，就会出现争执，使谈判陷入僵局。双方真正的利益需求若被这种立场、观点的争论所搅乱，而双方为了维护自己的面子，不但不愿意作出让步，反而用否定的语气指责对方，迫使对方改变立场、观点，谈判就变成了不相容的立场对立。这种僵局如果处理得不好，就会破坏谈判的合作气氛，浪费谈判时间，甚至伤害双方的感情，最终使谈判走向破裂。立场、观点的争执所导致的僵局是比较常见的。

（二）谈判人员的强迫手段

在谈判中，人们常常有意无意地采取强迫手段，从而使谈判陷入僵局。特别是在涉外商务谈判中，谈判双方不仅存在经济利益上的相争，还有维护国家、企业及自身尊严的需要。被强迫一方出于维护自身利益或是维护尊严的需要，拒绝接受对方强加于己方的不合理条件，反抗对方强迫，双方僵持不下时，就导致谈判出现僵局。

（三）信息沟通的障碍

信息沟通障碍是指双方在交流信息的过程中由于主客观原因所造成的理解障碍。其主要表现是：由于双方文化背景差异所造成的观念障碍、习俗障碍、语言障碍；由于知识结构、教育程度的差异所造成的问题理解差异；由于心理、性格差异所造成的情感障碍；由于表达能力、表达方式的差异所造成的传播障碍等。信息沟通障碍使谈判双方不能准确、真实、全面地进行信息、观念、情感的沟通，甚至会产生误解和对立情绪，使谈判不能顺利地进行下去。

谈判过程是一个信息沟通的过程，只有双方信息实现正确、全面、顺畅的沟通，才能互相深入了解，才能正确把握和理解对方的利益和条件。但是实际上，双方的信息沟通会遇到种种障碍，造成信息沟通受阻或失真，使双方产生对立，从而使谈判陷入僵局。

（四）谈判者行为的失当

谈判者行为的失当常常会引起对方的不满，使其产生抵触情绪和强烈的对抗，使谈判陷入僵局。例如，个别谈判人员工作作风、礼节礼貌、言谈举止、谈判方法等方面出现严重失误，触犯了对方的尊严或利益，对方就会产生对立情绪，使谈判很难顺利进行下去，造成很难堪的局面。某些谈判者在谈判桌上争强好胜，一切从“能压住对方”出发，说话刻薄，频频向对方发动攻势，甚至在一些细枝末节上也不让步，这样谈判自然很容易陷入僵局。

（五）偶发因素的干扰

商务谈判过程中一些意外情况同样也会影响谈判的进行，特别是当这些情况涉及某一方利益时，谈判就会由于这些偶发因素的干扰而陷入僵局。例如，在谈判期间外部环境发生突变，某一谈判方如果按原有条件谈判就会蒙受利益损失，于是便推翻已作出的让步，从而引起对方的不满，使谈判陷入僵局。由于谈判不可能处于真空地带，谈判者随时都要根据外部环境的变化来调整自己的谈判策略和交易条件，因此这种僵局的出现也就不可避免。

（六）利益要求的差距

在商务谈判实践中，即使双方态度友好、真诚，但是如果双方各自所期望的利益存在很大差距，僵局的产生就不可避免。

谈判中出现僵局是很自然的事情，虽然人人都不希望出现僵局，但是出现僵局也并不可怕。面对僵局，不要惊慌失措或情绪沮丧，更不要一味指责对方没有诚意，重要的是要正确地认识和对待僵局，要弄清楚僵局产生的真实原因是什么、分歧点是什么，以便对症下药，然后运用有效的策略和技巧打破僵局，使谈判顺利进行下去。

讨论与提高

在日常生活中你还遇到过哪些导致僵局的问题？你是怎么解决这些问题的？

三、避免谈判僵局的方法

在谈判过程中，僵局的出现会影响谈判双方的情绪，降低谈判的效率。从双方合作的角度来看，为了提高商务谈判的效率，双方在谈判中应当尽可能地避免谈判僵局的出现。

（一）互惠式谈判方法

互惠式谈判也称价值型谈判。谈判的参加者把对方看作与自己并肩合作的同事，既非朋友更非敌人。他们不像让步型谈判那样只强调双方的关系而忽视己方利益的获取，也不像立场型谈判那样只坚持本方的立场而不兼顾双方的利益，而是竭力寻求双方利益上的共同点，在此基础上设想各种使双方各有所获的方案。

互惠式谈判是避免谈判僵局产生的一种很好的方式。在互惠式谈判模式下，谈判双方从大局着眼，相互尊重，平等协商；处理问题坚持公正的客观标准，提出相互受益的谈判方案；双方以诚相待，采取建设性态度，立足于解决问题，争取双赢。

这种谈判态度与方法同现代谈判所强调的实现互惠合作的宗旨相符，日益受到社会的推崇。互惠式谈判吸取了软式谈判和硬式谈判之所长，强调公正原则和公平价值，具有以下特征：

（1）谈判中对人温和、对事强硬，把人与事分开。

（2）主张按照共同接受的具有客观公正性的原则和公平价值来取得协议，而不简单地依靠具体问题的讨价还价。

（3）谈判中开诚布公而不施诡计，追求利益而不失风度。

（4）努力寻找共同点、消除分歧，争取双方都满意的谈判结果。

互惠式谈判是一种既理性又富有人情味的谈判态度与方法。

（二）横向谈判方法

横向谈判是指在确定谈判所涉及的主要问题后，开始逐个讨论预先确定的问题，在某一问题上出现矛盾或分歧时，就把这一问题放在后面，先讨论其他问题，如此周而复始地讨论下去，直到所有内容都谈妥为止。例如，双方在价格上不能达成一致意见时，就可以把这一问题放在后面，继续讨论其他问题。当其他问题解决之后，再回过头来讨论这个问题。

横向谈判方法的核心就是灵活、变通，只要有利于问题的解决，经过双方协商同意，讨论的条款可以随时调整，这样就能最大限度地避免僵局的产生。

四、破解谈判僵局的策略

在谈判进入交锋阶段、妥协阶段时，常常由于某些人为或突发原因，使得谈判双方僵持不下，从而形成进退维谷的局面，即谈判的僵局。在这种情况下，能否打破僵局，就成为谈判能否继续进行下去的关键。谈判之所以陷入僵局，一般不是各方之间存在不可解决的矛盾，而是各方在感情、立场、原则等方面存在分歧。所以，谈判者在谈判开始之后，在维护己方实际利益的前提下，应尽量避免由于一些非本质性的问题而坚持强硬的立场，导致谈判陷入僵局。一旦谈判陷入僵局，谈判各方应探究原因，积极、主动地寻找解决的方案，切勿因一时陷入谈判僵局而终止谈判。因此，寻找方案、突破僵局至关重要。

在僵局已经形成的情况下，为使谈判出现新的转机，我们可以采取的缓和双方对立情绪的策略和技巧有下述几种。

（一）回避分歧，转移议题

当双方对某一议题产生严重分歧，都不愿意让步而陷入僵局时，一味地争辩解决不了问题，此时可以回避有分歧的议题，换一个新的议题与对方谈判。这样做有两个好处：一是可以争取时间先进行其他问题的谈判，避免长时间争辩耽误宝贵的时间；二是当其他议题经过谈判达成一致之后，会对有分歧的议题产生正面影响，再回过头来谈陷入僵局的议题时，气氛会有所好转，思路会变得开阔，问题的解决便会比以前容易得多。

（二）尊重事实，关注利益

由于谈判双方各自坚持己方的立场、观点，主观认识的差异易使谈判陷入僵局。这时候处于激烈争辩中的谈判者容易脱离客观实际，忘掉大家的共同利益是什么。所以，当谈判陷入僵局时，首先要克服主观偏见，从尊重客观事实的角度看问题，关注企业的整体利益和长远目标，不要一味地追求论辩的胜负。如果是由于某些枝节问题争辩不休而导致僵局，这种争辩是没有多大意义的。即使争辩的是关键性问题，也要客观地评价双方的立场和条件，充分考虑对方的利益诉求和实际情况，认真、冷静地思索己方如何才能实现比较理想的目标。这样才能静下心来面对客观实际，为实现双方的共同利益而设法打破僵局。

（三）多种方案，选择替代

如果双方仅仅采用一种方案进行谈判，当这种方案不能为双方同时接受时，就会形成僵局。实际上，谈判中往往存在多种满足双方利益的方案，在谈判准备期间就应该准备多种可供选择的方案。一旦一种方案遇到障碍，就可以提供其他的备用方案供对方选择，使“山重水复疑无路”的局面转变成“柳暗花明又一村”的好形势。谁能够创造性地提供可选择的方案，谁就能掌握谈判的主动权。当然，这种替代方案要既能维护己方的切身利益，又能兼顾对方的需求，这样才能使对方对替代方案感兴趣，进而从新的方案中寻求双方的共识。

（四）尊重对方，有效退让

当谈判双方各持己见、互不相让而陷入谈判僵局时，谈判人员应该明白，坐到谈判桌上的目的是达成协议，实现双方的共同利益，如果促使合作成功所带来的利益要大于固守己方立场导致谈判破裂的收获，那么退让就是聪明、有效的做法。

采取有效退让的方法打破僵局主要基于三点认识：第一，己方用辩证的思考方法，明智地认识到在某些问题上稍做让步，可在其他问题上争取更好的条件；在眼前利益上做一点牺牲，可换取长远利益；在局部利益上稍做让步，可保证整体利益。第二，己方多站在对方的角度看问题，消除偏见和误解，对己方一些要求过高的条件作出一些让步。第三，这种主动退让姿态向对方传递了己方的合作诚意，促使对方在某些条件上作出相应的让步。如果对方仍然坚持原有的条件寸步不让，证明对方没有诚意，己方就可以采用新的策略，调整谈判方针。

（五）冷调处理，暂时休会

当谈判出现僵局而一时无法用其他方法打破僵局时，可以采用冷处理的方法，即暂时休会。休会以后，双方的情绪会平静下来，可以冷静地思考一下双方的差距究竟是什么性质的，并对前一阶段的谈判进行总结，考虑一下僵局会给己方带来什么利益损害、环境因素有哪些发展变化、谈判的紧迫性如何等。另外，也可以在休会期间向上级领导做汇报，请示高层领导对处理僵局的指导意见，请求高层领导将某些让步策略的实施授权给谈判者，以便谈判者采取下一步的行动。再有，可以在休会期间让双方高层领导进行接触，融洽一下双方僵持对立的关系，或者组织双方谈判人员参观游览，参加宴会、舞会和其他娱乐活动。在活动中，双方可以在轻松、愉快的气氛中进行无拘无束的交流，进一步交换意见，重新营造友好合作、积极进取的谈判气氛。经过一段时间的休会，当大家再次坐到谈判桌上的时候，原来僵持对立的问题可能会比较容易沟通和解决，僵局也就随之被打破了。

（六）以硬碰硬，据理力争

当对方提出不合理条件，制造僵局，给己方施加压力，特别是在一些原则问题上表现得蛮横无理时，己方要以坚决的态度据理力争。因为这时如果作出损害原则的退让和妥协，不仅损害己方的利益和尊严，而且会助长对方的嚣张气焰。所以，己方要明确表示拒绝接受对方的不合理要求，揭露对方故意制造僵局的不友好行为，使对方收敛起蛮横无理的态度，自动放弃不合理的要求。运用这种方法时，首先要体现出己方的自信和尊严，让对方认识到己方不惧怕任何压力，追求平等合作的原则；其次要注意表达的技巧性，用绵里藏针、软中有硬的方法回击对方，使其主动退让。

（七）孤注一掷，背水一战

当谈判陷入僵局，己方认为自己的条件是合理的，无法再做让步，而且又没有其他可以选择的方案时，可以采用孤注一掷、背水一战的策略，将己方条件摆在谈判桌上，明确表示自己已无退路，希望对方能作出让步，否则情愿接受谈判破裂的结局。在谈判陷入僵局而又没有其他方法解决的情况下，这个策略往往是最后一个可供选择的策略。

在作出这一选择时，己方必须做好最坏的打算，做好承受谈判破裂的心理准备。因为一旦对方不能接受己方的条件，就有可能导致谈判破裂。在己方没有做好充分的准备，没有多次努力尝试其他方法打破僵局时，不能贸然采用这一策略。这种策略使用的一个前提条件是己方的要求是合理的，而且也没有退让的余地，因为再退让就会损害己方的根本利益。另一个前提条件是己方不怕谈判破裂，不会用牺牲自身根本利益的手段去防止谈判破裂。如果对方珍惜这次谈判和合作机会，在己方摊牌之后，有可能选择退让的方案，使僵局被打破，达成一致的协议。

（八）人员替换，谈判升级

商务谈判中有时会由于谈判人员的问题使得谈判矛盾激化，谈判难以进行下去，即使转移话题、改变谈判地点，也难以从根本上解决问题。这时，可以采用自我否定的策略，用原来谈判人员的主张欠妥为由调换人员，以缓解僵局，促使谈判继续进行下去。这一策略，一方面为重返谈判桌找到借口，缓和双方对峙的气氛；另一方面，短暂的休会为我方调整、改变谈判策略提供了机会。如果是谈判后期因关键问题发生的僵局，也可以由地位较高的负责人出面参与谈判，表示对僵持问题的关心和重视。同时，向对方施加一定的心理压力，迫使对方放弃原先较高的要求，作出一些妥协，以利于协议的达成。需要注意的是，应对替换下来的谈判人员做好思想工作，不能否定他们的努力，更不能挫伤他们的积极性。

思考与应用

面对谈判僵局，如何做到据理力争？

项目小结

1. 让步的原则和要求包括：明确让步的条件、选择让步的时机、确定让步的方式、把握让步的幅度、营造和谐的气氛、用好让步的技巧、检验让步的效果。

2. 八种经典的让步方式：冒险型、低劣型、刺激型、诱惑型、希望型、妥协型、危险型、虚伪型。

3. 让步的策略包括：促使对方让步的策略和阻止对方进攻的策略。

4. 谈判僵局产生的原因包括立场、观点的争执，谈判人员的强迫手段，信息沟通的障碍，谈判者行为的失当，偶发因素的干扰以及利益要求的差距。

5. 破解僵局的方法有：回避分歧，转移议题；尊重事实，关注利益；多种方案，选择替代；尊重对方，有效退让；冷调处理，暂时休会；以硬碰硬，据理力争；孤注一掷，背水一战；人员替换，谈判升级。

学习检测

一、判断题

1. 让步是商务谈判的必经阶段，每一次让步后都要观察对方的反应，检验让步的

效果。（　　）

2. 僵局是商务谈判的必经阶段，每一次讨价还价都会出现僵局。（　　）

3. 在商务谈判中，让步的幅度必须始终递减，不能有任何例外。（　　）

4. 在解决日常生活中的僵局问题时，采用心理暗示法、注意力转移法或情绪升华法等情绪管理技巧，可以有效地缓解紧张氛围，促进双方沟通和理解，从而帮助己方打破僵局。（　　）

5. 在商务谈判中，当谈判陷入僵局且己方认为自己的条件合理且无法再做让步时，采用孤注一掷、背水一战的策略往往可以作为最后的解决方案。（　　）

二、单项选择题

1. 商务谈判中，能够促使对方让步的策略包括（　　）。

A. 软硬兼施　　B. 针锋相对　　C. 得寸进尺　　D. 以进为退

2. 商务谈判中，让步的时机选择应考虑的首要因素是（　　）。

A. 对方是否先让步　　B. 谈判的整体进展和氛围

C. 谈判的时间限制　　D. 自身的情绪状态

3. 在谈判过程中，由于双方文化背景差异导致的沟通障碍主要属于（　　）。

A. 观念障碍　　B. 知识结构障碍

C. 情感障碍　　D. 表达能力障碍

4. 当外部环境发生突变，导致谈判方利益受损而推翻原有让步时，这种僵局通常是（　　）因素引起的。

A. 立场、观点的争执　　B. 谈判者行为的失当

C. 偶发因素的干扰　　D. 信息沟通的障碍

5. 谈判方法强调灵活变通，通过逐个讨论预先确定的问题来避免僵局的是（　　）。

A. 立场型谈判　　B. 横向谈判　　C. 让步型谈判　　D. 纵向谈判

三、多项选择题

1. 在商务谈判中，关于让步的时机把握，以下说法正确的是（　　）。

A. 应当在对方表现出强烈退让意愿时立即作出让步

B. 应避免在对方未表现出任何退让可能时作出让步

C. 无论谈判进展如何，都应保持固定的让步节奏

D. 应在关键时刻，如对方提出重要让步时，考虑作出相应的让步

E. 对方采用强硬谈判策略时，一定不能让步

2. 在商务谈判中，关于让步的方式与幅度，准确的描述是（　　）。

A. 理想的让步方式应每次作递减式让步，以遏制对方无限制地要求让步

B. 冒险型让步方式在谈判初期即亮出全部可让利益，以诚取胜

C. 妥协型让步方式的特点是前期让步较大，后期让步逐渐减小

D. 虚伪型让步方式在初期给予较大让步，随后又收回部分让步

E. 刺激型让步方式在较为陌生的谈判时运用，效果比较好

3. 在商务谈判中，属于促使对方让步的策略包括（　　）。

A. 先苦后甜策略　　B. 沉默是金策略

C. 车轮战术策略　　D. 针锋相对策略
E. 软硬兼施策略

4. 避免商务谈判中出现僵局的有效策略是（　　）。
A. 强调各自立场，坚持“非赢即输”的原则
B. 互惠式谈判，寻求双方利益共同点
C. 故意制造信息沟通障碍，以测试对方底线
D. 尊重对方，保持冷静和理性，避免情绪化冲突
E. 把对方看作与自己并肩合作的同事，既非朋友更非敌人

5. 在商务谈判中，能够帮助破解僵局的策略有（　　）。
A. 坚持己方立场，绝不妥协　　B. 回避分歧，转移议题
C. 尊重事实，关注利益　　D. 暂时休会，进行冷处理
E. 作出让步，结束谈判

四、简答题

1. 不同的让步方式会产生什么样的后果？
2. 促使对方让步的策略有哪些？
3. 如何避免谈判僵局的产生？

五、案例分析题

刘峰打算将自己在一线城市的房产卖掉后回老家发展，并联系好了老家的一家单位，双方签了劳动合同；关于现有的房产，他也与买家小张达成了房屋买卖意向：900万元成交，先付20万元定金，余款一个月内付清。付定金前，小张看到刘峰一不小心从皮包里露出来的劳动合同等文件，他突然改变了态度，一会儿说房子的结构不理想，一会儿说他的计划还没有最后确定。总之，他不想买房子了，除非刘峰愿意在价格上做大的让步。刘峰看穿了对方的心思，不肯就范。双方相持不下，只好改日再谈。

当时刘峰的行程日期日益接近，另寻买主已不可能，刘峰不动声色。当对方再一次上门时，刘峰说：“我现在没有心思跟你讨价还价，过半年再说吧，如果那时你还想要我的房子，你再来找我。”说着还拿出自己的飞机票让对方看。小张沉不住气了，当场拿出他准备好的20万元定金。其实刘峰也是最后一搏了，他做了最坏的准备，打算以850万元成交。

问题：

1. 刘峰与小张达成900万元成交意向后，为什么还会出现僵局？
2. 刘峰是如何破解僵局的？
3. 根据案例素材，说一说你还有哪些破解僵局的方法。

技能训练

一、背景描述

买方：天津商贸公司
卖方：河北农产品商贸公司

交易标的：银杏果

在讨价还价过程中，让步是谈判者的基本义务，在此期间可能会出现僵局。本期工作的核心任务是做好让步的规划，防止以及能够有效化解可能出现的僵局。

二、实训目标

通过本项目实训，学生应能够根据本方让步方式确定让步的节奏和幅度，保证让步的有效性；能够发现僵局出现的征兆并有效预防或化解僵局，促使谈判如期完成，以保证谈判总目标的实现。

三、实训任务及评价标准

实训任务	评价标准
确定让步方式与幅度	让步目标明确、理由合理
	让步条件对等、策略得当
化解谈判中的僵局	准确判断僵局发生的原因
	化解僵局方法有效，谈判顺利进行

四、实训要求

1. 本次实训以小组为单位，要求所有学生积极参与。
2. 小组成员要分工合作，注意团队合作意识的培养。
3. 如实记录演练过程，认真分析演练中的问题并提出改进意见。
4. 实训报告内容完整、结构合理、层次分明。
5. 请小组代表做 5 分钟经验总结。

项目七
商务谈判结束

学习导图

- 商务谈判结束
  - 促成交易完成
    - 商务谈判结束的方式
    - 结束谈判的时机
    - 结束谈判的原则
    - 促成交易的技巧
    - 结束谈判的策略
  - 商务谈判结束工作
    - 整理备忘录
    - 核对交易条件
    - 起草与签订合同

学习目标

知识目标：

1. 掌握商务谈判结束的方式和原则。
2. 熟悉谈判备忘录和商务合同的内容结构。

技能目标：

1. 具备运用促成谈判成功的技巧和策略的能力。
2. 具备制定商务谈判合同的能力。

素养目标：

1. 培养善始善终、持之以恒的职业精神。

2. 培养法律意识，做到“重合同、守信用”。

案例导读

有个农场主种了约半亩地的西瓜，打算自己吃的。经常有人来电话要订购他的西瓜，但每一次都被他拒绝了。

有一天，来了一位小男孩，约有十二岁，他说要订购西瓜，农场主回绝了，但小男孩却不走，农场主做什么，他都跟着，在农场主身边谈自己的故事，一直谈了有个把小时。农场主听完小男孩的故事后，开口说：“说够了吧？那边那个大西瓜卖给你好了，十块钱。”“可是，我只有一块钱。”小男孩说。“一块钱？”主人听了便指着另一个西瓜说，“那么，给你那边那个较小的绿色的瓜吧？”“好吧，我就要那个，”小男孩说，“请不要摘下来，我弟弟会来取，两个星期以后，他来取。我只管采购，我弟弟负责取货，我们各有各的责任。”

谈判中，小男孩虽然遭到了明确的拒绝，但谈判并没有结束，男孩先是融洽关系，再用“只有这些钱”为由造成既定事实，然后进一步追加有利的成交条件，从而保证了最终目标的实现。

【问题与思考】

1. 根据上述材料，你认为谈判结束时谈判人员会有什么表现？
2. 你认为在谈判结束阶段还可以进一步争取利益吗？
3. 你认为在谈判结束时应如何保证交易条件的实现？

任务一　促成交易完成

一、商务谈判结束的方式

商务谈判结束的方式有三种：成交、中止和破裂。

（一）成交

成交即谈判双方达成协议，交易得到实现。成交的前提是双方对交易条件经过多次磋商达成共识，对全部或绝大部分议题没有实质上的分歧。成交方式是双方签订具有高度约束力和可操作性的协议书，为双方的交易活动提供操作原则和方式。

（二）中止

中止谈判是谈判双方因为某种原因未能达成全部或部分成交协议而由双方约定或单方要求暂时终结谈判的方式。中止如果是发生在整个谈判的最后阶段，在解决最后分歧时发生，就是终局性中止。

（三）破裂

破裂是指双方经过最后的努力仍然不能达成共识和签订协议，交易不成，或友好而别，或愤然而去，从而结束谈判。谈判破裂的前提是双方经过多次努力之后，没有任何磋商的余地，至少在谈判范围内的交易已无任何希望，谈判再进行下去已无任何意义。我们提倡友好的谈判破裂方式。

二、结束谈判的时机

随着交易磋商的不断深入，谈判双方在越来越多的条款上达成共识，彼此在立场与利益方面的差异逐步缩小，交易条件的最终确立已经成为双方共同的要求，这就预示着商务谈判将进入结束阶段。那么，何时才是谈判结束的最佳时机呢?

（一）看交易条件

交易条件是指与交易有密切关系的所有条件的总和。如果谈判进行到双方的分歧只有少数几点或者已经基本没有，交易条件在双方可接受的范围内并且原则上已经全部达成一致时，就意味着谈判已经到收尾成交阶段了。

（二）看谈判时间

时间对于谈判来说是十分重要的，它不仅会影响谈判项目的市场占有情况，还决定了谈判所付出的代价，因此，谈判必须在一定时期内结束。失掉对市场的占有或付出高昂代价的谈判都是毫无意义的。

在实际谈判中，谈判时间常常是双方共同商定的，根据谈判内容制定谈判议程和时间。预定的结束谈判时间到来之际，预示着谈判该进入收尾阶段了。

（三）看磋商策略

谈判过程中有多种多样的策略，如果谈判策略实施后决定谈判必然进入终结，这种策略称作终结策略。终结策略对谈判终结具有特殊的导向作用和影响力，它表现出一种最终的冲击力量，具有终结的信号作用。

比如谈判者在谈判中经常会采用最后立场策略：谈判者经过多次磋商之后仍无结果，一方阐明己方最后的立场，讲清只能让步到某种条件，如果对方不接受，谈判即宣告破裂，如果对方接受该条件，那么谈判成交。这种最后立场策略的出现可以作为谈判终结的判定。

讨论与提高

如何发现对方的成交意图呢?

成交意图的观察与表达

三、结束谈判的原则

结束谈判应遵循以下原则。

（一）彻底性原则

这是指所谈交易内容要全面，交易各方面的条件要谈透，不得再出现疑点。为了达到彻底性原则的要求，终局谈判时，谈判者均应“结账”与“对账”。

（二）不二性原则

这是指谈判结束时谈判结果必须具备唯一性和不可更改性。

（三）条法性原则

这是指双方所达成的各种交易条件都要用相应的法律形式表达，使之具有法律的约束和追索效力。

（四）情理兼备性原则

这是指在谈判破裂时要情绪平稳，并且理解对方的处境，充分解释本方不能达成交易的原因，争取对方的理解和将来的合作机会。

四、促成交易的技巧

（一）适时分手法

在谈判接近尾声时，谈判者应该用巧妙的方法祝贺对方做了一笔好生意，引导对方怎样看待这个交易，并重复交易条件的细节和其他一些注意事项，这样做可以防止对方对交易条件感到后悔。但是，在此阶段，谈判获胜的一方就不要再多逗留了，不然会前功尽弃，不得不使谈判再次从头开始。

（二）建议结束法

当谈判对方对于谈判的目标已经没有原则性分歧，只是在某些细节上举棋不定、难以抉择时，不妨给对方一些建议，调动对方决策的积极性。

情景剧场

晚上在某品牌鞋店里，服务员小陈迎来了两位时髦的女孩，其中一位看中了店里的一款靴子，试穿之后，她对同一款式的两种颜色的靴子都非常喜欢，一时拿不定主意该买哪一双。

就在这个女孩犹豫不决的时候，小陈走了过去：“哎呀，你真有眼光！这款靴子是今年最流行的款式，两个颜色也都适合年轻女孩搭配服装。”

女孩：“是啊！买哪个好呢？”

小陈：“现在流行混搭，可以产生不一样的效果。既然都喜欢，不如两双都买回去，可以当三双来穿，多合适啊！”

女孩：“有道理！”于是她欣然付款。

（三）比较利益结束法

比较利益结束法就是比较谈判成交前后获得的利益，让对方认识到成交带来的好处，促使对方签约。

比较利益结束法有两种具体做法：有利的比较利益结束法和不利的比较利益结束法。

管理故事

方法一：向对方谈判代表说“××公司（同行业知名企业）已经订购了这种型号的零件，我们已经看到他们的市场竞争力大大提升了，如果您也能够使用相同型号的零件，您企业的产品将会与之并驾齐驱。”

解析：这种做法就是有利的比较结束法，就是给对方以很高地位或即将获取很大的利益的成交方法。

方法二：在对方迟疑不决的时候告诉对方：“你们推迟一天签约，就有被竞争者抢先的危险，像××公司的遭遇一样。”

解析：这种做法就是不利的比较结束法，即根据对方有可能面临的困境而设法成交的方法。

（四）断货成交法

谈判人员可以利用人们的从众心理来促成交易。通常在谈判后期，有经验的谈判人员会暗示对方：这个产品今年非常抢手，很多大企业都在跟我们洽谈，订单已经签到明年了，目前我们的库存已经非常有限了。

五、结束谈判的策略

（一）总体条件交换策略

总体条件交换策略是指双方谈判临近预定谈判结束时间或阶段时，以各自的条件做整体一揽子的进退交换以求达成协议的策略。

双方谈判内容涉及许多项目，在每一个分项目上已经进行了多次磋商和讨价还价。经过多个回合的谈判后，双方可以将全部条件通盘考虑，做“一揽子交易”。例如，涉及多个内容的成套项目交易谈判、多种技术服务谈判、多种货物买卖谈判，可以统筹全局，总体一次性进行条件交换。这种策略从总体上展开一场全局性磋商，使谈判进入终结阶段。

（二）折中调和策略

折中调和策略是指当商务谈判经过长时间的拉锯战后，双方谈判人员都很疲惫，而双方立场尚存在一定分歧和差距时，谈判人员提出双方共同分担这些分歧，双方都在条件和要求上退一步并向对方靠拢，以消除谈判的最后分歧。

此策略体现了平等互利原则，也是谈判人员经常使用的策略，尽管此策略还不够科学，但在双方各自坚持自己的条件并很难说服对方让步时，这也是寻求尽快解决分歧的一种办法。

双方实力相当，对分歧相持不下，而且没有其他选择，无论如何也不能放弃谈判，处于胶着状态，这时对于双方来说采用折中调和策略是一种最好的选择。这是一种双方攻守平衡的策略，比较有利于形成友好的谈判结局。

（三）反悔策略

在谈判中，有些细节问题未能达成一致意见，再继续拖下去也没有多大益处，有经验的谈判人员可能会采取回过头来取消此前在某个问题上已经达成的共识的行为，以刺激对方的欲望，促使成交。

比如，买卖双方在结清货款的时间和批次问题上争执不下，这时卖方就可以说："按照我们公司的惯例，谁付款在先，我们交货就在先，这是可以理解的吧。这样吧，付款方式就按照贵方的要求。如果您坚持延长三个月的付款期限，那我们就把前面商量好的交货时间也延长三个月吧。"

（四）时间压力策略

在谈判中，一方可以通过表示自己的谈判期限已到，不可能再与对方举行另外会谈的方式，来向对方施加一定的压力，促使谈判尽快结束。

（五）最后通牒策略

最后通牒策略是指当谈判双方因某些问题纠缠不休时，其中处于有利地位的一方向对方提出最后交易条件，要么对方接受本方的交易条件，要么本方退出谈判，以此迫使对方让步的谈判策略。最后通牒策略是极为有效的策略，它在打破对方对未来的奢望、击败犹豫中的对手方面往往会起决定性作用。

最后通牒策略以极强硬的形象出现，人们往往不得已而用之。它的最后结果是可能中断谈判，也可能促使谈判成功。一般来说，谈判双方都是有所求而来的，谁都不愿意白白地花费精力和时间空手而归。特别是在商务谈判中，任何一个商人、企业家都知道，自己一旦退出谈判，马上就会有许多等在一旁的竞争者取而代之。所以，这个时候最后通牒策略的出现，意味着谈判应该结束了，双方都要作出最后的决断。

使用最后通牒策略时应注意以下几个问题：（1）使用最后通牒方式必须委婉。基于最后通牒本身带有非常强烈的进攻性，如果谈判者在这个时候用犀利的言语来刺激对手的话，对手可能会由于一时冲动铤而走险，最终导致谈判的彻底破裂。（2）使用最后通牒必须给对手一定的时间去考虑。为了不让对手感到你是在强迫他接受城下之盟，而是在向他提供一个解决问题的方案，你一定要给予对手充分的考虑时间，尽管这个方案的结果不利于他，但是毕竟是由他自己作出的最后选择。（3）在最后通牒的时候，处于主动的一方在制定了最后的期限之后，也应对原有的条件作出适当的让步，使对方在接受最后期限时能够有所安慰，有利于顺利达成协议。

思考与应用

在谈判进入尾声，对方采用最后通牒策略迫使我方成交时，我方可以采取什么对策？

任务二　商务谈判结束工作

知行合一：重合同、守信用

签订合同是谈判双方的最终目标，合同成立代表法律责任的确立。在签订合同以及履行合同时都要严格遵守法律法规的规定。《中华人民共和国民法典》有如下规定：

（1）基本规定：民事主体从事民事活动，应当遵循公平原则，合理确定各方的权利和义务；应当遵循诚信原则，秉持诚实，恪守承诺；不得违反法律，不得违背公序良俗；应当有利于节约资源、保护生态环境。

（2）严格履行合同义务的规定：当事人应当按照约定全面履行自己的义务。当事人一方不履行合同义务或者履行合同义务不符合约定的，应当承担继续履行、采取补救措施或者赔偿损失等违约责任。当事人应当遵循诚信原则，根据合同的性质、目的和交易习惯履行通知、协助、保密等义务。当事人在履行合同过程中，应当避免浪费资源、污染环境和破坏生态。

商务谈判结束阶段的工作十分重要，做好了，双方皆大欢喜，做得不好，则会“鸡飞蛋打一场空”，最终导致双方合作的终止和破裂。成交是谈判双方都愿意看到的最好结果，它既是对前一阶段谈判工作的总结，又是双方履行合同的开始。因此，掌握商务谈判结束阶段的工作技巧是十分必要的。商务谈判结束阶段主要的工作包括：整理备忘录、核对交易条件、起草与签订合同。

一、整理备忘录

（一）备忘录的含义与作用

备忘录是指任何一种能够帮助记忆，简单说明主题与相关事件的图片、文字或语音资料。在商务谈判中，备忘录是谈判双方对交易事项逐步达成一定程度的理解、谅解或一致意见，并将结果以备忘录的形式记录下来，作为今后进一步磋商达成最终协议的参考，以及作为今后双方交易与合作的依据。因此，备忘录是对谈判过程的如实记载，是签订合同的重要文献材料，但是备忘录不具有法律约束力。

在实际商务谈判中，有许多记录谈判过程的方法。对于大型的、重要的谈判来说，最基本的方法是每一次洽谈之后，双方都用书面记录将双方达成一致的议题拟成简短的报告或纪要，并由双方签字认可。这种文件具有一定的说服力，可以作为解决纠纷的证据材料，对以后纠纷的解决具有重要的作用。因此，谈判各方都要做好各自的记录，保留好记录意味着掌握谈判的主动权。

（二）备忘录的整理

1. 记录与核对

原则上每一场谈判都要对谈判过程进行记录，谈判结束后对记录进行核对。核对的内容主要有：双方对本次谈判交易条件的态度、达成共识的情况、双方是否有保留意见等，要保证记录准确无误。

2. 回顾与分析

在谈判结束阶段，备忘录的整理是对全部谈判过程的回顾。回顾的内容主要有：哪些问题已经达成共识，哪些还存在分歧；分歧的焦点是什么，是否有解决的方案。这个阶段是十分必要的，如果双方在交易条件上所剩的分歧极少或没有分歧了，就可认定谈判进入成交阶段。

（三）起草备忘录应注意的问题

1. 语言规范

备忘录的措辞不必使用法律术语，但是，必须将每一谈判阶段中的每一个谈判要点陈述清楚，特别是一些关键性的内容，如双方的义务，产品的价格、型号，交货时间，发生意外时的补救措施等，从而得到双方的共同认可。

2. 内容准确

在对方提出交换备忘录的时候，先要让己方所有参加谈判的人员过目，检查是否有遗漏和错误。当确认无误后，才可将备忘录向对方出示。

3. 记录完整

在起草备忘录的时候，应该将双方的一些口头承诺写入备忘录。由于商务谈判时间长、内容复杂、要点多，一些不重要的内容可能以口头承诺的形式加以确认，但是为了避免今后在履行合同时因为这些内容发生纠纷，谈判双方还是应该将这些内容写入备忘录。

《备忘录》范本

二、核对交易条件

交易条件的构成因合同性质的不同而不同。以货物贸易为例，交易条件核对应主要包括以下内容。

（一）商品的品质、数量和包装

1. 商品的品质

商品的品质是指商品的内在质量和外观形态。内在质量包括商品的物理和机械性能、化学成分、生物学特征等；外观形态表现为商品的造型、图案、色泽、味道等。品质是商品价格的重要决定因素之一。

品质条款是合同中的主要条款之一。制定品质条款时应当注意：（1）品质条款要具体、明确，切忌使用模棱两可、含糊不清的词句。（2）要根据商品的不同属性，正确选用品质的表示方法。（3）优质优价，按质论价。

2. 商品的数量

商品的数量是指按照一定的度量衡表示出商品的重量、个数、面积、容积等的量。商品数量既影响合同的总金额，又与单价直接相关。在谈判中，双方要明确规定交易的数量和计量单位。对按重量计算的商品，在明确交货数量的同时，还要注明计量方法，要写明是按毛重还是净重计算，以及毛重的计算方法。对于大宗商品和不能精确计算数量的商品，或者农副产品，要在合同里注明机动幅度。

3. 商品的包装

交易的商品多数需要包装。包装可以起到宣传商品、保护商品、便于运输的作用。包装也是商务谈判的重要内容之一。在货物的包装方面，买卖双方一般主要就包装材料、包装方式、包装标志和包装费用等方面进行磋商。

（二）商品装运、保险和检验

1. 商品装运

商品装运涉及运输方式、运输费用、装运与交货的时间和地点等问题，是商品谈判的重要内容之一。商品谈判的具体内容包括：运输方式的选择（公路、铁路、水路、航空、管道），运费的计算（依据重量、体积、价格），装运时间与交货时间的确定。

2. 商品保险

商品在运输、装卸、储运过程中可能会遇到各种风险，为了保障在商品受损时可以获得经济上的补偿，双方有必要为商品办理保险。在谈判时，双方要明确风险的划分，确定由谁办理手续并支付保险费用，以及双方与保险公司的关系等事宜（在对外贸易中，要争取在我国办理保险）。

3. 商品检验

商品检验是对交易商品的品质、数量、包装等项目，按照合同规定的标准进行检查和鉴定。检验合格，是卖方履约的重要标志，也是买方支付货款的前提。为保障买卖双方的利益，避免合同履行中的矛盾，谈判中关于商品检验的磋商主要有下述三项：检验内容和方法、检验时间和地点、检验机构。

（三）商品价格和货款支付

1. 商品价格

商品价格是商品价值的货币表现，是商务谈判中最重要的内容之一。价格由单价和总值构成。单价由计量单位、计价货币、单位金额和价格术语组成。

2. 货款支付

在商务谈判中，交易双方应当确定货物结算方式及结算使用的货币币种、结算时间、结算地点等事项。不同的支付条件对买方的实际支出和卖方的实际收入有很大影响，为此要注意支付手段、支付时间、支付货币币种和支付方式等问题。

（四）保证条款

保证条款中的重要内容是担保，包括保证人、定金和留置权三种形式。

1. 保证人

保证人是保证一方履行义务的第三者。当合同一方当事人发生违约行为时，受害人既有权要求违约方赔偿损失，又有权要求保证人代赔，而保证人也有权要求被保证人偿还代为赔偿的损失。

2. 定金

定金是当事人一方在合同履行前，在合同规定应给付的数额以内，预先给对方一定数额的货币。定金不同于预付款，因为无论哪一方违约，预付款都应退还，但是定金则不然。

3. 留置权

留置权又称扣押权，是指权利人按照合同的约定占有义务人的财产，依照法律规定以留置财产折价或者以变卖该财产的价款优先得到偿还。

（五）索赔、仲裁和不可抗力

1. 索赔

索赔是合同一方当事人认为对方未能全部或者部分履行合同责任时，提出要求对方赔偿的条款。在商务谈判中要确定索赔依据（包括证据和出证机构）、索赔期限（向违约一方提出索赔的有效期限）、索赔金额（包括违约金和赔偿金）。

2. 仲裁

仲裁是指合同当事人在产生争议且不能协商解决的情况下，由仲裁机构作出的判断和裁决。仲裁一般有两个特点：一是仲裁申请的自愿性；二是仲裁裁决的终局性，即一旦当事各方将争议递交仲裁，就排除了法院对该争议的管辖权，任何一方都不得再向法院起诉。商务谈判中仲裁协议的主要条款应包括：仲裁事项的范围、仲裁地点、仲裁机构、仲裁程序规则等。

3. 不可抗力

不可抗力是指某些非可控的自然或社会力量引起的突发事件。贸易实践和各国法律均认可不可抗力。商务谈判中关于不可抗力的条款一般涉及不可抗力事件的范围、出具不可抗力事件证明的机构、事件发生后通知对方的期限、不可抗力事件发生后合同的履行和处理等。

三、起草与签订合同

（一）商务合同的结构与内容

交易条件审核完成后，下一步工作就是要起草和签订合同。商务合同是商务谈判工作的最终成果，也是双方下一步合作的开始，具有承上启下的作用。

商务合同一般由约首、主文、约尾三部分组成。

约首是合同的首部，包括合同名称、编号、缔约双方所在地点名称、电话号码、电子邮件地址等内容。

主文即合同的基本条款部分，主要记载双方的权利和义务，表现为各项交易条件，是合同的核心部分。国际商务合同的主要条款包括产品名称、品质、数量（重量）、价格、包装、运输条件、保险理赔、交货方式、支付方式、检验以及不可抗力和仲裁等内容。

约尾是合同的尾部，包括合同的效力、份数、订约日期、订约地点以及双方代表的签字。

（二）订立合同应注意的问题

在商务活动中，合同是规定双方权利和义务的书面协议，交易合同不仅涉及交易双方的利益，还关系到与交易活动有关的一系列当事人的利益，同时也涉及国家的权益和法律法规。因此，签订合同是非常重要的环节。谈判人员在签订商务合同时要注意以下几点。

1. 遵纪守法

在签订合同时，双方应遵守相关的法律规定，如果是国际商务合同，还要遵守国际公约和国际惯例的相关规定。合同订立还要体现交易双方平等、自愿、互利、等价、有偿的原则。

2. 要明确双方是否有签订合同的资格

法律对签约双方的签约资格有着明确的规定，即双方都必须有签订合同的资格，否则签订的合同将不具备任何法律效力。签订合同的双方在签约之前要仔细调查对方的情况。如果对方是法人，一般应由法人代表，如董事长或者总经理签订合同；如果由其他人来签订合同，则必须请其出示对方给予他的授权书或者委托书。另外，在对方为下属子公司时，要仔细调查对方的情况，不能因为母公司的存在而不去调查，以免上当受骗。

3. 合同必须保持一致性

在签订合同时要注意保持两个一致性。首先，要注意合同内容和谈判达成的交易条件应完全一致，合同条款的规定必须客观地反映谈判的结果。其次，在签订合同时，应注意合同条款的一致性，各个条款之间必须协调一致、相互呼应。如品质的规定要与检验方法的规定相一致、运输条款与支付条款应保持一致等。

4. 合同内容必须真实，语言表达准确

签约双方签订合同时所表达的内容必须与真实情况相符，语言严谨且表达清楚，任何一方不得以模糊的语言来迷惑对方，从而达到自己的目的，否则，合同就没有法律效力且不受法律保护。

5. 合同结构完整

合同的约首、主文、约尾应完整，要涵盖所有谈判要点。

《购销合同》范本

思考与应用

商务合同的内容结构包括哪几部分？

项目小结

1. 谈判者可以从谈判涉及的交易条件、谈判时间、谈判策略等方面来判定谈判是否进入结束阶段。

2. 结束谈判的原则包括四项：彻底性原则、不二性原则、条法性原则、情理兼备性原则。

3. 结束谈判的策略主要有：总体条件交换策略、折中调和策略、反悔策略、时间压力策略、最后通牒策略。

4. 备忘录是商务洽谈中形成的重要文件资料，起草备忘录应注意以下几个问题：每一个谈判要点陈述清楚；所有参加谈判的人员过目检查防止遗漏和错误；双方的一些口头承诺也应写入备忘录。

5. 商务合同一般由约首、主文、约尾三部分组成。签订国际商务合同时要注意以下几个方面：遵纪守法；要明确双方是否有签订合同的资格；合同必须保持一致性；合同内容必须真实，语言表达准确；合同结构完整。

学习检测

一、判断题

1. 谈判结束时谈判结果必须是唯一的且不可随意更改的。（　　）

2. 商务谈判结束时，谈判人员应该不惜一切代价保证己方利益达到最大化。（　　）

3. 谈判结束的不二性原则是指谈判结束时谈判结果必须具备唯一性和不可更改性。（　　）

4. 备忘录是指任何一种能够帮助记忆，简单说明主题与相关事件的图片、文字或语音资料。备忘录具有法律效力，双方谈判人员应严格遵守。（　　）

5. 商务谈判合同的约首部分主要反映合同的名称、编号、签约日期和地点、双方的法定名称和地址、合同序言等内容。（　　）

二、单项选择题

1. 当谈判遇到某种特殊事件，使得谈判无法顺利进行下去时，双方可以选择（　　）。

A. 谈判破裂　B. 谈判中止　C. 谈判成交　D. 上述都可以

2. 谈判终结时，根据（　　）要求，双方所达成的交易条件必须以法律形式表述。

A. 彻底性原则　B. 不二性原则

C. 条法性原则　D. 情理兼备性原则

3. 在谈判进入尾声时，以下（　　）行为不利于促成交易。

A. 倾听对方观点　B. 适时让步　C. 拖延时间　D. 最后通牒

4. 当谈判对方对于谈判的某些细节举棋不定、难以抉择时，首选的结束谈判的方法是（　　）。

A. 适时分手法　　B. 建议结束法

C. 比较利益结束法　　D. 最后通牒

5. 商务谈判合同的约尾部分不包括（　　）内容。

A. 合同的文字效力　　B. 合同的份数

C. 订约的时间、地点　　D. 谈判过程中的争议记录

三、多项选择题

1. 结束谈判的基本原则包括（　　）

A. 彻底性原则　　B. 不二性原则

C. 条法性原则　　D. 灵活变通原则

E. 情理兼备性原则

2. 在商务谈判中，判断谈判结束的时机是（　　）。

A. 双方已达成一致的交易条件占绝大多数

B. 交易条件中最关键的问题已经达成一致

C. 双方已签订书面协议

D. 预定的谈判结束时间已到

E. 谈判人员采用了最后立场策略

3. 为了促成交易，谈判者可以采取（　　）方法。

A. 适时分手法　　B. 建议结束法

C. 比较利益结束法　　D. 远期利益承诺法

E. 断货成交法

4. 撰写商务谈判备忘录时应（　　）。

A. 语言规范　　B. 内容准确

C. 记录完整　　D. 语气平和友好

E. 附带法律约束力

5. 商务谈判合同的主文部分一般应包含（　　）等内容。

A. 谈判人员名单　　B. 标的物的规格和数量

C. 履行期限和地点　　D. 违约责任

E. 支付方式

四、简答题

1. 如何判定商务谈判结束的时机？

2. 结束谈判的策略有哪些？

3. 商务合同由哪几个部分构成？每个部分都应包括哪些内容？

五、案例分析题

小李是一家大型建材厂的销售人员，一个多月来，他一直在跟进一个项目。客户的态度很模糊，既不明确表示同意，也没有明确拒绝小李。每次小李登门拜访，客户都会乐呵呵地接待，但就是不签单。眼看着项目快要启动了，小李着急了，再一次拜访了客户。

小李："王总，您好！现在经济有了明显的复苏迹象，咱们市今年又迎来了一波投资热潮，您公司是咱们这个地区房地产行业数一数二的，下半年一定会有大发展的！"

客户："是啊，金融危机最厉害的时候，老百姓都持币观望，楼市不景气，这阵子好多了。我们这个项目策划很久了，我敢说，我们开盘的时候，一定会引起轰动的！"

小李："看来做生意确实需要您这样的战略眼光啊！您这么大的项目，能不能给我们厂一个机会呢？"

客户："呵呵，最近好几家厂子都死盯着我不放，你是其中最缠人的一个啊，哈哈……"

小李："您这么说我可真有点受宠若惊了。对了，您对我们厂的产品印象怎么样？"

客户："你们产品的质量我是信得过的。我就是担心运输问题，毕竟在两个城市，隔得远，运输途中出点岔子，我们可就吃不消啊！"

小李："您有这样的担忧我能理解，运输出一点问题，就会影响您的工程进度。不过您放心，我们和很多大客户都有长期合作，我可以担保，我们公司一定能按时交货。"

客户："嗯……不错！我相信你们的能力。"

小李："您还有什么意见吗？"

客户："嗯……我再考虑一下，过两天再谈吧！"

小李："那我等您的消息。"

问题：

1. 小李为何没能适时签订合同？
2. 如何判断谈判成交的信息？

技能训练

一、背景描述

买方：天津商贸公司

卖方：河北农产品商贸公司

交易标的：银杏果

经过反复交易磋商后，商务谈判逐步进入尾声。本期工作的核心任务是做好结束谈判的准备工作，整理好备忘录，起草商务合同。

二、实训目标

通过本项目实训，学生应该能够判断谈判结束的时机并做好相应准备工作，并能够撰写和整理备忘录、起草商务合同，以保证谈判总体目标的实现。

三、实训任务及评价标准

实训任务	评价标准
判断结束谈判的时机	把握谈判总体时机准确
	判断谈判条件实现程度准确
整理备忘录	备忘录信息记载完整有序

续表

实训任务	评价标准
起草商务合同	合同结构完整，用词规范
	交易条件描述准确、完整
签约仪式	双方言谈举止符合礼仪规范

四、实训要求

1. 本次实训以小组为单位，要求所有学生积极参与。
2. 小组成员要分工合作，注意团队合作意识的培养。
3. 如实记录演练过程，认真分析演练中的问题并提出改进意见。
4. 实训报告内容完整、结构合理、层次分明。
5. 请小组代表做 5 分钟经验总结。

模块三

商务谈判能力训练

观念植入

“不知礼，无以立也；不知言，无以知人也。”（《论语·尧曰》）不懂得礼仪，就不能立足于社会；不懂得辨别理解别人的言语，就不能够正确认识和判断别人。沟通是人与人之间、人与群体之间思想与感情传递和反馈的过程。优秀的谈判者，不仅要精通专业知识，还要善于“察言观色”，捕捉各种信息；不仅要精通礼仪知识，还要能够凭借优秀的职业素质和道德修养赢得他人的信赖。在跨国经济交流日益频繁的今天，只有正确认识中西方文化差异，拥有海纳百川的气度，才能促进对外经贸的发展。

项目八
商务沟通能力训练

学习导图

- 商务沟通能力训练
  - 倾听与观察
    - 倾听的技巧
    - 观察的技巧
  - 智问与巧答
    - 提问的要诀
    - 回答的技巧
  - 叙述与说服
    - 叙述的技巧
    - 说服的技巧
  - 网络沟通技巧
    - 网络沟通的含义
    - 网络沟通的主要形式
    - 网络沟通技巧

学习目标

知识目标：

1. 了解商务谈判中倾听、观察与表达的技巧。
2. 了解网络沟通的方式与技巧。

技能目标：

1. 具有灵活运用听、看、问、答、叙、说服的技巧展开商务谈判的能力。

2. 具有应用网络沟通技巧开展网络沟通的能力。

素养目标：

1. 培养学生社会主义核心价值观，做到与他人和谐相处、友善相待。

2. 通过对网络技术的介绍与学习，培养学生的自信与爱国情怀。

案例导读

近年来，随着数字化办公的兴起，某中型企业决定引入企业微信作为内部沟通工具，以提升工作效率和促进团队协作。然而，在初期应用过程中，由于员工对新工具的不熟悉和抵触情绪，企业微信并未达到预期的效果，反而因为沟通不畅导致了一些工作延误。

面对这一问题，企业管理层意识到，单纯引入新技术并不能自动提升沟通效率，关键在于如何有效应用这一工具进行沟通。于是，企业组织了一次全员培训，详细介绍企业微信的各项功能，并强调其在提升沟通效率、促进团队协作方面的重要性。同时，管理层还鼓励员工提出使用企业微信过程中遇到的问题和建议，以便进一步优化其应用。

经过培训，员工逐渐掌握了企业微信的使用方法，并开始积极应用其进行日常工作沟通。员工发现，通过企业微信可以更加便捷地分享文件、安排会议、进行任务分配和进度跟踪，大大提升了工作效率。此外，企业微信还提供了丰富的群聊和私聊功能，使得员工之间的沟通更加灵活多样。

随着时间的推移，企业微信逐渐成为企业内部沟通的主要工具。员工开始习惯于通过企业微信进行日常交流和工作汇报，管理层也能够及时地了解员工的工作动态和项目进展。由于沟通效率提升，企业内部的协作变得更加顺畅，项目完成速度和质量也得到了显著提升。

【问题与思考】

1. 如果你是该公司的管理层，你会如何通过有效沟通解决员工对新技术应用的抵触情绪呢？

2. 你认为在数字化办公环境下，该如何平衡传统沟通方式与新技术沟通工具的使用？

3. 你认为应如何通过现代科技有效地提升商务沟通的效率？

任务一　倾听与观察

一、倾听的技巧

倾听和讲话一样具有说服力。有一位谈判专家认为，如果你想给对方一个丝毫无损的让步，你只要注意倾听他说话就成了。倾听就是你能做的一个最省钱的让步。商务谈判中了解和把握对方观点与立场的主要手段和途径就是倾听。实践证明，谈判者只有在清楚地了解对方观点和立场的真实含义之后，才能准确地提出己方的方针和政策。从心理学和日常的生活经验来看，当我们专注地倾听别人讲话时，就表示我们对讲话者的观点很感兴趣或很重视，从而给对方一种满足感，这样就在双方之间产生了一定的信赖感。为了使谈判获得比较好的效果，倾听应当做到“五要”“五不要”。

(一) 倾听的“五要”技巧

1. 要专心致志、集中精力倾听

谈判人员在听对方发言时要聚精会神，同时，谈判人员还要以积极的态度去倾听，避免出现心不在焉、“开小差”的现象。即使是自己已经熟知的话题，谈判人员也不可充耳不闻，千万不可将注意力分散到研究对策上去，因为这样非常容易出现万一讲话者的内容为隐含意义时，己方没有领会或理解错误，造成事倍功半的结果。集中精力听，是倾听中最基本、最重要的问题。统计证明，一般人说话的速度为每分钟 120～180 个字，而听话及思维的速度大约要比说话的速度快 4 倍。因此，往往是说话者话还没有说完，听话者就大部分都能够理解了。这样一来，听者常常由于精力的富余而“开小差”。如果这时对方讲话的内容与我们理解的内容有偏差，或是传递了一条重要信息，听者就会聪明反被聪明误，后悔都来不及了。

因此，谈判者必须时刻集中精力倾听对方的讲话，用积极的态度去听。注意在倾听时注视讲话者，主动地与讲话者进行目光接触，并做出相应的表情，以鼓励讲话者。例如，可扬一下眉毛，或是微微一笑，或是赞同地点点头，抑或否定地摇摇头，也可不解地皱皱眉头等。这些动作的配合，可帮助谈判者集中精力，获得良好的倾听效果。需要注意的是，在倾听对方表达时，谈判者若认为说话者所谈问题没有倾听价值，为避免直接造成矛盾或隔阂，有时也需要通过非语言方式表现出自己在积极倾听。此外，在商务谈判过程中，当对方的发言不易理解，甚至难以接受时，千万不可塞住自己的耳朵，表现出抗拒的姿态，这样的做法对谈判非常不利。作为一名商务谈判人员，应该养成耐心倾听对方讲话的习惯，这也是谈判人员良好修养的标志。

2. 要通过记笔记来集中精力

通常情况下，人们当场记忆并将内容全部记住的能力是有限的，为了弥补这一不足，谈判者应该在听讲时做大量的笔记。记笔记的好处在于：一方面，笔记可以帮助自己记忆和回忆，而且也有助于在对方发言完毕之后，就某些问题向对方提出质询，同时，还可以帮助自己进行充分的分析，理解对方讲话的确切含义与精神实质；另一方面，记笔记可以给讲话者留下重视其讲话的印象，会对讲话者产生一种鼓励作用。对于商务谈判这种信息量较大且较为重要的活动来讲，一定要做详尽的记录，用作休会期间分析对手的资料。过于相信自己的记忆力而很少动笔做记录，对谈判来讲是十分不利的。因为在谈判过程中，人的思维在高速运转，大脑接收和处理大量的信息，加上谈判现场的气氛很紧张，对每个议题都必须认真对待，所以只靠记忆是不够的。实践证明，即使记忆力再好，也只能记住主要部分，有的内容会忘得干干净净。因此，记笔记是必不可少的，这也是比较容易做到的用以清除倾听障碍的好方法。

3. 要有鉴别地倾听对方发言

在专心倾听的基础上，为了达到良好的倾听效果，谈判者可以采取鉴别的方法来倾听对方的发言。通常情况下，人们说话时总是边说边想，有时一个意思的表达方式可能十分零散，令人难以捕捉到重点。因此，听话者需要在用心倾听的基础上，认真鉴别传递过来的信息的真伪，去粗取精、去伪存真。

4. 要克服先入为主的倾听

先入为主的倾听，往往会扭曲说话者的本意，忽视或拒绝与自己心愿不符的意见，这种做法对谈判不利。因为，这种听话者不是从谈话者的立场出发来分析对方的谈话内容，而是按照自己的主观认知来听取对方的谈话。其结果往往是听到的信息变形地反映到自己的头脑中，导致接收的信息不准确，从而造成行为选择上的失误。所以，必须克服先入为主的倾听。

5. 要创造良好的谈判环境，使谈判双方能够愉快地交流

人们都有这样一种心理，即在自己熟悉的环境中交谈，无须分心于熟悉或适应环境；在自己不熟悉的环境中交谈，则容易变得无所适从，导致正常情况下不该发生的错误。可见，有利于己方的谈判环境，能够增强自己的谈判地位和谈判实力。事实上，科学家的实验已经证实，人们在自己的客厅里谈话，比在他人的客厅里谈话更能说服对方。因此，对于一些关系重大的商务谈判工作，如果能够在主场谈判是最为理想的，因为这种环境会有利于我方谈判人员发挥出较好的谈判水平。如果不能争取到主场谈判，至少也应选择一个中立场所，以避免由客场谈判给我方带来的不便。

知行合一：和谐·友善

和谐是中国传统文化的基本理念，是社会主义现代化国家在社会建设领域的价值诉求，是经济社会和谐稳定、持续健康发展的重要保证。友善主要强调公民之间应彼此尊重、互相关心、互相帮助、和睦友好，努力形成社会主义的新型人际关系。

在社会主义核心价值观指导下，人与人要和谐相处、友善相待。友善强调的是社会的公共空间，这个公共空间的氛围如何，取决于友善的价值是否能够与工具理性共存。当良好的社会氛围形成之后，每一位公民都将能够获益。友善的原因至少基于三个方面：第一，它是人的本质的要求；第二，它是社会和谐的润滑剂；第三，它是每个公民都能从中获益的社会氛围。

商务谈判在一定程度上可以说是两方或多方针锋相对、为己方争取利益的过程，难免发生争论或各执一词的情况，在这种情况下各方谈判者应当关注沟通方式，防止矛盾激化，创造和谐友善的谈判氛围，有助于谈判工作的顺利进行。

（二）倾听的“五不要”技巧

1. 不要因轻视对方而抢话、因急于反驳而放弃倾听

人们在轻视他人时，常常会自觉不自觉地表现在行为上。例如，对对方的存在不屑一顾，或对对方的谈话充耳不闻等。在谈判中，这种轻视对方的做法有百害而无一利。因为这不仅表现了自己的狭隘，更重要的是难以从对方的言谈中获得自己所需要的信

息，如判断对方信息的真伪等。同时，轻视对方还可能招致对方的敌意，甚至导致谈判关系破裂。在谈判中，抢话的现象也是经常发生的。抢话不仅会打乱别人的思路，也会耽误自己倾听对方的全部讲话内容。因为在抢话的同时，大脑的思维已经转移到如何抢话上去了。这里的抢话，是指急于纠正别人说话的错误，或用自己的观点取代别人的观点，是一种不尊重他人的行为。因此，抢话往往会阻塞双方的思路和感情交流的渠道，对创造良好的谈判气氛非常不利，对良好的倾听更是不利。

谈判人员有时也会在没有听完对方讲话的时候就急于反驳对方的某些观点，这样也会影响倾听效果。事实上，我们对对方的讲话听得越详尽、越全面，反驳起来就越准确、越有力。相反，在尚未全面了解对方谈话的全部内容和动机的情况下就急于反驳，不仅会使自己显得浅薄，而且还会使己方在谈判中陷入被动。不管是轻视对方，还是急于抢话和反驳，都会影响倾听效果，谈判人员对此必须加以注意。

2. 不要使自己陷入争论

对谈判对手的话不能充耳不闻，不能只等着自己发言。当我们内心不同意讲话者的观点时，不能一心只为自己的观点找根据而把对方的话当成耳旁风。如果你不同意对方的观点，也应等对方说完以后再阐述自己的观点。切不可与对方陷入争论，即使所争论的问题很有必要，也应该在全面、彻底倾听完对方的讲述之后再有针对性地回复。

3. 不要为了急于判断问题而耽误倾听

当听到对方讲述有关内容时，不要急于判断其正误，因为这样会分散我们的精力而耽误倾听下文。虽然人的思维速度快于说话的速度，但是如果在对方还没有讲完的时候就去判断其正误，无疑会削弱己方倾听的能力和效果。因此，切记不可为了急于判断问题而耽误倾听。

4. 不要回避难以应对的话题

商务谈判往往会涉及一些政治、经济、技术以及人际关系方面的问题，谈判人员可能一时回答不上来。这时，切记不可持“顾左右而言他”的态度。因为这样回避对方，恰恰暴露了己方的弱点。在遇到这种情况时，我们要有信心、有勇气去迎接对方提出的每一个问题。只有用心去领会对方提出的每个问题的真实用意，才能找到应对难题的答案。为了培养自己急中生智、举一反三的能力，谈判人员平时应多加训练、多加思考，以便让自己在遇到问题时不乱不慌。

5. 不要逃避交往的责任

交往的双方缺一不可，既要有说话者，又要有倾听者，而且每个人都应轮流扮演倾听者的角色。作为一个倾听者，不管是在什么情况下，如果不明白对方说出的话是什么意思，就应该让对方知道这一点。我们可以向对方提出问题加以核实，或者积极地表达出自己听到了什么，或者使用一些方法让对方纠正自己的听错之处。

如果能从以上几个方面进行努力，谈判过程中“听”的障碍就可以减轻或消除，也就很少或不会发生因没听见、没听清、没听懂而使双方相互猜忌、争执不下的现象。

二、观察的技巧

在商务谈判中，仔细观察谈判对手的言谈举止，可以捕捉其内心活动的蛛丝马迹，探索引发这类行为的心理因素，促使谈判朝着有利于己方的方向发展。观察谈判对手的面部表情，可以使谈判者准确把握对方心理，快速作出回应。

情景剧场

第二次世界大战期间，一位服役于德国情报机构的人讲，他当时抓获了许多美国的情报人员，依据的线索是：这些人在用餐时，往往用右手拿叉子，没有严格地训练成欧洲人吃东西用叉子的方法；另外，他们在就座的时候，两脚交叉的姿势是美国式的而不是欧洲式的。

解析： 细节决定成败，越是生死攸关的关键时刻，观察的作用越不能忽视。

（一）观察眼睛所传达的信息

眼睛可以反映人们深层心理，因此眼睛被人们誉为“心灵的窗户”。

（1）根据目光凝视讲话者时间的长短可以判断听者的心理感受。通常情况下，与人交谈时，视线接触对方脸部的时间应占全部谈话时间的 30%～60%，超过这一平均值者，可认为其对谈话者本人比对谈话内容更感兴趣。当然，有些人可能有自己的独特习惯，如不愿凝视对方，而只是用心倾听，这应另当别论。

（2）眨眼频率较高有不同的含义。正常情况下，一般人每分钟眨眼 5～8 次，每次眨眼一般不超过 1 秒钟。如果每分钟眨眼次数超过 8 次，一方面表示神情活跃，对某事物感兴趣；另一方面也表示个性怯懦或羞涩，不敢直视对方。但在谈判中，通常是指前者。从眨眼时间来看，如果超过 1 秒钟，一方面表示厌烦、不感兴趣，另一方面也表示自己比对方优越，因而藐视对方。

（3）根本不看对方，而只听对方讲话，是试图掩饰什么的表现。据一位有经验的海关检查人员介绍，他在检查报关人员已填好的申报表时，还要再问一问：“还有什么东西要申报?”这时，他的眼睛不是看着申报表，而是看着报关人员的眼睛，如果该人不敢正视他的眼睛，那么就表明该人在某些方面可能有情况。

（4）眼神闪烁不定，则是一种反常的举动，常常被认为是掩饰的一种手段，亦可能是不诚实的表现。做事虚伪或者当场撒谎的人常常眼神闪烁不定，以此来掩饰其内心的秘密。

（5）瞳孔放大，表示此人处于欢喜与兴奋状态；瞳孔缩小、神情呆滞、目光无神、愁眉紧锁，则表示此人处于消极、戒备或愤怒的状态。实验证明，瞳孔所传达的信息是无法用人的意志来控制的。有经验的企业家、政治家或职业赌徒，为了防止对方察觉到自己瞳孔的变化，往往喜欢佩戴有色眼镜。如果谈判桌上有人戴着有色眼镜，就应加以提防，因为他可能很有经验。

（6）瞪大眼睛看着对方讲话的人，表示他对对方有很大的兴趣。

眼神传递的信息还有很多，人类眼睛所表达的思想，有些确实是只能意会而不可言传的。这就要靠谈判人员在实践中用心地加以观察和思考，不断积累经验，争取把握眼睛所传达的各种信息。

（二）观察眉毛所传达的信息

通常情况下，眉毛和眼睛的配合是密不可分的，二者的动作往往是共同表达一种含义，但是仅就眉毛而言，它也能反映出人的许多情绪变化。

（1）眉毛上耸，表示人们处于惊喜或惊恐状态。人们常用“喜上眉梢”来形容人的喜悦状态。

（2）眉角下拉或倒竖，表示人们处于愤怒或气恼状态。人们常说的“剑眉倒竖”，就是形容这种气愤的状态。

（3）眉毛迅速地上下运动，表示亲切、同意或愉快。

（4）紧皱眉头，表示人们处于困窘、不愉快、不赞同的状态。

（5）眉毛向上挑起，表示询问或疑问。

眉毛所传达的动作语言是不容忽视的。人们常常认为没有眉毛的脸十分可怕，是因为它给人一种毫无表情的感觉。

（三）观察嘴巴所传达的信息

人的嘴巴除了说话、吃喝和呼吸以外，还可以有许多动作，这些动作反映了人的心理状态。

（1）紧紧地抿住嘴，往往表现出意志坚决。如果谈判桌上对手出现这种情况，说明对手预期利益已经得到了保障。

（2）噘起嘴是不满意和准备攻击对方的表现。这种情况在电视剧中很常见。

（3）遭受失败时，人们往往咬嘴唇，这是一种自我惩罚的动作，有时也可解释为自我解嘲和内疚的心情。

（4）当听对方谈话时，如果听者嘴角稍稍向后拉或向上拉，表示听者在倾听。

（5）嘴角向下拉，表示不满和固执。

（四）观察肢体语言所传达的信息

人的肢体语言非常丰富，借助于肢体语言，我们可以判断对方的心理。

（1）头部动作。日常生活中常有人用摇头或点头表示自己对某事物的看法，这种人特别自信，以至于唯我独尊，他们在社交场合很会表现自己，对事业一往无前的精神常常令人赞叹。

（2）边说边笑。这种人与你交谈时你会觉得非常轻松、愉快。他们大都性格开朗，对生活从不苛求，很注意“知足常乐”，富有人情味；感情专一，对友情、亲情特别珍惜；人缘较好，喜欢平静的生活。

（3）掰手指。这种人习惯于把自己的手指掰得咯嗒咯嗒响。他们通常精力旺盛，非常健谈，喜欢钻“牛角尖”；对事业、工作环境比较挑剔，如果是他喜欢干的事，他会不计代价地去干。

（4）腿脚抖动。这类人总是喜欢用脚或脚尖使整个腿部抖动，他们最明显的表现是自私，很少考虑别人。但是他们很善于思考，能经常提出一些令人意想不到的问题。

（5）拍打头部。这个动作多数时候的意义是表示懊悔和自我谴责。这种人不太注重感情，而且对人苛刻，但在事业上具有开拓进取的精神。他们一般心直口快、为人真诚，富有同情心，愿意帮助他人，但守不住秘密。

（6）摆弄饰物。有这种习惯的人多数是女性，而且一般都比较内向，不轻易让感情外露。这类人的另一个特点是做事认真、踏实。

（7）耸肩摊手。习惯于这种动作的人通常是摊开双手耸耸肩膀，表示自己无所谓。他们大都为人热情，而且诚恳、富有想象力。他们会创造生活，也会享受生活，追求的最大幸福是生活在和睦、舒畅的环境中。

（8）抹嘴捏鼻。习惯于抹嘴捏鼻的人大都喜欢捉弄别人，却又不能“敢作敢当”，爱哗众取宠。这种人最终是被人支配的人，别人要他做什么，他就做什么。

思考与应用

你认为商务谈判中，一个好的倾听者会有哪些表现？

任务二 智问与巧答

在商务谈判中，语言表达能力十分重要，因为叙事清晰、观点明确、证据充分的语言表达，能够有力地说服对方，取得对方的谅解，协调双方的目标和利益，保证谈判的成功。

一、提问的要诀

提问是谈判过程中的一个重要活动内容，谈判者通过提问可以了解对方的信息，并正确地寻找双方利益的共同点和发现双方的分歧。提问有时也是为己方赢得充分思考时间的一种方式。提问主要分为封闭式提问和开放式提问两大类型。封闭式提问是指提出的问题具有特定的答复，包括选择式问句、澄清式问句和暗示式问句。开放式提问则是在提问中不设计选项，由回答者自由发挥。无论哪种提问方式，都要注意提问中应当掌握的具体技巧。为了获得良好的提问效果，谈判者需要掌握以下提问要诀。

（一）提前准备

谈判前应提前准备好问题，最好是一些对方疏于准备的问题，以期收到意想不到的效果。同时，对对方的反问也可预先有所准备。有经验的谈判人员往往会先提出一些看上去很一般并且比较容易回答的问题，而这个问题恰恰是随后所要提出的比较重要的问题的基础。这时，如果对方思想比较松懈，突然面对所提出的较为重要的问题时，往往会措手不及。因为，对方很可能在回答无关紧要的问题时已经暴露其思想，这时再让对方回答重要问题，对方只好按照原来的思路来回答问题，或许这个答案正是有经验的谈判者所需要的。

（二）态度真诚

要以诚恳的态度来提出问题。当我们直接提出某一问题，对方或是不感兴趣，或是态度谨慎而不愿展开回答时，我们可以转换一个角度，并且用十分诚恳的态度来问对方，以此来激发对方回答的兴趣。实践证明，这样做会使对方乐于回答，也有利于谈判者彼此感情上的交流，有利于谈判的顺利进行。

（三）听懂再问

在对方发言时，如果我们脑中闪现出疑问，千万不要中止倾听对方的谈话而急于提出问题，这时我们可以先把问题记录下来，等待对方讲完后，有合适的时机再提出问题。在倾听对方发言时，有时会出现马上就想反问的念头，此时切记不要急于提出自己的看法，因为这样做不但会影响倾听对方的下文，而且会暴露我方的意图，可能会促使对方马上调整其后面的讲话内容，从而使我们丢掉本应获取的信息。

（四）语气和缓

既不要以法官的态度来询问对方，也不要问起问题来接连不断。如果像法官一样询问谈判对手，就会引发对方的敌对情绪与防范心理。因为双方谈判绝不等同于法庭上的审问，它需要双方心平气和地提出问题和回答问题。另外，重复、连续地发问往往会导致对方厌倦而不愿回答，有时即使回答也是马马虎虎，甚至会答非所问。

（五）静等答案

提出问题后应闭口不言，专心致志地等待对方作出回答。通常的做法是，当我们提出问题后，应闭口不言，无形中给对方施加一种压力。由于问题是由我们提出的，对方就必须以回答问题的方式打破沉默，或者说打破沉默的责任将由对方来承担。

（六）不要追问

如果对方的答案不够完善，甚至回避不答，这时不要追问，而是要耐心等待时机到来时再追问，这样做可以表示对对方的尊重，同时使对方认同回答己方问题也是其应尽的责任和义务。

（七）适时验证

在适当的时候，我们可以将一个已经发生并且我们知道答案的问题提出来，验证一下对方的诚实程度以及其处理问题的态度。同时，这样做也可给对方一个暗示，即我们对整个交易的行情是了解的，有关对方的信息我们也是掌握得很充分的，这样可以帮助我们进行下一步的合作决策。

（八）句式简短

在商务谈判过程中，提出问题的句式越短越好，而由问句引出的回答则是越长越好。因此，我们应尽量用简短的句式来向对方提问。当我们提问的话比对方回答的话还要长时，我们就将处于被动的地位，显然这种提问是失败的。

综上所述，提问技巧这一命题是基于谈判者之间的诚意与合作提出来的，它旨在使谈判者更好地运用提问的艺术来发掘问题、获取信息、把握谈判的方向。

成功推销的典型提问方式

二、回答的技巧

回答问题是商务谈判语言表达的一种方式，通过回答问题，谈判者不仅可以与对方沟通信息，而且巧妙的回答还是表述或强调己方观点和立场的一种方法。谈判者在回答问题时不仅应采取对方容易接受的表述方法，而且应当巧立新意，渲染己方观点，强化回答效果。谈判中的回答有其自身的特点，它不同于学术研究或知识考试中的回答，一般不以正确与否来评判。谈判中回答的要诀应该是：基于谈判效果的需要，准确把握该说什么、不该说什么以及应该怎样说。

（一）先想后答

回答问题之前，要给自己留有思考时间。商务谈判中所提出的问题不同于同事之间的生活问话，必须经过慎重考虑后才能回答。有人喜欢将生活中的习惯带到谈判桌上去，即对方提问的话音刚落，就急着回答问题，这种做法很不礼貌。其实，在谈判过程中，绝不是回答问题的速度越快越好，因为它与竞赛抢答的性质截然不同。人们通常有这样一种心理：对方问话与我方回答之间间隔的时间越长，就越会让对方感觉我方对此问题欠准备，或以为我方几乎被问住了；如果回答得很迅速，就显示出我们已有充分的准备，也显示了我方的实力。其实不然，谈判经验告诉我们，在对方提出问题之后，我们可以稍稍停顿，通过喝一口茶，或调整一下自己的坐姿和椅子，或整理一下桌子上的资料，或翻一翻笔记本等动作来延缓时间，考虑一下对方的问题。这样做既显得很自然、得体，又可以让对方看得见，从而减轻和消除对方的上述心理。

（二）机智应答

把握对方提问的目的和动机后，才能决定怎样回答。谈判者在谈判桌上提出问题的目的往往是多样的，动机也往往是复杂的。如果谈判者没有深思熟虑，弄清对方的动机，就按照常规来作出回答，结果往往是效果不佳。如果谈判者经过周密思考，准确判断出了对方的用意，便可作出一个独辟蹊径的、高水准的回答。建立在准确把握对方提问动机和目的基础上的回答是精彩而绝妙的。例如：美国著名诗人艾伦·金斯伯格在一次宴会上向中国作家提出一个怪谜，并请中国作家回答。这个怪谜是：“把一只五斤重的鸡装进一个只能装一斤水的瓶子里，用什么办法把它拿出来？”中国作家回答道：“您怎么放进去的，我就会怎么拿出来。您凭嘴一说就把鸡装进了瓶子，那么我就用语言这个工具再把鸡拿出来。”此可谓绝妙回答的典范。谈判人员如果能在谈判桌上发挥出这种水平，就是比较出色的谈判人员。

（三）留有余地

不要彻底地回答问题，因为有些问题不必回答。商务谈判中并非任何问题都要回答，要知道有些问题并不值得回答。在商务谈判中，对方提出问题或是想了解己方的观点、立场和态度，或是想确认某些事情。对此，谈判者应视情况而定。对于应该让对方了解，或者需要表明己方态度的问题要认真回答，而对于那些可能会有损己方形象、泄密或一些无聊的问题，谈判者也不必为难，不予理睬是最好的回答。用外交活动中的“无可奉告”一语来拒绝回答，也是回答这类问题的好办法。总之，谈判者回答问题时可以有意识地将对方的问话范围缩小，或者在回答之前加以修饰和说明，以缩小回答范围。

（四）避正答偏

避正答偏即“顾左右而言他”。有时，对方提出的某个问题己方可能很难直接从正面回答，但又不能拒绝回答，这时，谈判高手往往会用避正答偏的办法来回答，即在回答这类问题时，故意避开问题的实质，而将话题引向歧路，借以破解对方的进攻。使用这种方法时，一般可以跟对方讲一些与此问题关系不紧密的话，这样听上去似乎回答了问题，其实并没有回答。

（五）不知道的问题不回答

参与谈判的所有与会者都不是全能全知的人。谈判中尽管谈判者准备得很充分，也经常会遇到难解的问题，这时，谈判者切不可为了维护自己的面子而强作答复。经验和教训一再告诫我们：谈判者对于自己不懂的问题，应坦率地告诉对方不能回答，或暂不回答，以避免付出不应付出的代价。

思考与应用

你认为谈判中所有的问题都一定要非常清晰、彻底地作答吗？

任务三　叙述与说服

一、叙述的技巧

商务谈判语言运用的一个关键环节是叙述，叙述是说明己方基本情况和清楚告知对方己方想法的基本方式。在谈判中，叙述的语速和节奏对意思的表达有较大的影响，说话太快、语不停顿，会使对方难以抓住你说话的主要意思，难以集中精力正确领会你的实际表达，有时还会使对方认为你在敷衍了事，形成对方对己方的反感情绪，导致双方的交流不畅，甚至难以沟通。在商务谈判中，叙述时应注意以下几点。

（一）叙述应生动、具体

叙述时一定要避免令人乏味的平铺直叙以及抽象的说教，要特别注意运用生动的生活用语具体而形象地说明问题。有时为了形成生动而具体的效果，也可以运用一些演讲的艺术手法，声调抑扬顿挫，以此来吸引对方的注意，使对方集中精神，全神贯注地倾听，达到本方叙述的目的。

（二）叙述应主次分明、层次清楚

商务谈判中的叙述不同于日常生活中的闲聊，切忌语无伦次、东拉西扯、层次混乱，让人听后不知所云。为了能让对方方便地记忆和倾听，叙述方在叙述时应符合听者的习惯，便于其接受；同时，分清叙述的主次及层次，使对方能够心情愉快地倾听我方的叙述。

（三）叙述应客观、真实

商务谈判中叙述基本事实时，应本着客观、真实的态度进行叙述。不要夸大事实真相，同时也不要刻意掩盖实情，以使对方信任我方。如果自己对事实真相加以修饰的行为被对方发现，哪怕是露出一点点破绽，也会大大降低己方的信誉，从而使己方的谈判实力大为削弱。

（四）叙述的观点要准确

在叙述观点时，应力求准确无误，力戒含混不清、前后不一致，因为含混不清或前后不一致会给对方以可乘之机，为其寻找破绽提供机会。

叙述时除了要使用积极、生动的语言外，偶尔也可以使用创新的方式陈述信息，并辅以适当的身体语言。这样不仅可以帮助对方理解自己的意图，还可以调节现场气氛，缓解疲劳。使用身体语言时应当注意：第一，手臂要保持在腰部以上；第二，根据对方的人数决定手臂张开幅度的大小，手臂一般不得高于肩部；第三，不要突然做动作；第四，要注意适当变换手势。在叙述时还应注意观察对方的表情，适时停顿，与对方互动。

二、说服的技巧

说服，是指用理由充分的话使对方信服。在商务谈判中，说服很多时候是通过辩论实现的。辩论经常发生在谈判过程中，辩论的出现几乎是随机的。在双方进行利益分割或是有观点分歧时常常会伴随着辩论，所以辩论必须清晰明了，且有鲜明的立场。

（一）说服他人的原则

1. 观点要明确，立场要坚定

商务谈判中“辩”的目的，就是论证己方观点、反驳对方观点。辩论的过程就是通过摆事实、讲道理，以说明自己的观点和立场。为了能更清晰地论证自己的观点和立场的正确性及公正性，在辩论时要运用客观材料，以及所有能够支持己方论点的证据，以增强己方的辩论效果，从而反驳对方的观点。

2. 思维要敏捷、严密，逻辑性要强

在商务谈判中，辩论往往在双方进行磋商遇到难解的问题时才发生。优秀的辩手应该是头脑冷静、思维敏捷、讲辩严密且富有逻辑性的人，只有具有这种素质的人才能应对各种各样的困难，从而摆脱困境。任何一次成功的辩论，都具有思维敏捷、逻辑性强的特点。因此，商务谈判人员应加强这方面的训练，培养自己的逻辑思维能力，以便在谈判中以不变应万变。特别是在谈判条件相当的情况下，双方谁能在相互辩驳的过程中胜出，谁就能在谈判中立于不败之地。

3. 掌握大的原则，不纠缠细枝末节

在辩论过程中要有战略眼光，掌握大的方向、大的前提以及大的原则。辩论过程中要洒脱，不要在细枝末节问题上与对方纠缠不休，但在主要问题上一定要集中精力、把握主动。在反驳对方的错误观点时，要能够切中要害，做到有的放矢，切忌断章取义、强词夺理、恶语伤人。

当双方争执不下、气氛紧张时，要注意用语言调整现场气氛，同时思考摆脱僵局的

方法。一般可以从以下四个方面思考：第一，设身处地，换位思考；第二，消除对方戒心，让对方多说“是”；第三，推敲说话人的用语，运用诚挚而幽默的语言化解尴尬；第四，从共同感兴趣的内容入手，寻找兴趣、爱好、工作、生活等方面的共同点。

不管问、答、叙、辩怎样变化，其最终目的都是说服对方，形成一个双方都能接受的中性意见或中间状态。想要说服他人的人，总是希望自己能够成功，但是如果不讲究方法，不掌握要领，急于求成，往往会事与愿违。人们在说服他人时常见的弊病有以下几个：一是先想好几个理由，然后才去和对方辩论；二是站在领导者的角度，以教训人的口气，指点他人应该怎样做；三是不分场合和时间，先批评对方一通，然后强迫对方接受自己的观点。这些做法，其实未必能够说服对方。因为这样做的实质是先把对方推到错误的一边，也就等于告诉对方，我已经对你失去信心了，其效果往往十分不理想。

（二）说服他人的基本方法

1. 取得他人的信任

在说服他人的时候，最重要的是取得对方的信任。只有对方信任己方，才会正确地、友好地理解己方的观点和理由。社会心理学家认为，信任是人际沟通的“过滤器”。只有对方信任己方，才会理解己方友好的动机；如果对方不信任己方，即使己方说服他的动机是友好的，也会经过“不信任”的“过滤器”作用而变成其他的东西。因此，说服对方时取得对方的信任是非常重要的。

2. 站在他人的角度设身处地地谈问题

要说服对方，就要考虑到对方的观点或行为存在的客观理由，亦即要设身处地地为对方想一想，从而使对方对己方产生一种“自己人”的感觉。这样，对方就会信任己方，就会感到己方是在为他着想，说服的效果将会十分理想。

3. 创造出良好的“是”的氛围

从谈话一开始，就要创造一个说“是”的氛围，而不要形成一个说“否”的氛围。不形成一个否定氛围，就是不要把对方置于不同意、不愿做的地位，然后再去批驳对方、劝说对方。例如：“我知道你会反对……可是事情已经到这一步了，还能怎样呢?”在说服他人时，要把对方看作“能够做”或“同意做”的，例如：“我知道你能够把这件事情做得很好，却不愿意去做而已”“你一定会对这个问题感兴趣的”，等等。商务谈判事实表明，从积极的、主动的角度去启发对方、鼓励对方，就会帮助对方提高自信心，并接受己方的意见。

讨论与提高

想一想，如何才能让对方说“是”呢?

如何让对方说“是”

4. 说服用语要推敲

在商务谈判中，欲说服对方，用语一定要推敲。事实上，说服他人时，用语的色彩不一样，说服的效果就会截然不同。通常情况下，在说服他人时要避免用“愤怒”“怨恨”“生气”“恼怒”这类字眼，即使在表述自己的情绪时，如担心、失意、害怕、忧虑等，也要在用语上仔细推敲，这样才会收到良好的效果。

《中国好声音》中的“说服”

思考与应用

你在生活中有没有“说服”别人的经历，请为大家分享你的成功经验。

任务四　网络沟通技巧

互联网的发展为各行各业提供了新的工作手段和平台，“互联网＋”技术以及移动互联网技术的发展，使网络沟通和交流逐渐成为人们开展沟通的重要方式之一。

一、网络沟通的含义

网络沟通是一种通过虚拟的方式与单人或多人进行沟通的方式，是通过基于信息技术（IT）的计算机网络来实现信息沟通的活动。具体来说，它是通过信息技术实现人与人之间思想、感情、观念、态度的交流过程，是情报相互交换的过程。网络沟通的主要形式有电子邮件、网络电话、网络传真、网络新闻发布、即时通信等。

与传统的沟通方式相比较，网络沟通的特点是：效率高，沟通成本低；语音沟通立体、直观化；极大缩小了信息存储空间；可以跨平台交流，信息容易集成，使工作便利化。当然，网络沟通对语言表达的技巧要求更高，稍不严谨可能会使己方在沟通中陷于被动。

二、网络沟通的主要形式

（一）电子邮件

通过网络的电子邮件系统，用户可以用非常低廉的价格，以非常快速的方式，与世界上任何一个角落的网络用户联系，这些电子邮件可以是文字、图像、声音等各种方式。同时，用户可以得到大量免费的新闻、专题邮件，并实现轻松的信息搜索。这是任何传统的沟通方式所无法相比的。正是由于电子邮件使用简易、投递迅速、收费低廉、易于保存、全球畅通无阻，使得电子邮件被广泛地应用，它使人们的交流方式得到了极大的改变。

（二）网络电话

系统软件运用独特的编程技术，具有强大的 IP 寻址功能，可穿透一切私网和层层防火墙。无论是在公司的局域网内，还是在学校或网吧的防火墙背后，人们均可使用网络电话自如交流。无论身处何地，双方通话时完全免费；人们也可通过电脑拨打全国的固定电话和手机，和平时打电话完全一样，输入对方区号和电话号码即可，享受 IP 电话的最低资费标准。

（三）网络传真

网络传真是无须购买任何硬件（传真机、耗材）及软件的高科技传真通信产品，是基于电话交换网（PSTN）和互联网络的传真存储转发，也称电子传真。它整合了电话网、智能网和互联网技术，原理是通过互联网将文件传送到传真服务器上，由服务器转换成传真机接收的通用图形格式后，再通过 PSTN 发送到全球各地的普通传真机或任何电子传真号码上。

（四）网络新闻发布会

网络新闻突破传统的新闻传播概念，在视、听、感方面给受众带来了全新的体验。它将无序化的新闻进行有序的整合，并且大大压缩了信息的厚度，让人们在最短的时间内获得最有效的新闻信息。网络新闻的发布可省去平面媒体的印刷、出版，电子媒体的信号传输、采集声音图像等。

（五）即时通信

即时通信是指能够即时发送和接收互联网消息等的业务。即时通信自 1996 年面世以来，特别是经过近几年的迅速发展，其功能日益丰富，逐渐集成了电子邮件、博客、音乐、电视、游戏和搜索等多种功能。即时通信不再是一个单纯的聊天工具，它已经发展成为集交流、资讯、娱乐、搜索、电子商务、办公协作和企业客户服务等于一体的综合化信息平台。

三、网络沟通技巧

（一）电子邮件沟通技巧

1. 邮件的主题要明确

一封电子邮件一般只有一个主题，并且往往需要在前面注明。若是将其归纳得当，收件人一看主题便对整个电子邮件的内容大概了解了。

2. 邮件的语言要流畅

电子邮件要便于阅读，以语言流畅为要。尽量不写生僻字、异体字。引用数据、资料时，最好标明出处，以便收件人核对。

3. 邮件的内容要简洁明了

在现代信息社会中，任何人的时间都是无比宝贵的，因此，电子邮件的内容应简明扼要。交往中应避免滥发邮件，不发无意义的邮件，尤其是不要以此与他人谈天说地，或是只为了检验一下自己的电子邮件能否成功地发出。对商务人士来讲，这一点就显得更加重要了，所以才会有人说：“在商务交往中要尊重一个人，首先就要懂得替他节省时间。”

4. 要及时回复邮件

收到他人的重要电子邮件后，应即刻回复对方，以便双方进一步沟通交流，这也是人际交往中尊重他人的表现。

在使用电子邮件进行商务沟通时，还要特别注意以下几个问题：

（1）给重要人物的重要邮件一定要一对一单独发送。

（2）群发操作之前一定要慎重考虑所采用的操作方式是否妥当，一旦发出就覆水难收。

（3）不重要的通告、非保密邮件，可以在非保密组群里群发，但要根据对方邮箱特性，慎重选择使用“并列收件人”“抄送”和“密送”功能。

（4）回复他人邮件时，一定要再次检查收件人地址是否正确。

（5）使用尊称。按照我国的传统习惯，对尊者勿直呼其名，“姓＋尊称”可以，“姓＋名＋尊称”可以，“名＋尊称”亦可，若只叫“名”或只叫“姓＋名”而无尊称，可能就不够得体了。尤其是直呼且只呼其名（尊称都没有叫出），在关系不够深的时候会让对方感觉不适。

（6）记住别人的名字，在适当的时候能够称呼别人的名字。如果已经知道对方的名字，那么，当给对方发邮件时，“尊敬的某经理”比“经理，您好”显得亲切很多。

电子邮件范本

（二）即时通信沟通技巧

1. 微信沟通技巧

通常来说，微信普遍被理解为一种熟人社交工具。但在现实中，随着见面加微信成为一项习惯性操作，随着各种与工作、生活有关的微信群层出不穷，微信已经变成了通用型的社交平台。微信沟通需要注意以下几方面的技巧：

（1）添加微信好友时，自我介绍信息要完整。在商务活动中，微信已成为商务人士与外界沟通的重要工具，时间久了，通讯录里的人也越来越杂。微信好友的上限为 5 000 人，每天都有人在刷屏。所以，在微信加人时，一定要备注添加公司、姓名、职务等。我们经常会遇到这样的情况，一个人突然加你的微信，也不说是谁，加了以后从来不说话。过了好久问他是谁，他说不好意思，他可能也想不起来为什么要加你，最后直接把你删除了。这种情况让人非常反感。

（2）使用微信时，要经常关注朋友圈，看到有趣的、不错的分享就点个赞，发表几句真诚的评论，这是一种风度。多赞美别人，经常和别人互动，你才能和微信好友建立连接，培养信任感。如果你想在朋友圈获得较高的人气，想引起你关注的人的注意，最简单、最直接、最有效的方法就是“点赞＋评论”。

（3）看到消息要及时回复，哪怕是早安问候，也一定要回复，这是最起码的礼貌。在微信上人人平等，没必要趾高气扬不理睬别人发给你的消息，还有就是一定不要让信息隔夜，这是尊重别人的表现。

（4）朋友圈发送的尽量是原创的内容，包括日常问候和节假日的问候。不要随意转发别人的内容。

（5）对自己的朋友圈内容要有明确规划，给自己规划好标签，发的内容不要杂乱无章，让人无法记住你，无法知道你到底是干什么的。

（6）提倡“三互”精神：互粉、互赞、互评。多鼓励和肯定别人，少说教和批评别人，这样大家才都能有个好心情。

（7）不要大半夜乱发信息，尤其是在微信群里，即便着急，也不要在半夜三更打扰他人。

（8）不要传播违禁内容，挑起敏感话题。

（9）转发消息时，尽量做到先点赞，后转发，转发时注明出处。

2. 群聊沟通技巧

（1）不要公群私聊。公共群就像一个主题茶馆，发起人开设了一个群，给大家一个聊天喝茶的地方，但是既然是主题茶馆，就要切合主题，不要无限跑题，非常私密的话题宜私聊，不要让大家围观。

（2）不要谈论和转发敏感话题。

（3）不要发大图或长语音，以免过多地占用甚至浪费他人的资源。

（4）不要在晚上 10 点后至早上 8 点前在工作群中进行群聊。下班后本就是私人时间，信息响个不停会打扰到别人的私生活。

（5）让群里的其他人知道你是何人。如果加入一个大家都熟识的群，在群里活动就要大方地让人知道你是谁，必须更改在群里的昵称或者头像。在商务群中，昵称建议尽量使用真实姓名，最好带上你的公司名称或者产品名称，这样群里的其他人才能知道你是谁。头像要尽可能接近本人。

（6）万不得已不要轻易退群。不要随便拉一些与群主题不相关的人入群，被拉入群的也不要轻易退群，前者是对群里其他群友的尊重，后者是对推荐人的尊重。

讨论与提高

你认为网络沟通中存在哪些沟通障碍？应该如何克服这些沟通障碍？

思考与应用

你认为在撰写电子邮件时，在主题和内容方面需要注意的问题有哪些？

项目小结

1. 本项目从实战的角度出发，主要介绍了商务谈判中与倾听、表达和观察相关的听、看、问、答、叙、辩等六要素的实施技巧。

2. 在倾听技巧中主要提出了倾听时的“五要”“五不要”。

3. 在表达技巧中，对提问提出了八条建议；对回答提供了五种技巧；针对叙述的特点及其在谈判中的必要性，有针对性地提出了四点要求。此外，还指出了说服谈判对手的四个可操作的方法。

4. 在观察技巧中归纳总结了谈判参与者的眼、眉、嘴等面部表情变化及肢体动作折射的心理，供谈判者参考。

5. 网络沟通是一种通过虚拟的方式与单人或多人进行沟通的方式，包括电子邮件、网络电话、网络传真、网络新闻发布会、即时通信等形式。学习中应特别注意电子邮件和即时通信的沟通技巧。

学习检测

一、判断题

1. 商务谈判中了解和把握对方观点与立场的主要手段和途径就是说。（　　）

2. 人们在自己的客厅里谈话，比在他人的客厅里谈话更能说服对方。（　　）

3. 谈判时要尽可能通过争论为己方争取最大的权益。（　　）

4. 提问主要分为封闭式提问和开放式提问两大类型。（　　）

5. 谈判时观察到谈判者眉毛迅速地上下运动，可以表示亲切、同意或愉快。（　　）

二、单项选择题

1. 谈判中，表情往往能够表明谈判者的态度，瞪大眼睛看着对方讲话的人表示（　　）。

A. 他对对方有很大的兴趣　　B. 愤怒

C. 不满意　　D. 意志坚决

2. “系统软件运用独特的编程技术，具有强大的 IP 寻址功能，可穿透一切私网和层层防火墙。无论是在公司的局域网内，还是在学校或网吧的防火墙背后，人们均可使用它进行自如交流。”这段话描述的网络沟通形式是（　　）。

A. 电子邮件　　B. 网络电话

C. 网络传真　　D. 网络新闻发布会

3. 商务谈判中需要进行叙述。关于叙述，以下表述错误的是（　　）。

A. 叙述主要是把事情说清楚，不必太关注表达的方式方法

B. 叙述应当主次分明、层次清楚

C. 叙述应客观、真实

D. 叙述的观点要准确

4. 说服他人的方法不包括（　　）。

A. 取得他人的信任

B. 尽可能充分地阐明己方立场与观点

C. 站在他人的角度设身处地地谈问题

D. 创造良好的“是”的氛围

5. 以下关于肢体语言和表情传达的信息，错误的是（　　）。

A. 边说边笑的人大都性格开朗，对生活从不苛求，很注意“知足常乐”，富有人情味

B. 嘴角向下拉，表示不满和固执

C. 眉毛向上挑起，表示询问或疑问

D. 瞳孔缩小表示此人处于欢喜与兴奋状态

三、多项选择题

1. 封闭式提问是指提出的问题具有特定的答复，包括（　　）等方式。

A. 选择式问句　　B. 重复式问句

C. 澄清式问句　　D. 暗示式问句

E. 反问句式

2. 在商务谈判的“提问”环节中，以下做法正确的有（　　）。

A. 预先准备好问题，最好是一些对方疏于准备的问题，以期收到意想不到的效果

B. 在对方发言时，如果我们脑中闪现出疑问，千万不要中止倾听对方的谈话而急于提出问题

C. 如果对方的答案不够完善，甚至回避不答时，应立即追问，乘胜追击

D. 提出问题后应闭口不言，专心致志地等待对方作出回答

E. 商务谈判中，句式越长、说的越清楚越好

3. 使用身体语言时应当注意（　　）。

A. 手臂要保持在腰部以上

B. 根据对方的人数决定手臂张开幅度的大小

C. 手臂一般不得高于肩部，不要突然做动作

D. 要注意适当变换手势

E. 在叙述时还应注意观察对方的表情，适时停顿，与对方互动

4. 以下沟通方式中，属于常用的网络沟通形式的是（　　）。

A. 电子邮件　　B. 网络电话

C. 网络传真　　D. 即时通信

E. 网络新闻发布会

5. 以下关于沟通方式的描述，正确的有（　　）。

A. 一封电子邮件一般只有一个主题，并且往往需要在前面注明

B. 商务活动中添加微信好友，最好备注添加公司、姓名、职务等信息

C. 要想让信息更好地引起关注，就要充分利用客户的私人时间进行沟通

D. 电子邮件只能发文字和图片信息

E. 电子传真整合了电话网、智能网和互联网技术，无须购买任何硬件就能实现

四、简答题

1. 谈判倾听的“五要”技巧是什么？
2. 提问和回答时应当注意哪些问题？
3. 谈判中说服对方的技巧是什么？

五、案例分析题

某跨国公司在华分部面临一项紧急任务，需与本地供应商就一批关键零部件的紧急采购进行沟通。分部经理李先生深知此事的紧迫性与重要性，他首先通过电子邮件向供应商简要说明了需求，并立即安排了视频会议。

在视频中，李先生不仅详细阐述了需求细节，还充分展示了公司的紧迫感和对此次合作的重视。他耐心倾听了供应商的难处，并灵活调整方案，提出了双方都能接受的解决方案。最终，凭借出色的沟通技巧和快速的决策能力，李先生成功促成了合作，确保了生产线的正常运转。

问题：

1. 请简单介绍电子邮件这种网络沟通方式的优势有哪些？
2. 通过这一案例，谈谈你对提升商务沟通能力的认识。

技能训练

一、背景描述

买方：天津商贸公司

卖方：河北农产品商贸公司

交易标的：银杏果

商务谈判是斗智斗勇的过程，谈判人员如果能够灵活运用沟通技巧，就可以最大限度地消除隔阂，赢得对方的认同，为取得所期望的结果奠定基础。

二、实训目标

通过本项目实训，学生应努力提高自身沟通能力，做到“会听”“会看”“会说”，能够运用倾听与察看、智问与巧答、叙述与说服、网络沟通技巧顺利完成谈判任务，以保证谈判总目标的实现。

三、实训任务及评价标准

实训任务	评价标准
倾听与察看	倾听认真，获取信息准确、完整
	观察对方动作表情，相互核实准确性
智问与巧答	问题具有针对性，表述简洁、无歧义
	回答问题策略得当，言辞达意

续表

实训任务	评价标准
叙述与说服	思维敏捷、严密
	措辞准确、逻辑性强
用电子邮件回复对方询问，争取订单	书写格式正确，文字表述简洁明了
	态度诚恳，符合网络沟通礼仪规范

四、实训要求

1. 本次实训以小组为单位，要求所有学生积极参与。
2. 小组成员要分工合作，注意团队合作意识的培养。
3. 如实记录演练过程，认真分析演练中的问题并提出改进意见。
4. 实训报告内容完整、结构合理、层次分明。
5. 请小组代表做 5 分钟经验总结。

项目九
商务礼仪规范训练

学习导图

- 商务礼仪规范训练
  - 商务人员基本礼仪规范
    - 商务着装礼仪规范
    - 商务仪容礼仪规范
    - 商务仪态礼仪规范
    - 商务用语礼仪规范
  - 商务接待礼仪规范
    - 迎送礼仪规范
    - 见面礼仪规范
    - 位次礼仪规范
  - 商务会展礼仪规范
    - 商务会展概述
    - 商务会展礼仪规范

学习目标

知识目标：

1. 了解礼仪的功能与原则。
2. 掌握着装礼仪、仪态礼仪、迎送礼仪、见面礼仪、商务会展礼仪等规范。

技能目标：

1. 具有运用商务礼仪规范从事商务活动的能力。
2. 具有自我学习、内外兼修的能力。

素养目标：

1. 培养自我管理能力，养成律己、敬他的良好行为习惯。
2. 通过礼仪规范训练，提高职业生涯规划的意识。

案例导读

有一批应届毕业生22人，实习时被导师带到北京的国家某部委实验室里参观。全体学生坐在会议室里等待部长的到来，这时有秘书给大家倒水，同学们表情木然地看着她忙活，其中一个还问了句："有绿茶吗？天太热了。"秘书回答说："抱歉，刚刚用完了。"小林看着有点别扭，心里嘀咕：人家给你水还挑三拣四。轮到他时，他轻声说："谢谢，大热天的，辛苦了。"秘书抬头看了他一眼，满含着惊奇，虽然这是很普通的客气话，却是她今天听到的唯一的一句感谢。

门开了，部长走进来和大家打招呼，不知怎么回事，静悄悄的，没有一个人回应。小林左右看了看，犹犹豫豫地鼓了几下掌，同学们这才稀稀落落地跟着拍手，由于不齐，越发显得凌乱起来。部长挥了挥手："欢迎同学们到这里来参观。平时这些事一般都是由办公室负责接待，因为我和你们的导师是老同学，非常要好，所以这次我亲自来给大家讲一些有关情况。我看同学们好像都没有带笔记本，这样吧，王秘书，请你去拿一些我们部里印的纪念手册，送给同学们作纪念。"接下来，更尴尬的事情发生了，大家都坐在那里，很随意地用一只手接过部长双手递过来的手册。部长的脸色越来越难看，来到小林面前时，已经快要没有耐心了。就在这时，小林礼貌地站起来，身体微倾，双手握住手册，恭敬地说了一声："谢谢您！"部长闻听此言，不觉眼前一亮，伸手拍了拍小林的肩膀："你叫什么名字？"小林照实作答，部长微笑点头，回到自己的座位上。早已汗颜的导师看到此景，才微微松了一口气。

两个月后，同学们各奔东西，小林的去向栏里赫然写着国家某部委实验室。有几位颇感不满的同学找到导师："小林的学习成绩最多算是中等，凭什么推荐他而没有推荐我们？"导师看了看这几张尚显稚嫩的脸，笑道："是人家点名来要的。其实你们的机会是完全一样的，你们的成绩甚至比小林还要好，但是除了学习之外，你们需要学的东西太多了，修养是第一课。"

【问题与思考】

1. 根据案例材料分析，在整个参观过程中小林在哪些方面做得很好？
2. 你认为礼仪包括哪些内容呢？
3. 结合案例材料，谈谈你对礼仪的看法。

任务一　商务人员基本礼仪规范

商务谈判礼仪是商务谈判人员在商务谈判过程中所必须遵守的，用来维护个体、组织形象和对谈判对手表示尊重与友好的惯例及形式。商务谈判礼仪的一般要求主要是针对个人基本礼仪的要求。个人基本礼仪以修养为基础，只有“诚于中”，方能“行于外”。

知行合一：容止格言

1904 年 10 月 17 日，张伯苓先生和严修先生在严氏家塾的基础上创办了南开中学。成立时，严修先生亲笔写下了“容止格言”：

面必净，发必理，衣必整，纽必结。

头容正，肩容平，胸容宽，背容直。

气象：勿傲，勿暴，勿怠。

颜色：宜和，宜静，宜庄。

这四十字的格言是南开中学的传家宝，培养学生具有良好的精神状态、仪表风度，而且代代相传，影响深远。“为中华之崛起而读书”的周恩来总理曾就读于南开中学，在容止格言的训导中成长，他一生朴实勤俭，堪称楷模，折射出了平凡中铸就伟大。

一、商务着装礼仪规范

一位知名的公共关系大师曾经说过：“形象是金。在他人眼里，每一位商务人员的个人形象都如同他所在单位生产的产品、提供的服务一样重要。它不仅真实地反映了每一位商务人员本人的教养、阅历以及是否训练有素，还准确地体现着他所在单位的管理水平与服务质量。”

（一）西装的穿着

西装又称西服。它起源于欧洲，目前是全世界最流行的一种服装，也是商界男士在正式场合着装的优先选择。

1. 西装的选择

在商务活动中，选择西装应关注面料、颜色、图案、款式四个方面。

（1）西装面料的选择。西装面料一般以纯毛和混纺制品为宜，这类面料不易起褶。不透气、不散热、发光发亮的各类化纤面料尽量不要用来制作西装。

（2）西装颜色的选择。颜色一般可以选择藏青色、灰色、铁灰色等。男士在商务交往中穿着西装应尽量选择单色调，不宜穿色彩过于鲜艳或发光发亮的西装。朦胧色、过渡色的西装通常也不宜穿着。

（3）西装图案的选择。商务男士所推崇的是成熟、稳重，其西装一般以无图案为好。

（4）西装款式及版型选择。按西装上衣的纽扣数量来划分，单排扣的西装上衣比较传统，而双排扣的西装上衣较为时尚。单排扣的西装上衣，最常见的有一粒纽扣、两粒纽扣和三粒纽扣的款式。一粒纽扣和三粒纽扣的单排扣西装比较时尚，而两粒纽扣的则显得更加正统。双排扣的西装上衣，最常见的有两粒纽扣、四粒纽扣、六粒纽扣三种。

两粒纽扣和六粒纽扣的双排扣西装上衣较为流行，而四粒纽扣的则较为传统。西装可分为欧式、美式、日式等。欧式西装洒脱、大方，代表品牌有“夏梦”“杉杉”等；美式西装宽大、飘逸，代表品牌有“布鲁克斯兄弟”等；日式西装贴身、凝重，代表品牌有“雷蒙”等。欧式西装穿着起来显得高大魁梧，美式西装穿着起来稍显休闲，日式西装穿着起来比较正式。

讨论与提高

毕业季求职时，男生应怎样选择合适的西装？

2. 西装、衬衫、领带的搭配

西装、衬衫可以选择各种颜色，但是西装、衬衫、领带如果是同一色系时，则要求衬衫的颜色最浅，领带的颜色最深。商务人员应尽量选择属于正装的长袖衬衫，不要穿短袖衬衫。正装衬衫必须为单一颜色。领口大小要根据脖子的粗细进行相应选择，以能伸进两个手指为宜，并且里面不应穿着高领衫。搭配西装时领子应平整，不能外翘，领口和袖口要比西装长出一些，袖口的扣子一定要系上。打领带之前应扣好领扣，不打领带时，领口的扣子必须打开，但只能打开一粒。衬衫的下摆必须均匀地掖进裤腰之中。如果脱下西装，袖口可以按袖口宽度挽两次，但是不能挽过肘部。领带的面料最好选择真丝或羊毛，色彩需要与西装搭配，一般以冷暖色相间为好，切勿使自己佩戴的领带颜色多于三种。尽量选择花纹不太复杂的图案，以格子、条纹、圆点为最佳。领带的长度以抵达皮带扣上端为宜。

3. 西装纽扣的系法

一般在站立时，特别是在大庭广众之下起身站立之后，西装上衣的纽扣应当系上，以示郑重其事。就座之后，西装上衣的纽扣则需要解开，以防其“扭曲”走样。

单排两粒扣式的西装讲究“扣上不扣下”；单排三粒扣式的西装要么系中间，要么系上面两粒纽扣。双排扣式的西装要将纽扣全部系上。

4. 西装口袋的使用

西装上衣左侧的外胸袋可以插入一块用来装饰的真丝手帕，并且不能再放入其他东西；上衣内侧胸袋可以用来别钢笔、放钱夹或名片夹，不宜放过大、过厚的东西；西装裤子两侧的口袋只能放纸巾或钥匙，后侧的两个口袋不应放任何东西。

5. 西装与鞋袜的搭配

在正式场合，男士只宜用黑色或深咖啡色皮鞋与西装搭配，必须做到鞋内无味、鞋面无尘、鞋底无泥、鞋垫相宜、尺码适当。选择袜子时，最好选择纯棉、纯毛制品。穿深色西装时，袜子以深色、单色为宜，以和西装同色为最佳。同时，应当做到袜子干净、完整、成双、合脚。

（二）套裙的穿着

在各种商务谈判中，女士一般以穿着套装为宜，套裙则为最佳选择，它不仅能体现女性的柔美端庄，而且更能展示其认真的工作态度。

1. 套裙的选择

商务活动中女士套裙的选择同样应关注面料、颜色、图案、款式。

（1）套裙面料的选择。套裙所选用的面料最好是纯天然质地的上乘面料，上衣、裙子以及背心等应选用同一种面料。从外观上看，套裙所选用的面料讲究的是匀称、平整、滑润、光洁、柔软、挺括。

（2）套裙颜色的选择。为了体现商务女士的端庄与稳重，套裙最好选择淡雅、庄重的颜色，以冷色调为宜。标准而完美的套裙色彩，应兼顾着装者的肤色、形体、年龄与性格。套裙的色彩可以不受单一色彩的限制，比如两件套套裙的上衣与裙子可以是一色，也可以采用上浅下深或上深下浅等两种不同的色彩搭配，前者庄重而正统，后者则富有活力与动感。

（3）套裙图案的选择。商务女士在正式场合穿着套裙可以不带任何图案，也可以穿着以格子、圆点、条纹为主要图案的套裙。一般不应以花卉、宠物、人物、文字、符号为主要图案。

（4）套裙版型的选择。“H”形套裙上衣宽松，裙子多为筒式，此款既可以让着装者显得优雅、含蓄，也可以为肥胖者掩饰身材缺陷。“X”形套裙上衣多为紧身式，裙子则多为喇叭式，这样可以体现着装者腰部的纤细。“A”形套裙上衣为紧身式，裙子则为宽松式，此款既可以体现着装者上身的身材优势，又能遮掩下身身材的劣势。“Y”形套裙上衣宽松，裙子多为紧身式，此款可以展现着装者下身的长处，掩盖上身的短处。

2. 套裙尺寸的把握

套裙上装最短以向上伸出手臂不露出裙腰为限，最长可以盖住臀部。裙子最短不能短于膝上 10cm，最标准的位置应为小腿肚上最为丰满之处。

3. 套裙与鞋袜的搭配

穿着套裙时，应搭配黑色或白色高跟皮鞋、半高跟皮鞋。穿浅色套装时搭配白色皮鞋，穿深色套装时搭配黑色皮鞋，与套装同色的皮鞋也可以选择。高筒袜与连裤袜是套裙的标准搭配，中筒袜、低筒袜不宜与套裙同穿。在正式的商务谈判中，女士不能光腿、光脚，否则会有失典雅。

4. 内衣与衬裙的穿着

商务女士穿着套裙时必须穿着内衣。在穿着内衣时应做到：内衣不外穿、内衣不外露、内衣不外透。一般商务女士穿着套裙时必须穿衬裙，选择衬裙时要选择透气、吸湿、单薄、柔软的面料，其色彩应为单色，要与套裙相互协调，并且线条简单、穿着合身。

女性职场服装搭配技巧

（三）饰物的佩戴

在商务谈判中，谈判人员除了要注意服装的选择外，还要根据不同场合的要求佩戴不同的饰物。饰物包括鞋袜、帽子、提包或皮包、腰带、围巾、手套、首饰等；首饰泛指耳环、戒指、手镯、手链、项链等。饰物是一种无声的语言，表达着一个人的知识、阅历、教养和品位。

1. 佩戴饰物的原则

（1）符合身份。佩戴饰物，不仅要照顾个人爱好，更要符合商务人员自己的身份，要与自己的年龄、性别、职业、工作环境保持大体一致。

（2）注意场合。佩戴饰物，应与所处的环境、场合相适应。一般来说，只有在社交场合或休闲场合，商务人员才能佩戴饰物，在商务活动中则不宜佩戴首饰。

（3）宁缺毋滥。商务人员在正式场合中可以不戴首饰。若有意佩戴首饰，最好不要超过两种，总量不超过三件，且应尽量选择质地、色彩都基本相同的首饰。全身珠光宝气，挂满各色饰物，不仅不能增加美感，反而平添俗气。

（4）服饰协调。佩戴饰物，要尽力与服装协调，要兼顾穿着的服装质地、色彩、款式，注意与服装的风格相一致；同时，多件首饰在风格上应当协调。

（5）遵守习俗。佩戴饰物要懂得寓意，遵守民族宗教文化与习俗，以避免尴尬。

2. 佩戴饰物的艺术

（1）首饰。首饰多为女士佩戴，一般有耳环、项链、戒指、手镯、手链、胸针等。通常商务人士佩戴首饰应遵循以少为佳、同质同色及风格统一等原则。除结婚戒指等极少数首饰外，男士不宜在正式场合佩戴过多的首饰。

（2）手表。一般来说，高档手表是商界头面人物的选择，中档表是大多数商务人员的选择，低档表则是普通员工的选择。通常商务人员应佩戴手表，但不宜乱戴或乱用手表，即在商务谈判中不宜面对外人频频看表、上弦等。

（3）钢笔。商务人员在选择钢笔时应注意品牌、式样，不宜选择多功能钢笔。同时，签字笔、圆珠笔、书法笔、工艺笔等一般也不宜选择。使用钢笔时，要随身携带，尽量带两支并保证墨水充足，禁止借用钢笔。商务人员随身携带的钢笔应被置于公文包、上衣口袋、笔袋等处。

（4）公文包。公文包被称为商界男士的“移动式办公桌”。其式样、大小应和整体着装相一致。其面料多为牛皮、羊皮制品。其颜色以黑色、棕色最正统。除商标外，公文包外表不要带任何图案、文字，包括真皮标志，否则有失身份。手提包是女性在各种场合不可缺少的饰物。一般来说，商界女士应配三个重要的“基本包”。上班或参加商务会议可用一个大而结实的包，其大小可放下各种文件；第二个是中等大小的包；第三个是一个小而考究的包，用来放置少量的化妆品、钥匙、钱包、手机等。包的颜色很重要，应该与所穿着的服装相协调。

（5）腰带。腰带是饰物的重要配件之一。男士腰带一般较为单一，大多为皮革用品，没有太多的装饰，遵从“三一定律”，即穿西服套装时，鞋子、腰带、公文包应为同一颜色。女士腰带丰富多彩，但要注意其与服装的搭配、与体型的协调。如穿西装套裙一般要选用皮革或纺织的、花样较少的腰带，而穿暗色服装则不宜选择浅色的腰带；

个子高的人可以选择较宽的腰带，而个子矮的人则不宜使用较宽的腰带等。

（6）围巾。围巾的质地以真丝或羊绒为上品，颜色一般不超过三种，用于正式场合的围巾可以没有任何图案，也可选择典雅、庄重的图案。男士大多偏重“围脖”这一传统功能，女士往往偏重装饰和点缀。丝巾是职业女性所钟爱的一种配饰，恰到好处的点缀能给平淡无奇的服装增辉添彩。选择丝巾时要考虑自己的肤色、着装及丝巾的质地，还要兼顾整体搭配效果。如脸色偏黄的人不宜选用深红色、绿色、蓝色、黄色丝巾；脸色偏黑的人不宜选用白色、有鲜艳大红图案的丝巾。

讨论与提高

你是刚毕业的职场人士，入职第一个月就赶上公司周年庆典，谈一谈你应该以怎样的穿搭去参加公司庆典。

实例分享

小黄去一家大型国企进行最后一轮总经理助理的面试。为确保万无一失，这次她做了精心的打扮。一身前卫的衣服、时尚的手环、造型独特的戒指、亮闪闪的项链、新潮的耳坠，身上每一处都是焦点，简直是无与伦比、鹤立鸡群。况且她的对手只是一个相貌平平的女孩，学历也并不比她高，所以小黄觉得自己胜券在握。但面试结果却出乎她的意料，她并没有被这家大型国企所认可。主考官抱歉地说：“你确实很漂亮，你的服装配饰无不令人赏心悦目，可是你并不适合干助理这份工作，实在很抱歉。”

解析：我们应该时刻注意自己的衣着和配饰，并分清场合。对于配饰，宜少不宜多，否则会给人一种张扬、凌乱、不稳重的感觉。

二、商务仪容礼仪规范

仪容主要是指一个人的容貌，包括一个人的头部和手部。虽然仪容是每个人生来就有的，具有先天性，但是，仪容的保持和完善完全可以通过后天的努力来实现，甚至可以改变仪容，从而达到求美的目的。在商务谈判中，对一个人的仪容的要求不局限于个人的容貌，而更看重一个人对仪容的重视程度。

（一）头发

俗话说：“远看头，近看脚。”在商务谈判中，首先映入对方眼帘的是头，头发是人体的制高点。所以，商务人员的头发应保持无头屑、无异味、柔顺、整洁。

商务谈判人员除了要求头发干净以外，还应当注意头发的长度。一般情况下，男士既不宜理成光头，也不宜将头发留得过长。男士应当做到前发不覆额，侧发不掩耳，后发不及领。在商界中提倡女士留短发，如果选择长发，则头发不应遮住脸部，前面刘海不要过低，出席正式场合时应该将头发一丝不苟地盘起。

头发的定期护理也非常重要。要勤洗头发，尽量使用一些护发素。要有意识地使头发避免接触强酸性或强碱性物质，避免长时间暴晒，在饮食中注意增加富含蛋白质、维生素及微量元素的食物。

（二）面部

在商务活动中，商务人员应及时用面巾纸等清洁面部的油脂，做到无泪痕、无汗渍、无灰尘等。除此以外，还应注意及时清理眼角、鼻孔、耳朵及口角等处。面部的经常性保养也应当引起商务人士的注意。一般情况下，油性皮肤与干性皮肤应区别对待。

（三）口腔

牙齿是口腔的门面，如果牙齿出现牙垢，就会影响口腔的美观。保持牙齿清洁不难做到。首先，坚持早晚刷牙；其次，尽量少抽烟、喝酒，不喝浓茶；最后，尽量不吃生葱、生蒜等带有刺激性气味的食物。必要时，可以吃口香糖，但不宜在他人面前吃。

（四）手

在商务谈判中，必须用手完成的动作有很多，比如握手、递送名片等，因此手的清洁卫生显得至关重要。在参加商务谈判之前应当注意洗手，做到无汗渍、无异味、无异物。不仅是商务人士，从事其他职业的人员也应当保持手部清洁并注意指甲的长度。长指甲不仅不利于健康，而且在社交中容易伤到他人。指甲最佳的长度是与指尖齐平。在修指甲时，指甲沟附近的脱皮要同时剪掉，不要用牙齿啃指甲。这里需要指出的是，商务谈判中女士不要涂抹指甲油。

（五）修饰避人

商务人员应当在出席商务谈判场合之前整理、修饰自己的仪容。在公共场合补妆、整理衣裤、清理鼻孔等，都会给对方留下不好的印象，以致影响谈判的结果。如果需要做一些整理，应当在洗手间等避人的地方进行。

（六）健康的身体

健康的身体是仪容的基础，个人仪容，尤其是皮肤的保养，并不是一朝即成的，内在的健康才可以保持美丽的容颜。所以，商务人员在做好“表面工作”的同时，应当注意内在的修养。商务人士应保持乐观的情绪，保证充足的睡眠，注意合理饮食，加强体育锻炼。

三、商务仪态礼仪规范

在商务活动中，形体语言这张“名片”比任何名片都重要，而且良好的体态更容易使商务人士获得成功。

（一）体姿

1. 站姿

站立是生活中最基本的一种举止。正确、优美的站姿能给人以挺拔笔直、舒展俊美、精力充沛、积极进取、充满自信的感觉。标准的站姿关键有三个部位：一是髋部向上提，脚趾抓地；二是腹肌、臀肌保持一定的肌紧张，前后形成夹力；三是头顶上悬，肩向下沉。站立时要双腿靠拢，脚尖张开或双脚与双肩宽度相等，身体重心在两腿正中，如果站累了，一只脚可以后撤半步，但上体必须保持垂直。在商务社交中，有一些不雅的站姿需要引起注意，如身体东倒西歪、倚靠墙壁或手扶椅背、双脚或双手交叉、双手叉在腰间或环抱胸前、将手插入口袋、下意识地做小动作等。在与客户谈话时，要面向对方并保持一定的距离，太远或太近都是很不礼貌的。

2. 坐姿

端庄、典雅的坐姿可以展现商务谈判人员的气质和良好的修养。入座时，应以轻盈、和缓的步履，从容自如地走到座位前，然后转身轻而缓地落座，并将两腿并排自然摆放。落座后，身体重心垂直向下，腰部挺起，上体保持正直，头部保持平稳，两眼平视，下颌微收，双掌自然地放在膝盖或座椅的扶手上，手心不可朝上。脊背和椅背要有一拳左右的距离，在正式场合或有地位较高的人在座时，不能坐满座位，一般只占座位的 2/3。离座时，身体要轻，由椅子的左侧离座。在商务社交中，有一些不雅的坐姿需要引起注意，如两膝分开、两脚呈“八”字形、前俯后仰、两腿交叠而坐、脚尖上下抖动等。入座后还要避免一些不雅的举动，如不时地整理衣服和头发、抠鼻子、掏耳朵、摆弄手中的东西等。

3. 行姿

协调、稳健、轻松、敏捷的行姿会有动态之美，商务人士的步态应从容、稳健，并能够充分展示自信。行走时步态应该自然而轻盈，目视前方，身体挺直并将重心落于前脚掌，双肩自然下垂，两臂摆动协调，摆动的幅度应为 45°左右，膝关节和脚尖正对前进方向。行走的步调应适中，力求自然、稳健。

行走有时也会遇到不同的情形，比如转身、引导、后退等，这时商务人士应当注意：与人告别时，应先后退三步，然后再转身离去，退步时脚轻擦地面，不要高抬小腿，后退步幅要小；引宾时，要尽量走在宾客的左侧前方，整个身体半转向宾客方向，左肩稍前，右肩稍后，保持两三步的距离；前行转身向左拐时，距所转方向远侧的一脚落地，右脚在前时转身，向右拐时，则要左脚在前时转身；多人一起行走时，不能排成横队或勾肩搭背，遇急事可以加快步伐，但不可慌张奔跑；男女两人同行时，一般女士步幅较小，男士步幅较大，此时男士应适当调整步幅，尽量与女士同步行走。

4. 蹲姿

正确的蹲姿应当以正确的站姿为基础，上身保持直立，目视前方，然后弯下膝盖，膝盖并拢，臀部向下，双手放于双膝之上或自然垂于体侧。需要捡拾物品时，通常是一脚在前一脚在后，前脚弯曲，后腿跪地，膝盖离地有一定距离，将掉在地上的物品从体侧捡起。

（二）握手

商务人员应当很好地运用握手礼，这样不仅可以展示自我良好的修养，也可以更好地尊重对方。

行握手礼时，通常距离对方约一步，两足立正，上身微向前倾，伸出右手，四指并拢，拇指张开与对方相握。握手时间不宜过长，尽量控制在三至五秒钟。握手时需要注意以下事项：

（1）主人与宾客之间、长辈与晚辈之间、女士与男士之间握手时，前者应先向后者伸出手，以表示尊重、亲切、热情。

（2）年轻者与年长者或职务高者握手时，应当稍稍欠身相握，有时为表示特别尊重，可用双手迎握。

（3）握手时双目应注视对方，不可左顾右盼或者看着第三者，要透过目光传递出内心的愉悦和情感。

（4）握手时应使用右手。男士忌戴帽子和手套同他人握手，女士身着礼服、礼帽时，与他人握手可以不摘下手套。

（5）多人同时握手时应按顺序进行，不可交叉握手。

（三）表情

表情是指眼睛、眉毛、嘴巴、面部肌肉以及它们的综合运用反映出的心理活动和情感信息。商务谈判人员的表情也是影响谈判的直接因素。

1. 目光

俗话说："眼睛是心灵的窗户。"恰当地运用目光有助于提升个人形象，有利于商务谈判的顺利进行。目光有三种：第一种是公务注视，一般用于洽谈、磋商等场合，注视的位置在对方双眼与额头之间的三角区域内；第二种是社交注视，一般在社交场合，如舞会、酒会上使用，位置在对方的双眼与嘴唇之间的三角区域内；第三种是亲密注视，一般在亲人之间、恋人之间、家庭成员等亲近人员之间使用，注视的位置在对方的双眼和胸部之间。当商务谈判人员初次与别人相识或者与对方不很熟悉时，特别是面对异性时，应使自己的目光放在许可的范围之内，否则会很失礼。目光的最大许可范围以额头为上限，以对方上衣的第二颗纽扣为下限，左右以两肩为限。商务谈判人员在谈判时，目光要注视讲话者，注视时间是谈话时间的30%～60%。商务谈判人员还应注意：对方说了错误的话显得拘谨时，不要马上转移自己的视线；当双方缄默不语时，不要再看着对方；谈话很投入时，不要东张西望。

2. 眉毛

眉毛的不同动作和状态可以代表不同的信息。一般情况下，双眉平展，表示内心欢愉而平和；眉梢微挑，表示询问和怀疑；眉头紧皱，表示不满、为难、厌烦或者思索；眉梢耷拉，表示无奈、遗憾、毫无兴趣；双眉向上斜立，表示气恼、愤怒和仇恨。为了展现良好的形象，商务人员的双眉应当保持自然平直的状态，尽量不要皱眉、挑眉。

3. 嘴巴

在商务活动中，嘴巴的作用不容忽视，不同的嘴部动作可以表达不同的含义。通常情况下，在商务社交中上下唇应自然开合，尽量少努嘴和撇嘴。站立、静坐或握手时，嘴巴可以微闭，不要露出牙齿，保持微笑状。微笑是美好的形象，它是眼、眉、嘴的动作的集合，也是人际交往的润滑剂。商务人员的微笑应当自信而亲切，社交中忌讳不成熟、不诚恳、不稳重的笑容。

（四）礼仪距离

人与人之间需要保持一定的距离，如果这个距离不恰当，就会使人产生不舒服或不安全的感觉。一般礼仪距离为0.5～1.5m，在这个距离内交往表示对对方的尊重。在礼仪距离内，不能有直接的身体接触，需要双方充分运用目光进行交流，如果一方感受不到对方的目光，就会有被忽视的感觉。

当然，除了上述提到的几方面礼仪规范外，商务礼仪规范还包括许多方面，如商务语言礼仪规范、商务电话礼仪规范等。礼仪规范涉及方方面面，越是正规的商务活动，越需要在细节处多加注意。

四、商务用语礼仪规范

商务人员在商务谈判中得体的言谈举止，可以体现出自身良好的修养，可以消除对方的戒备心理，使商务谈判获得成功。

（一）言辞真诚

真诚是谈话的基础。在谈话中，谈话者的真诚、热情、稳重的言辞与态度能够促进彼此的信任，使交谈愉快地进行，进而赢得对方的好感和支持。真诚表现在语言上，应是用词委婉，即含蓄、点到为止、留有回旋余地地表达自己的不同意见，不能伤害对方的自尊心，让对方下不了台，但也不能委婉到对方不能理解的程度。

（二）谦虚适度地交谈

谦虚是一种美德，但是谦虚也应当把握一个度。华而不实的谦虚会让人感到厌烦，恰当的谦虚要求谈话人把自己摆在与对方平等的位置上，不满口客套；谈论问题、发表看法不应过分谦卑，也不应自以为是；赞美别人不能言过其实，而应恰如其分；反省自己不能妄自菲薄，也不应文过饰非。

常用敬语有：称呼长辈或上级可以用老同志、老首长、老领导、老先生、大叔、大娘、叔叔、伯伯等；称呼平辈可以用兄、姐、先生、女士、小姐等；询问对方姓名可用贵姓、尊姓大名、芳名（对女性）等；询问对方年龄可用高寿（对老人）、贵庚、芳龄（对女性）等。

常用谦语有：谦称自己可以用在下、鄙人、晚生等；谦称家人可以用家父、家母、家兄、小儿、小侄、小婿等。

当言行失误时，应当说“很抱歉”“对不起”“失礼了”“不好意思”等。

请求别人谅解时，可以说“请包涵”“请原谅”“请别介意”等。

（三）见人择言

在商务活动中，与不同性格、不同行业、不同熟悉程度的人交谈时，应注意选择语言，这样可以赢得对方感情上的接近，从而获得对方的尊重和信任。要做到这一点，需要在交谈之前调查对方的心理状态，考虑和选择令对方容易接受的方法和态度；了解对方讲话的习惯、文化程度、生活阅历等因素，做到充分准备、有的放矢。

情景剧场

电话铃声响起……

接待员：您好！阳淳电子，请问您找哪位？

客户：请问杨总在吗？

接待员：请问您是哪里？

客户：我是京珠公司的凌工。

接待员：麻烦您稍等，我帮您转接，看他在不在。

客户：谢谢您！

接待员：凌工，很抱歉！杨总出去还没回来呢！请问您有什么事需要我转告吗？

客户：麻烦您帮我转告杨总……

接待员：好的。（接待员做好记录）

客户：谢谢您！

接待员：不用客气！再见！

客户：再见！（接待员要等客户挂了电话再放下话筒）

解析：在日常工作中，接听客户电话非常常见，这种情况下，一是要礼貌应对，二是要做好记录以便转告他人。

思考与应用

在商务活动中，佩戴饰物需要注意哪些事项？

任务二　商务接待礼仪规范

在实际的商务谈判中，对手的情况千变万化、风格各异，其种种表现都与一定国家或地区的社会文化、经济、政治有关。不同的表现反映了谈判者有不同的价值观和思维方式。因此，要在商务谈判中取得胜利，就必须有广博的知识和高超的谈判技巧，使自己能够在面对不同的对手时，做到因人而异，对商务礼仪知识运用自如。

一、迎送礼仪规范

迎送是商务谈判活动中最基本的形式和最重要的环节之一，是表达热情和友好的最佳方法。特别是迎接，是给客人留下良好的第一印象的重要工作。

（一）迎接礼仪

迎接的规格应根据客人的身份、来访目的、性质和时间长短等因素综合考虑。外事迎接遵循对等的原则。迎接人员应准确掌握来宾抵达的时间，提前到达机场、码头或车站的站台，以表示对来宾的尊重。如果是身份较尊贵的客人，应在客人到达前就把房间号和乘车信息告知客人，若做不到，应在客人到达后立即将房间号和乘车信息告诉客人，或请对方联络人转达。如有必要，应指派专人按规定协助客人办理入境手续及车（船）票和行李提取等事宜。如果迎候地点人声嘈杂或客人较多，可事先准备一块牌子，也可以准备一些小旗子，这样可以使客人一目了然。

客人抵达后，若宾主早已认识，双方直接行见面礼。若是初次见面，一般由礼宾人员或我方迎候人员中身份最尊贵者率先将我方迎候人员按一定顺序一一介绍给客人，然后再由客人中身份最尊贵者将客人按一定顺序一一介绍给主人。宾主相互介绍后，可以进入机场、港口、车站的贵宾接待室，请客人休息一会儿，也可以陪同他们直接坐专车前往住宿处。若客人为一般身份，主人可主动帮助客人提取行李，但是不要主动要求帮助男宾拿公文包、帮助女宾拿手提包。如果主人陪车，应请客人坐在主人的右侧。上车时，最好让客人从右侧门上车，主人从左侧门上车，避免从客人座前穿过。如遇到客人先上车，坐在主人的位置上，则不必请客人挪动位置。如果人数较多，乘坐大、中型客车时可由客人随意就座。

将客人送到住地后，东道主的陪同人员不要立即离去，应陪客人稍作停留，热情交谈。谈话内容要让客人感到满意，比如客人所参与的活动的背景材料、当地的风土人情、有特点的自然景观等。考虑到客人一路旅途劳顿，主人不宜久留，应让客人早些休息。分手时应将下次联系的时间、地点、方式等告诉客人。

献花是常见的迎接客人时用来表达敬意的礼仪之一，在接待特殊身份人士或尊贵的领导时均需要安排献花。献花时一定要用鲜花，并且所献花束应整洁、鲜艳。迎接贵宾的鲜花以红色花系与紫色花系最受欢迎，以代表“友谊、喜悦、欢迎、期待、惦念”的含义为主。选择花束时应注意尊重对方的习俗。一般情况下，在客人走下飞机（车、船）时，迎接的主要领导与客人握手后，由女青年或儿童将鲜花献上，也可以由女主人向女宾献花。

（二）送行礼仪

送别客人是接待工作的最后环节。当客人告辞时，主人应起身与客人握手道别。对于当地客人，一般应陪同送行至本单位楼下或大门口，待客人远去后再回单位。如果是乘车离去的客人，一般应走至车前，帮客人拉开车门，待其上车后轻轻关门，挥手道别，目送车远去后再离开。

对于外来客人，应提前为其预订返程的车票、船票或机票。送别外宾，要按照迎接的规格来确定送别的规格，主要迎接人应参加送别活动。一般情况下，送行人员可前往外宾住宿处，陪同外宾一同前往机场、码头或车站，也可以直接前往机场、码头或车站恭候外宾，必要时可在贵宾室与外宾稍叙友谊，或举行专门的欢送仪式。

在客人上飞机、轮船或火车之前，送行人员应按一定顺序同客人一一握手话别，祝愿客人旅途平安并欢迎再次光临。飞机起飞或轮船、火车开动之后，送行人员应向客人挥手致意，直至客人在视线里消失，送行人员方可离去。不可以在对方登上飞机、轮船或火车时，送行人员就立即离去。

二、见面礼仪规范

商务见面礼仪是最常用和最基础的礼仪，主要表现为称呼、握手、相互介绍和递送名片等，它是商务人员的基本礼仪规范，是衡量商务人员基本素质的重要指标。在商务交往中，见面时行一个标准的见面礼，会给对方留下深刻而美好的印象，为以后的深入交往打下基础。

（一）称呼礼仪

称呼指的是人们在人际交往中所采用的彼此之间的称谓语。商务活动中的称呼是一门极为重要的学问，如果称呼不当很容易让他人反感。

对于商务人士的称呼应当亲切、自然、准确、合理。商务人士彼此之间的称呼是有其特殊性的，总的要求是庄重、正式、规范。一句得体的称呼，既能引起对方的注意，也能一下子拉近双方的距离，同时为后续的交往创造条件。

1. 常用的称呼

常见的称呼有以下几种：（1）职务称呼。这是指以交往对象的职务相称，以示身份有别、敬意有加，这是一种最常见的称呼。职务称呼可只称职务或在职务前加上姓氏，在正式的场合，可在职务前加上姓名。（2）职称称呼。对于具有职称者，尤其是具有高级、中级职称者，在工作中可直接以其职称相称。（3）行业称呼。在工作中，有时可按行业进行称呼，对于从事某些特定行业的人，可直接称呼对方的职业，如老师、医生、会计、律师等，也可以在职业前加上姓氏、姓名。（4）性别称呼。对于从事商业、服务性行业的人，一般约定俗成地按性别的不同分别称呼“小姐”“女士”“先生”。“小姐”用于称呼未婚女性，“女士”用于称呼已婚女性。“先生”两字是最普通的，甚至可以通用到称呼一切职位的男士。当我们觉得没有称呼对方的职衔的必要，或急切中不知如何称呼时，就可以称对方为“先生”。

2. 灵活使用称呼

称呼要合乎常规，要照顾被称呼者的个人习惯。在人多的场合，要注意主从关系。称呼人的顺序一般是先上后下、先长后幼、先疏后亲、先女后男。关系越熟悉，越要注意称呼。人人都需要被人尊重，越是熟人，越要彼此尊重。在交谈过程中，称呼对方时要加重语气，如果不太注意对方的姓名或轻轻带过，那么对方很可能就对我们谈的事情不感兴趣。根据不同的角色和心理，可采取不同的称呼，有时一个人分处两种环境，就要根据环境的变化使用两种称呼。

一些不当的称呼也需要注意：不当的俗称，如“兄弟”“哥们”等；不当的简称，如上海吊装公司总经理被称为“上吊公司老总”；地方性称呼，如伙计、师傅等。

（二）介绍礼仪

介绍是人际交往中与他人进行沟通、增进了解、建立联系的一种最基本、最常规的方式，是人与人进行沟通的出发点。在商务场合，如能正确地利用介绍艺术，不仅可以扩大自己的交际圈，广交朋友，而且有助于自我展示和自我宣传。介绍通常有自我介绍和为他人做介绍两种。

1. 自我介绍

自我介绍指的是主动向他人介绍自己，或是应他人的请求对自己的情况做一定程度的介绍，其特点是单向性和不对称性。

在进行自我介绍时，应先向对方点头致意，得到回应后再向对方介绍自己的姓名、身份、单位等。进行自我介绍时，态度一定要自然、友善、亲切、随和，要落落大方、彬彬有礼，既不能唯唯诺诺，又不能虚张声势、轻浮夸张，语速要正常，语音要清晰。

自我介绍的内容应包括：本人姓名、供职的单位及职业（职务）等三个要素。自我介绍的三要素简明扼要，能使他人对我们有一个初步认识。一般的自我介绍大都需要将三者一气呵成地报出来。初次见面时的自我介绍，本人姓名一定要报全名，否则随便一句“叫我小王好了”，就明显地带有不愿进一步深谈、拒人于千里之外的意思。虽然自我介绍的内容由三个基本要素构成，但不一定每次都面面俱到，作为商界人士，应视交际需要来决定介绍的繁简。

另外，还应当注意以下两点：一是要抓住时机，在适当的场合进行自我介绍。不要打断别人的谈话介绍自己，应在对方有空闲，而且情绪较好，又有兴趣时介绍自己，这样就不会打扰对方。二是无须提醒，如果一个曾经向其介绍过自己的人，一时未记起我们的姓名，这时，请不要作出任何提醒式的询问，最佳的方法是直截了当地再做一次自我介绍。

实例分享

著名作家张恨水有一次应邀到成都大学演讲，他是这样开头的：今天，我这个“鸳鸯蝴蝶派”作家到大学里演讲，感到很荣幸。我取名“恨水”不是什么情场失意，而是因为我喜欢南唐后主李煜的一首词：“林花谢了春红，太匆匆！无奈朝来寒雨晚来风。胭脂泪，相留醉，几时重？自是人生长恨水长东！”我喜欢这首词有“恨水”二字，我就用它作笔名了。

解析：人们之所以常常对一个不明底细的陌生人采取拒绝态度，是因为担心草率的交往会给自己带来麻烦。因此，当我们想要交往陌生人时，可以抛弃不必要的顾虑和矫饰，心无芥蒂地自我介绍，拉近心理距离。张恨水为了与纯朴、率真的青年学子尽快打成一片，他坦诚地自我介绍，主动揭开了自己的神秘面纱，营造了一个与对方零距离接触的交际氛围。

讨论与提高

新生入学，怎样给全班同学做自我介绍？怎样给室友做自我介绍？

2. 为他人做介绍

为他人做介绍一般有两种情况：(1) 为他人做介绍时是双向的，即介绍者对见面的双方都要做介绍；(2) 只将其中一方向另一方做介绍。后一种情况的前提是，见面双方中有一方已经知道另一方的身份。为他人做介绍的介绍者，通常是商务活动中的东道主或身份较尊贵者，或者是熟悉被介绍双方并应一方或双方的要求充当介绍人。

商务人员在介绍他人时要先明确优先权的原则，即介绍有先后顺序。介绍陌生男女相识时，通常是先把男士介绍给女士认识，但是也有例外，如果男士的年纪比女士大很多时，则应先将女士介绍给男士长者，以表示对长者的尊重；在介绍有较大年龄差异的人士相识时，应先把晚辈介绍给长辈，即优先考虑被介绍人双方的年龄差异，通常适用于同性之间；在来宾众多的场合，尤其是主人未必与客人都相识的情况下，在介绍主人与客人相识时，通常把地位低者介绍给地位高者。在被介绍相识的两个人或几个人中，有一位地位较别人高，宜将别人先介绍给他；当新加入一个团体的个人初次与该团体的其他成员见面时，宜把个人介绍给团体。

以上几种方式，均遵循了尊者居后的原则，即应把身份、地位较低的一方介绍给身份、地位较尊贵的一方，以表示对尊者的敬重之意。在口头表达时，应先称呼受尊敬的一方，再将介绍者介绍出来。这种介绍的顺序已为国际所公认，颠倒和错乱顺序会令人不愉快。

在做具体介绍时，手势动作应文雅，仪态应端庄，表情应自然。无论介绍哪一位，介绍者应先有礼貌地平举右手掌示意，并且眼神要随手势指向被介绍者，向对方点头微笑。介绍时，除长者、女士外一般应起立，但在宴会桌、会谈桌上，可视情况而定，如被介绍双方可点头微笑致意。如果被介绍双方距离相隔较远，中间又有障碍物，可举右手致意。

（三）名片礼仪

名片像一个人的履历表，在递送名片的同时，也是在告诉对方自己是谁、在何单位工作及如何联络等。由此可知，名片是一个人身份、地位的象征，是一个人尊严、价值的一种外显方式，也是使用者要求社会认同、获得社会理解与尊重的一种方式。特别是在重要的交际场合，一个没有名片的人会被视为是没有社会地位的人，而且一个不随身携带名片的人，会被视为是一个不尊重别人的人。因此，在正式的社交场合，千万不要忘记带名片。

1. 名片的制作

名片讲究实用，使用卡片纸即可，不必使用昂贵的材料，如果出于环保的考虑，用再生纸甚至用打印纸也可以。名片上一般印有公司名称、头衔、联络电话、地址等，有的还印有个人照片。商务谈判人员使用的名片，除了具备个人意义外，还应当被视为其所在组织形象的一个缩影。

国内名片的规格一般是 9cm×5.5cm。

名片的颜色以两种颜色为宜，纸一种颜色，字一种颜色，顶多再加一徽记，色彩总体上要控制在三种之内。纸张的颜色最好选择天然质地的白色或者浅灰色、浅蓝色、浅黄色等，这样印上深色的字会比较醒目。

名片上的文字同其他应用文一样，首先要合乎规范，否则会引起误解，影响交际效果。在合乎规范的前提下，可以讲究自己的风格，表现自己的个性。名片的风格、个性主要表现在文字布局与字体选择方面。就字体而言，行书、草书、篆书、隶书及各种美术字体均可。

2. 名片的内容

名片左上角印有归属组织名称，包括组织和部门的标志。正中间印上称谓，包括姓名、职务和学术、技术职称。右下角印上联络方式，包括持有人的详细地址、电话号码、邮政编码以及 E-mail 地址或网址等。采用竖式排列的名片，其行序由左至右，字序从上到下。名片设计中称谓最为重要，因为我们的名片对他人重要与否，关键是由我们的身份决定的，拥有什么职位和地位，具备什么技能和专长，都是我们对别人有多大“使用价值”的基础。从商务角度来说，名片应实一些，不要太虚，很多人身兼数职，为了显示自己的身份和地位，就在名片上印了一串职位或头衔，唯恐他人不知道，其实这样给人的印象往往是负面的。“闻道有先后，术业有专攻。”倘若一张名片上的头衔很多，就有三心二意和蒙人之嫌。有地位、有身份的人，一般会随身携带好几种名片，对不同的交往对象，强调自己不同的身份时，会使用不同的名片。

3. 名片的放置

名片应放在随身携带的精致名片夹中。穿西装时，名片夹一般放在左胸的口袋里。由于公关人员与商务人员在一次活动中需要接收的名片很多，因此，最好将他人名片和自己的名片分开放置，否则误将他人名片递出，那就失礼了。

4. 名片的递送

若想适时地发送名片，使对方接收并达到最好的效果，必须注意下列事项：(1) 除非对方要求，否则不要在年长的人面前主动出示名片。(2) 对于陌生人或巧遇的人，不要在谈话中过早地发送名片，因为这种热情一方面会打扰别人，另一方面有推销自己之嫌。(3) 不要在一群陌生人中到处散发自己的名片，这会让人误以为我们想推销什么物品，在商业社交活动中尤其要有选择地提供名片，才不致使人认为我们在替公司搞宣传、拉业务。(4) 名片的发送可在刚见面或告别时，但如果自己即将发表意见，且处在一群彼此不认识的人当中，则在说话之前发名片给周围的人，可帮助别人认识我们。(5) 无论是参加私人宴请还是商业宴请，名片皆不可在用餐时发送，因为此时只宜从事社交而非商业性的活动。

商务人士应该在平时备好名片，否则会出现交换名片时名片不够用的情况。时下有些新潮的商务人士开始使用电子名片，但在这种情况下要保证设备运转正常。

交换名片的顺序一般是“先客后主，先低后高”，即客人先把名片递给主人，地位低的人先把名片递给地位高的人，男性先向女性递名片。但如果对方先递过来，则不必谦让，大方收下，然后再回赠名片。当与多人交换名片时，应按照职位的高低顺序或是由近及远依次进行，不可跳跃式进行。

递名片时应起身站立，走上前去，使用双手或者右手将名片正面对着对方递送过去。出示名片时要双目正视对方，并说些“请多关照”之类的寒暄语。切忌目光游移或漫不经心。若一次同许多人交换名片，而且都是初交，那么最好依照座次来交换。交换名片时如果名片用完了，可用干净的纸代替，在上面写下个人资料。

接收名片时，应目视对方，恭恭敬敬地用双手或右手接，使对方感到我们对此名片很感兴趣。接到名片时要认真地看一下，有不明白之处可向对方请教，有时可有意识地重复对方的姓名和职务，以示对对方的尊重。也可以说“认识您很高兴”之类的客气话，然后郑重地将名片放入自己的口袋、名片夹或其他稳妥的地方。切忌接过名片一眼不看就随手放在一边，也不要在手中随意玩弄，否则会伤害对方的自尊，影响彼此的交往。接到名片后，如果自己带有名片，可马上送上，如果没有带，可委婉地表达：“不好意思，名片用完了”“抱歉，今天没有带”，并主动做自我介绍。

馈赠礼品礼仪

三、位次礼仪规范

（一）行路位次礼仪

商务谈判活动作为商务交往的一个重要方面，不仅包括谈判本身，还包括与之相适应的商务交往活动。谈判主座方往往需要带领对方参观公司、旅游、娱乐，这就涉及行路位次礼仪，而恰当运用行路位次礼仪可以使对方感觉受到尊重。在国际上，主要有两种行进方式：第一种是“英式”，以英国为代表，行进时要居左而行；第二种是“美式”，以美国为代表，行进时要居右而行。为了行进统一，商务谈判活动主要遵循国际惯例，以右为上。

两人行进时，以墙为准内高外低；无明显内侧、外侧之分时，则以右为上。多人行进中都在一横排时，中间最高，其次为右；多人在一纵排时，前排高于后排。陪同人员一定不要走中间，要走外侧，把选择前进方向的权利留给客人，但前提是客人必须认路。在一般情况下，尤其是在人多的地方，需要单行行进，通常讲究“以前为尊、以后为卑”。因此一般应请客人、女士、尊长行走在前，主人、男士、晚辈与职位较低者随后而行。但当客人、女士、尊长对前进方向不了解或是道路较为坎坷时，主人、男士、晚辈与职位较低者则须主动上前带路或开路，应该站在整个队伍的左前方进行引领。

乘坐电梯时，原则是保护地位高的人乘电梯的安全。有专业人员操作电梯时，陪同人员后进后出，如果人很多时则可以先出；无专业人员操作电梯时，陪同人员先进后出。其他陪同人员按照地位高低，地位高者先进先出，地位低者后进后出。

上楼梯时，地位高者在前；下楼梯时，地位高者在后。

（二）会议位次礼仪

参加或安排会议座位时，会议主席应坐在离会议室门口较远的桌子末端。主席两边是参加本公司会议的来客及拜访者的座位，或是高级管理人员、助理的座位，以便他们随时可以帮助主席分发有关资料、接受指示或完成主席在会议中需要做的一些事情。

排列主席台位置的座次是商务会议礼仪中很关键的一环。小型会议，一般参加者较少、规模不大，全体与会者均应排座，不设立专用的主席台。其会议的排座主要有三种形式：自由择座、面门设座、依景设座。根据商务会议一般原则的规定，面门为上，以右为上，距离门较远者为上。

（三）宴会位次礼仪

在中餐宴请活动中，往往采用圆桌布置菜肴、酒水。排列圆桌的尊卑次序时，又分为以下两种情况。

1. 由两桌组成的小型宴请

在这种情况下，可以采取两桌横排或两桌竖排的形式。两桌横排时，桌次讲究以右为尊、以左为卑（左和右的位置由面对正门的位置来确定）；两桌竖排时，桌次讲究以远为上、以近为下（远和近以距离正门的远近为准）。

2. 由三桌或三桌以上的桌数所组成的宴请

在安排多桌宴请的桌次时，主要有“面门为主”“右高左低”“各桌同向”三个基本的礼仪惯例。“面门为主”是指在每张餐桌上，以面对宴会厅正门的正中座位为主位，通常应请主人在此就座。“右高左低”是指在每张餐桌上，除主位之外，其余座位位次的高低应以面对宴会厅正门时为准，右侧的位次高于左侧的位次。“各桌同向”是指在举行大型宴会时，其他各桌的主陪之位均应与主桌主位保持同一方向。除了要注意“面门为主”“右高左低”“各桌同向”等礼仪惯例外，还应兼顾其他各桌距离主桌的远近。一般来讲，距离主桌越近桌次越高，距离主桌越远桌次越低。

另外，主客人员按礼宾次序就座后，在遵照礼宾次序的前提下，要尽可能使相邻就座者便于交谈。例如，在身份大体相同时，把使用同一语种的人排在邻近；主人方面的陪客应尽可能插在客人之间坐，以便同客人接触交谈，避免自己人坐在一起；夫妇一般不相邻而坐，按西方的习惯，女主人可坐在男主人对面，男女依次相间而坐，女主人面向上菜的门；译员可安排在主宾的右侧，以便于翻译，有些国家按照习惯不给译员安排席次，译员坐在主人和主宾背后工作，另行安排用餐；在多边活动场合，对关系紧张、相互敌视国家的人员，应尽量避免把座次排在一起。

（四）签约位次礼仪

签字仪式的位次礼仪是各方最为在意的，所以主方在安排时应按照国际礼宾序列，注意以右为尊，即将客方主签人安排在签字桌右侧就座，主方主签人在左侧就座，各自的助签人在其外侧助签，其余参加人在各自主签人的身后列队站立，站立时各方人员按职位高低由中间向两边依次排列。

除上述提到的迎送礼仪、见面礼仪和位次礼仪外，商务接待还会涉及很多细节方面的活动，商务规范也有很多讲究，如宴请礼仪、馈赠礼仪、签约礼仪等，不同的场合有不同的要求和规矩，只有了解这些规矩才能做到不卑不亢，不失礼、不霸道，更容易获得对方的信任，也更容易在商务谈判中取得成功。

会议位次礼仪

思考与应用

请你谈一谈，在宴请客户时需要注意哪些礼仪问题？

任务三　商务会展礼仪规范

一、商务会展概述

商务会展是企业对外展示、开展销售活动的重要窗口，是企业营销和市场探测的重要手段。近年来，越来越多的企业重视商务会展活动，商务会展也为企业带来了越来越多的收益，如帮助企业有效降低经营风险，帮助企业把握市场潮流、抢占市场先机等。

（一）商务会展的作用

商务会展的作用主要体现在以下几个方面。

1. 降低风险

商务会展的期货制本质上能缓解企业的经营风险，根据展会期间的订单，企业可以大致推算本季所需生产的产品数量，从而能有效组织原料采购、生产、OEM 采购，避免产生大量库存。

2. 把握市场潮流，抢占市场先机

企业研发、采购的样品虽然都是迎合市场需要、切合消费需求而开发出来的，但是市场需要不能直接变成成品，只能是流行理念被研发、采购人员吸收后，研发、采购人员根据他们的理解来开发新产品。要想准确把握市场潮流，唯一的办法就是把产品放到市场里经受市场的考验。会展为企业提供了一次产品精选的机会，帮助企业第一时间淘汰不合适产品。

3. 推广新产品、新服务

商务会展是一种立体的广告，使新产品获得最大限度的曝光。它能使企业找到合适的市场和买家，打开新市场并与新客户建立联系。

4. 促进销售与成交

商务会展的时间虽然短，但便于客户直接与厂商交流，大多数参展企业都希望在展会上达成一些协议或意向，获得订单或签订销售意向。这是参展企业在展会上的最大收获。

5. 维护或树立企业的形象，提升公司在本行业内的声誉

企业参加商务会展，可以对企业形象进行宣传，提高产品知名度。对于新企业来说，参展可以帮助企业在短时间内建立客户关系，进入市场，被同行业所接受。对老企业来说，经常固定参加一些有影响力、有规模的专业展会，便于定时与客户交流与联络。

此外，商务会展能帮助代理商更全面地了解市场潮流、产品动态，会展期间订单可以享受优惠价格、增值服务等，可见，商务会展是一个多赢的经营活动。

（二）国际会展

我国经济已经进入新的发展时代，特别是“一带一路”倡议提出后获得广泛认同，我国经济开创了新的发展模式。随着我国经济的高速发展，国内企业间的竞争越来越激烈，为了寻找更好的市场机会，越来越多的企业走向国际市场，加大海外市场拓展的力度，提高国际竞争力，以获取更多的市场份额与利润。开发国际市场的方式很多，在现代国际贸易交流中，国际会展已被众多商界人士认为是“最杰出的市场”之一。在国际会展上，来自各方面的商家、买家、业内专家欢聚一堂，搭建了各企业主体间合作的桥梁。

二、商务会展礼仪规范

商务会展中的言谈举止代表着企业的形象，企业的形象往往从侧面反映着企业的凝聚力、企业信用、企业执行力等，因此，在会展现场穿戴整齐、精力集中、彬彬有礼，是对参展人员提出的基本要求。

商务会展礼仪主要包括人员仪表仪态礼仪、接待礼仪、客户服务礼仪等。这些内容与前面已经介绍的通用商务礼仪是相通的。

（一）商务会展服务礼仪

作为一项较为特殊的商务活动，会展活动除了要遵循常规的商务礼仪外，还有一些需要特别注意的礼仪规范，即商务服务礼仪。商务服务礼仪更多的是针对主办方或服务方而言的。

会展活动包括会前的准备、会中的接待服务、会后的整理等。例如，展会开始时，开幕式的举行、参展商的接待、媒体的接待等，都需要会展人员的礼仪服务。

1. 会前准备礼仪

（1）会务人员、礼仪人员、服务班组人员应在会议规定时间提前就位，以真诚的微笑、饱满的精神及规范的姿态，准备迎候与会客户的陆续到来。

（2）会场管理人员须提前抵达迎接地点迎接重要嘉宾。

（3）需要有专人协助客户做实地考察，包含吃、住、行、游、购、娱。

（4）及时准确地提供机票、火车票、酒店信息。

（5）准备会展所需的音响、灯光、摄影等设备。

2. 会中服务

（1）在有必要的情况下，提供专业外语翻译、摄像、礼仪公关和文秘服务。

（2）免费提供经验丰富的接待人员全天候协助会务工作。

（3）会议期间可为 VIP 客人提供特殊照顾和服务。

（4）向参会人员提供全市范围内机场、火车站接送服务。

（5）提供会议期间的后勤保障工作和外围的协调服务。

3. 会后总结

（1）对参会人员的会后行程需求进行合理安排。

（2）协助展会人员处理和沟通会后事宜。

遵守会展服务礼仪规范，可以帮助会展从业人员树立良好的企业形象和个人形象，减少失误和误会，搞好各类会展活动，从而为企业赢得更多的商机和信任，取得事业的更大成功。

（二）参会人员一般礼仪规范

除了上面提到的会展服务人员礼仪规范外，代表公司参加展会的现场工作人员，同样应当注意商业礼仪，通过自己良好的言谈举止，给客户留下好的印象、赢得商业合作的机会。除常规商务礼仪外，商务会展期间还需要做好以下几点：

（1）在展会上不要玩手机、打电话或在展台上吃东西，这与展会的环境和气氛不符，会给人以邋遢、粗俗和冷漠的感觉。

（2）积极对待每一位参观者。任何走近展位并试图与参展商交流的参观者都是参展商的潜在客户，怠慢一位潜在客户实际上就意味着失去一块市场。不能以貌取人，不要因为顾客的穿着而冷落他。如果有人走过来而你正在接待别的客人，不妨先打个招呼或让他加入你们的交谈，无论参与者提出什么样的问题，都要耐心解答，千万不可表现出不耐烦。

（3）不要站在挡路或遮挡参观者视线的地方，要靠边站在过道旁。

（4）与参展伙伴扎堆谈论是绝对要避免的。在参观者眼中，这种“扎堆”行为显得非常不正式、不大方，他们会尽量避开，走近一群陌生人会让人感到不自在。在展位上，参展商应创造一个正式、开放、吸引人的氛围。

（5）善用潜在客户的名字。人们都喜欢别人能喊出自己的名字。努力记住潜在客户的名字，在谈话中不时提起，会让潜在客户感到自己很重要。参会者大多会有胸牌或名片，大声念出他人的名字，主动交流，也许是同潜在客户建立联系的契机。

当然，商务会展也是一场商务活动，前面讲到的有关着装、仪态、仪容的礼仪规范，在会展活动中同样适用。

（三）国际会展礼仪规范

在国际会展上，除了以上提到的礼仪规范之外，还应当注意国际商事活动中的特殊礼仪规范，如礼宾的次序与国旗的悬挂、宗教礼仪、当地民俗、饮食习惯、文化禁忌等，对于没有丰富国际会展参展经历的企业来说，可选择第三方国际会展服务公司提供服务。

由于缺乏对相关国家展会知识产权保护的了解，近年来，我国个别中小企业在参展中遭遇了知识产权方面的纠纷。因此，对于参与会展的单位，特别是参与国际会展的单位，一定要提前做好调研，既不侵犯他人知识产权，也要充分保护己方知识产权不受侵犯。

展会知识产权保护

思考与应用

你认为商务会展的作用有哪些？

项目小结

1. 在商务谈判过程中，谈判者的礼仪修养经常会影响谈判的气氛，甚至影响谈判的结果。谈判者遵守谈判礼仪，会给谈判对手留下良好的印象，形成和谐的谈判气氛，使谈判在互相尊重、互相理解的气氛中进行。

2. 着装礼仪，包括西装穿着、套裙穿着、饰物佩戴等的礼仪要求。

3. 仪容礼仪，包括头发、面部、口腔、手等的礼仪要求。

4. 仪态礼仪，包括体姿、握手、表情、礼仪距离等的礼仪要求。

5. 迎送礼仪，包括迎接礼仪、送行礼仪。

6. 见面礼仪，包括称呼、介绍、递接名片等的礼仪要求。

7. 位次礼仪，包括行路位次、会议位次、宴会位次和签约位次等的礼仪要求。

8. 商务会展礼仪，包括商务服务礼仪和一般参会礼仪。

学习检测

一、判断题

1. 商务谈判礼仪的一般要求主要是针对个人基本礼仪的要求。个人基本礼仪以修养为基础，只有“诚于中”，方能“行于外”。（　　）

2. 将客人送到住地后，一般情况下东道主的陪同人员应立即离开。（　　）

3. 会展期间，作为参展单位工作人员，不要玩手机、打电话或在展台上吃东西，这与展会的环境和气氛不符，会给人以邋遢、粗俗和冷漠的感觉。（　　）

4. 组织商务会展时，应有专人协助客户做实地考察，包含吃、住、行、游、购、娱等方面。（　　）

5. 在安排多桌宴请的桌次时，主要有“面门为主”“左高右低”“各桌同向”三个基本的礼仪惯例。（　　）

二、单项选择题

1. 以下关于握手的礼仪，正确的是（　　）。

A. 握手时应男士主动先和女士握手

B. 男士可以戴帽子和手套同他人握手

C. 女士身着礼服、礼帽时，与他人握手应摘下手套与人握手

D. 多人同时握手时应按顺序进行，不可交叉握手

2. 送行礼仪中，表述错误的是（　　）。

A. 当客人告辞时，主人应起身与客人握手道别

B. 送别外宾，要按照迎接的规格来确定送别的规格，主要迎候人应参加送别活动

C. 飞机起飞或轮船、火车开动之后，送行人员即可离开

D. 在客人上飞机、轮船或火车之前，送行人员应按一定顺序同客人一一握手话别

3. 在社交礼仪中，以下说法正确的是（　　）。

A. 陌生男女相识时，通常是先把男士介绍给女士认识
B. 在介绍有较大年龄差异的人士相识时，应先把长辈介绍给晚辈
C. 在介绍主人与客人相识时，通常把地位高者介绍给地位低者
D. 当新加入一个团体的个人初次与该团体的其他成员见面时，先向个人介绍每位团体成员

4. 在商务会展礼仪中，以下说法错误的是（　　）。
A. 会场管理人员须提前抵达迎接地点迎接重要嘉宾
B. 会议期间应一视同仁，不应为任何人提供特殊照顾
C. 应免费提供经验丰富的接待人员全天候协助会务工作
D. 对参会人员的会后行程需求进行合理安排

5. 关于位次礼仪，以下说法正确的是（　　）。
A. 乘坐电梯时，陪同人员应当先进后出
B. 商务宴请中，夫妻一般安排相邻就座
C. 多人行进时，客人、女士、尊长行走在前，主人、男士、晚辈与职位较低者随后而行
D. 安排会议座位时，助理应坐在离会议室门口较远的桌子末端

三、多项选择题

1. 名片上一般会印有（　　）。
A. 归属部门　　B. 姓名
C. 职务　　D. 联系方式
E. 详细地址

2. 以下属于会中会展服务礼仪规范的是（　　）。
A. 免费提供经验丰富的接待人员全天候协助会务工作
B. 向参会人员提供全市范围内机场、火车站接送服务
C. 会议期间可为 VIP 客人提供特殊照顾和服务
D. 提供会议期间的后勤保障工作和外围的协调服务
E. 一般不会提供翻译、摄像、礼仪公关和文秘服务

3. 以下说法中，正确的是（　　）。
A. 男士在商务活动中的着装可遵守“三一定律”
B. 商务人士在选择钢笔时应注意品牌、式样，不宜选择多功能钢笔
C. 为了彰显公司实力，应当尽量在谈判过程中佩戴一些高档、奢侈的配饰，越多越显得公司实力雄厚
D. 握手时，晚辈应主动先向长辈伸出手，以表示尊重
E. 握手时，宾客应主动先向主人伸出手，以表示热情

4. 在商务着装方面，以下说法正确的是（　　）。
A. 西装的颜色要根据场合进行选择，比如轻松的商务场合，可以选择色彩鲜艳，或者有一些图案的西装
B. 衬衫的袖子应该根据不同季节进行选择，比如夏天穿短袖衬衫，冬天穿长袖

衬衫

C. 单排两粒扣式的西装讲究“扣上不扣下”

D. 商务人士佩戴首饰应遵循以少为佳、同质同色及风格统一等原则

E. 为了显示年轻女性的朝气，一般会选择有花卉、宠物、人物、文字、符号为主要图案的套裙

5. 以下关于商务礼仪规范的表述，正确的是（　　）。

A. 商务场合中，一般情况下，男士既不宜理成光头，也不宜将头发留得过长

B. 商务活动中，一般要求做到面部无泪痕、无汗渍、无灰尘等

C. 商务场合中，必要时，可以吃口香糖，但不宜在他人面前吃

D. 商务场合中，指甲最佳的长度是与指尖齐平

E. 商务人员应当在出席商务谈判场合之前整理、修饰自己的仪容

四、简答题

1. 商务着装有哪些基本原则？

2. 握手时应注意些什么？

3. 自我介绍时应注意些什么？

五、案例分析题

在广州商品交易会上，各方厂家云集。华新公司的李总经理在交易会上听说伟业集团的崔董事长也来了，他想利用这个机会认识这位素未谋面又久仰大名的商界名人。午餐会上他们终于见面了，李总经理彬彬有礼地走上前去打招呼：“崔董事长，您好，我是华新公司的总经理，我叫李刚，这是我的名片。”说着，便从随身携带的公文包里拿出名片，递给了对方。崔董事长显然还沉浸在之前的与人谈话中，他顺手接过李刚的名片，简单地回应了一句“你好”，草草看过名片后，将其放在了一边的桌子上。李总经理在一旁委屈地等了一会儿，并未见这位崔董事长有交换名片的意思，便失望地走开了。

问题：

1. 你认为双方的问题出在哪里？

2. 你认为在这种情况下，如何交流才符合礼仪规范？

技能训练

一、背景描述

买方：天津商贸公司

卖方：河北农产品商贸公司

交易标的：银杏果

商务礼仪既代表了谈判人员的自身修养，也是企业文化的展示。良好的精神风貌既可以树立本方的信心，也可以赢得对方的尊重与信任。礼仪修养是每一个商务人士的必修课。

二、实训目标

1. 学生应认同礼仪规范，塑造适合自己的商务形象。

2. 能够熟练运用基本的礼仪规范从事商务工作，并将礼仪规范内化为自己的日常行为习惯。

三、实训任务及评价标准

实训任务	评价标准
仪表、仪容、仪态规范演示	衣着、配饰符合要求，搭配和谐
	发型、妆容得当
	站、行、坐、蹲姿态端庄、优雅
商务迎接与送别演示	迎送规格正确，计划周密
见面礼仪演示	称呼、问候、寒暄、介绍规范
	引领、握手、接递名片动作标准
会议位次设计	主、客位置设置准确
参加展会礼仪规范演示	个人形象端庄
	言谈举止规矩

四、实训要求

1. 本次实训以小组为单位，要求所有学生积极参与。
2. 小组成员要分工合作，注意团队合作意识的培养。
3. 如实记录演练过程，认真分析演练中的问题并提出改进意见。
4. 实训报告内容完整、结构合理、层次分明。
5. 请小组代表做 5 分钟经验总结。

项目十
国际商务谈判能力

学习导图

- 国际商务谈判能力
  - 认识国际商务谈判
    - 国际商务谈判的含义和特征
    - 文化差异对国际商务谈判的影响
    - 根据文化差异制定谈判策略
  - 世界主要国家和地区商人的谈判风格
    - 美国人的谈判风格
    - 日本人的谈判风格
    - 德国人的谈判风格
    - 法国人的谈判风格
    - 英国人的谈判风格
    - 俄罗斯人的谈判风格
    - 拉丁美洲人的谈判风格
    - 非洲人的谈判风格
    - 中东地区商人的谈判风格

学习目标

知识目标：

1. 了解国际商务谈判的含义和特征。
2. 了解文化差异对国际商务谈判的影响。

能力目标：

1. 能够根据文化差异制定相应的谈判策略。

2. 领会世界主要国家或地区的谈判风格。

素养目标：

1. 培养国际经济活动中宽容与担当的情怀。

2. 形成共商、共建、共享的合作理念。

案例导读

联想集团收购IBM公司的PC业务，经过长达13个月的谈判才达成一致。最初的谈判时间是2003年11月，联想组成了一个谈判队伍飞往美国，与IBM进行了第一次接触，那个时候主要是双方摸底。

2003年11月到2004年5月被看作联想和IBM谈判的第一个阶段，联想谈判小组的主要工作是了解对方情况和提出有关收购的商业方案。联想集团相关负责人透露说，联想的谈判队伍是在不断扩大的。在联想内部，收购所涉及的部门，包括行政、供应链、研发、IT、专利、人力资源、财务等，均派出了专门小组全程跟踪谈判过程。每个小组由3～4名员工组成，总人数接近100人。在内部团队之外，联想还聘请了诸多专业公司协助谈判，麦肯锡担任战略顾问，高盛担任并购顾问，安永、普华永道作为财务顾问，奥美公司作为公关顾问参与。

2004年5月，经过一番深思熟虑之后，联想方面拿出了初步的商业方案，其中包括收购范围、收购价格、支付方式、合作方式，谈判进入最艰难的实质性阶段。

2004年6月到10月，双方在各个问题上胶着，其中首要的问题就是价格。

2004年12月6日，长达13个月的谈判最终进入冲刺阶段。当天早晨，联想向香港联交所递交了有关收购IBM PC业务的申请。

关于收购案中所有细节均是在最后一刻才敲定的，收购所涉及的各种文件垒起来竟厚达一米。由此可见，整个谈判过程非常漫长、复杂，充分显示了国际商务谈判的复杂性和困难性。

【问题与思考】

1. 根据此次谈判，你认为国际商务谈判有哪些特点？

2. 此次谈判中，联想还聘请了多家专业公司协助谈判的原因是什么？

3. 你认为此次国际商务谈判成功的基础是什么？

任务一　认识国际商务谈判

一、国际商务谈判的含义和特征

（一）国际商务谈判的含义

国际商务谈判是商务谈判的重要组成部分，是国内商务谈判的延伸和发展。在我国

"一带一路"倡议的推动下，我国企业与他国企业间的国际交流日益增多。国际商务谈判不但是国际货物买卖过程中的重要的环节，是签订买卖合同的必经阶段，还是调整和解决不同国家和地区政府及商业机构之间经济利益冲突的必要手段。

国际商务谈判是指国际商务活动中不同国家的利益主体，为了达成交易，就交易的各项条件进行协商的过程。谈判中利益主体的一方通常是外国的政府、企业或公民，另一方是中国政府、企业或公民。

（二）国际商务谈判的特征

国际商务谈判既具有一般商务谈判的特点，又具有国际经济活动的特殊性，具体表现在以下方面。

1. 交易活动的涉外性

国际商务谈判既是一种商务交易的谈判，也是一项国际交往活动，具有较强的政策性。由于谈判双方的商务关系是两国或两个地区之间整体经济关系的一部分，常常涉及两国之间的政治关系和外交关系，因此在谈判中，两国或地区的政府常常会干预和影响商务谈判。国际商务谈判必须贯彻执行国家的有关方针政策和外交政策，同时还应注意国别政策，以及执行对外经济贸易的一系列法律和规章制度。

2. 交易准则的国际性

由于国际商务谈判的结果会导致资产的跨国转移，必然要涉及国际贸易、国际结算、国际保险、国际运输等一系列问题，因此，在国际商务谈判中要以国际商法为准则，并以国际惯例为基础。

3. 交易背景的跨文化性

国际商务谈判不仅是跨国的谈判，而且是跨文化的谈判。不同国家的谈判代表有着不同的政治、经济、文化背景，他们的价值观、思维方式、行为方式、语言习惯和风俗习惯等都有较大差异，这些差异对商务谈判的开展势必会产生一定的影响，加大国际商务谈判的难度。

4. 交易过程的困难性

由于国际商务谈判的谈判者代表了不同国家和地区的利益，有着不同的社会文化和经济政治背景，谈判者必须有广博的知识和高超的谈判技巧，这样才能在谈判桌上因人而异，运用自如。在谈判前，谈判者要注意资料的准备和信息的收集，使谈判按照预先确定的方案顺利地进行。

实例分享

中国与日本在 RCEP 框架下的电子产品贸易合作

近年来，电子产品已成为中日贸易的重要组成部分。然而，由于两国在电子产品安全、电磁兼容（EMC）、能效等方面的标准和认证体系存在差异，导致双边贸易中存在诸多障碍。一方面，中国拥有庞大的电子产品市场，对进口电子产品需求旺盛。然而，中国对进口电子产品有严格的安全和性能要求，需通过 CCC 等认证。

中国希望通过RCEP谈判与日本建立互认机制，减少重复认证，降低贸易成本。另一方面，日本是电子产品制造大国，对中国市场依赖度高。然而，日本在电子产品方面的标准和认证体系与中国存在差异，导致产品进入中国市场面临诸多障碍。日本希望通过谈判与中国建立更紧密的合作关系，共同推动电子产品贸易的自由化和便利化。

随着RCEP的生效，中日双方决定通过谈判，加强在电子产品贸易领域的合作，共同降低贸易壁垒，提升贸易便利化水平。经过多轮谈判和协商，两国在电子产品贸易领域取得了显著成果：双方成功建立了互认机制，实现了CCC和PSE认证的互认，大大简化了进口产品的认证流程。同时，双方还就技术标准统一、信息共享与合作、关税减免和争端解决机制等方面达成了共识。这些成果不仅降低了中日两国电子产品贸易的成本，还提升了双方电子产品在对方市场的竞争力。

解析：此次谈判的成功不仅展示了RCEP框架下中日两国在贸易领域的合作潜力，也为其他RCEP成员之间的合作提供了有益借鉴。随着RCEP的不断推进和实施，各成员之间的贸易合作将更加紧密和深入，对谈判人员提出了更高的素质要求，特别是战略和领导能力、沟通和协调能力、跨文化适应能力等，这将有助于谈判人员更好地应对谈判中的各种困难和挑战，最终达成高质量的协议。

二、文化差异对国际商务谈判的影响

文化是一个民族或群体在长期的社会生产和生活中形成的价值观念、宗教信仰、生活态度、思维方式、行为准则、风俗习惯等各方面所表现出来的区别于另一民族或群体的显著特征。正是这些特征上的差异，导致了商务谈判中的文化碰撞甚至冲突。

知行合一：宽容·合作·发展

宽容与担当是中华民族千百年流传下来的优良传统。国际商务谈判是跨文化的合作，文化差异对商务谈判有着深刻的影响。“躬自厚而薄责于人，则远怨矣。”（《论语·卫灵公》）商务谈判中，双方多一些理解与宽容是实现合作的前提和基础。“志之所趋，无远勿届。”（《格言联壁·学问类》）共同发展与互利共赢是谈判双方的长远合作目标与愿景。

（一）思维方式的差异对国际商务谈判行为的影响

在一切谈判活动中，人的思维始终在发挥作用，可以说，思维是谈判的原动力。就东西方文化而言，两者在思维方式上各有特点。

西方文化偏好抽象思维，他们的思维过程是从具体事实出发，进行归纳概括，从中得出结论性的东西。他们看重思想和理论，其演绎型思维方式侧重的是感知世界。他们喜欢运用逻辑手段从一个概念推导出另一个概念，主要依靠抽象思维。东方文化偏好形象思维和综合思维，习惯于将对象的各个部分联合为整体，将它的属性、方面、联系等结合起来考虑。

由于谈判人员思维方式的差异，导致不同文化背景的谈判者呈现出决策上的差异，形成顺序决策方法和通盘决策方法间的冲突。

当面临一项复杂的谈判任务时，采用顺序决策方法的西方人（特别是英美人）经常将大任务分解为一系列的小任务，将价格、交货、担保和服务合同等问题分次解决，每次解决一个问题，从头至尾都有让步和承诺，最后的协议就是一连串小协议的总和。他们认为细节才是问题的本质，当他们认为在某一个问题上占有优势可以获得主动时，就会首先谈这个内容，而在原则问题上比较宽松，不受限制。在他们的合同中，各项条款的认定也比东方人细致、明确。

采用通盘决策方法的东方文化则注重对所有问题进行整体讨论，不存在明显的次序之分，通常要到谈判的最后，才会在所有问题上作出让步和承诺，从而达成一揽子协议。东方人在谈判时首先要设定一个最基本的原则框架，先谈概括性的事项，然后再制定谈判的若干细节，往往把具体内容安排到最后的谈判中解决，认为这有利于以后的讨价还价。一旦原则确定，就会坚定不移、寸步不让，而在具体细节的处理上，则表现出极大的灵活性。

（二）语言及非语言差异对国际商务谈判的影响

1. 语言差异造成的影响

一个民族所使用的语言与该民族所拥有的文化之间存在密切的联系。在跨文化交流中，不同文化之间的差异对于谈判语言有明显的制约作用。例如，西方谈判者推崇坦率、直接的交流方式，不模棱两可。此外，他们喜好争辩，语言具有对抗性和绝对性。这些都是具有开拓精神的典型特征。要理解东方人话语的含义，需要根据非语言表达方式所透露的信息进行分析（如体态、眼神等），领会字里行间反映的言外之意，并且东方人不喜欢争辩，说话间接，常常含蓄地表达对某问题有看法，或者不同意某条款，以此表示礼貌和对对方的尊重。东方人奉行“和气生财”的中庸之道，在谈判中尽量避免摩擦，追求永久性的友谊和合作。

2. 非语言差异造成的影响

在商务谈判中，谈判各方除了用口头语言来交流外，还可以通过手势、面部表情等身体语言来表达自己的意见和感受。国际商务谈判人员经常会以非语言的、更含蓄的方式发出或接收大量的更为重要的信息。此时，具有不同文化背景的谈判对手之间极易产生误解。这种不知不觉中所产生的误解如果不得到纠正，就会影响商业关系的正常发展。

实例分享

有位美国商人独自到巴西去谈生意，在当地请了个助手兼翻译。谈判进行得相当艰难，几经努力，双方最终达成了协议，这时美国商人兴奋得跳起来，习惯性地用拇指和食指合成一个圈，并伸出其他三指，也就是“OK”的意思，对谈判结果表示满意。然而，在场的巴西人全都目瞪口呆，男士们甚至流露出愤怒的神色，场面异常尴尬。原来，在南美，尤其是巴西，如果做此手势，女性会认为是在勾引她，男士则认为受到了侮辱，马上会作出戒备的姿态。

分析：手势动作虽然表意十分丰富，但是由于国家、民俗不同，同样的手势会有不同的含义，所以在国际商务谈判中要严格遵守手势礼仪。

世界各国的手势语

（三）价值观差异对国际商务谈判的影响

1. 谈判中关于“客观性”的认识差异

国际商务谈判中的客观性反映了行为人对人和事物的区分程度。西方人特别是美国人具有较强的“客观性”，因此，美国人在国际商务谈判时强调“把人和事区分开来”，他们感兴趣的主要是实质性问题。在东方，“把人和事区分开来”这一观点被看成是不可能的，经济的发展往往是在错综复杂的人际关系基础上建立的，因此，谈判者的个人品行和实质性问题是不可分开的。

2. 谈判中关于“时间观念”的认识差异

不同的文化背景表现出不同的时间观念，导致不同谈判者的谈判风格和谈判方式各异。拿美国人来说，他们认为时间就是金钱，因而他们更追求速度和效益，这造就了美国商人雷厉风行的商业作风。他们会在各个环节尽量缩短谈判时间，力争使每一场谈判都能速战速决。对他们来说，衡量一个谈判的进程，是看解决了多少小问题。东方人的时间观是循环往复的，他们会用长远的眼光和系统的方法在广泛的范围内综合分析议题和衡量议题的重要程度，并且希望能够充分了解议题所涉及的方方面面，通常比较注重合作的促成，而对完成谈判的时间长短不会有非常严格的限制，不愿将整个谈判割裂成一个个单独的议题分别进行讨论，因此谈判持续的时间会比对方预料的要长。

（四）风俗习惯对国际商务谈判的影响

在国际商务谈判中，通常会有一些正式或非正式的社交活动，如喝茶、喝咖啡、宴请等。这些活动受文化因素的影响很大，并影响着谈判的进行。

世界主要国家风俗习惯对商务谈判的影响

三、根据文化差异制定谈判策略

（一）树立跨文化的谈判意识

近年来，世界经济一体化的深入和互联网的飞速发展，加强了不同文化间商务谈判人员的文化敏感意识及相互对不同文化的包容与理解，但仍有许多人因低估文化对谈判的影响而对此缺乏关注。在商务谈判中，必须加强跨文化谈判意识，正确认识不同文化背景的谈判者在需求、动机、信念上的不同，学会了解、接受、尊重对方的文化，切不可片面地认为在自己国家里得到认可的东西在其他国家也同样行之有效。在正确的谈判意识指导下，涉外谈判者要灵活多变，使自己的谈判风格和策略适应不同的文化。当与注重礼仪的法国人、日本人、英国人谈判时，必须注重衣着与礼仪，显示己方的教养与风度。面对一些不太讲究衣着的国家的谈判人员，穿便装也可参与正式的商务谈判。

（二）正确处理谈判过程中的差异

商务谈判的交流过程一般包含四个阶段：第一阶段是寒暄，谈一些与工作不相干的话题；第二阶段是交流工作信息；第三阶段是说服；第四阶段是让步并达成协议。进入正式商务谈判之前，人们一般都对商务谈判的进程有一定的预期。这种预期往往影响着谈判的进展和谈判策略的选择。不同文化背景的谈判者在语言及非语言行为、价值观和思维决策方面存在差异，使得他们所持有的预期也不尽相同，而不同的预期又会引起这些谈判者在谈判各阶段所花费的时间和精力上有所差异。

1. 寒暄

这里的寒暄，是指为建立关系或者彼此相识而进行的与谈判“正事”无关的所有活动，目的是借此了解对方的背景和兴趣，从而为选择适当的后续沟通方式提供重要线索。

美国商人花在与工作不相干的交谈或了解外国对手上的时间很少，而与工作相关的信息交流则来得很快。美国人在谈判桌上会讨论一些与生意无关的话题，如天气、体育等，但他们这样做更多是出于友好或礼貌，通常在五六分钟以后就会进入下一阶段。相反，在看重相互关系的中国文化中，人们常常在这一阶段投入大量的时间和精力，着眼于先建立融洽的私人关系，然后再谈业务。

2. 交流工作信息

国际商务谈判中的信息交流往往呈现种种不完全性特征，包括语言、行为差异所引起的信息理解错误，非语言交流技巧差异所产生的信息不对称，价值观差异所引起的信息反馈速度及内容不对称等。一般人只能理解相同文化背景的讲话者讲话内容的80%～90%，而当一个人讲第二语言时，误解或听错的百分比将会急剧上升。当第二语言能力有限时，甚至整个会话都会被误解。只有多沟通、多询问、多确定，才能避免误解情况的发生。

由于不同文化间客观上存在交流技巧差异（如沉默时段、插话次数和凝视时间等差异），信息不对称就会发生。杜绝这种情况，需要从谈判对手那里收集信息，应采用主动的“单向型”谈判策略——让外国对手提供信息。

3. 说服

说服就是正确处理对方异议，通过询问处理法（采取引导性提问，找出真实问题进行化解）、转折处理法（先表示理解，消除对方的敌对心理，然后在自己立场上用事实和理由进行否定）、类比处理法（用同类经验和情况的对比证明事实的准确性）、模糊处理法（先进行模糊处理，讨论其他重点，以获得时间缓冲）等办法，根据不同谈判对手的文化背景选择策略，去改变他人的观点。

说服是谈判的要害所在，策略的选择要慎重。在注重垂直型地位关系的文化中，面对争论的内容，出于保全对方面子的需要，应该选择含蓄或幕后的方式。在注重水平型地位关系的文化中，应该采取坦率的态度、平等的价值观，通过说服让对方迅速地暴露不同意见，以便及时处理。

4. 让步并达成协议

基于客观存在的思维差异，东方文化一般采用通盘决策的方法，目的是在谈判的最后，在所有的问题上作出让步和承诺，达成一揽子协议。在采用顺序决策方法的西方文化中，当面临一项复杂的谈判任务时，应该将大任务分解为一系列的小任务，每次解决一个问题，通过一连串的小协议得出最后的协议。

（三）做好谈判后续交流

西方文化强调“把人和事区分开来”，感兴趣的主要为实质性问题，所以往往不太注重后续交流，但是我们应该注意到，保持与大多数外国客户的后续交流是国际商务谈判的一个重要部分。在合同签订后，双方仍应该长期通过信件、图片和互访进行交流，以及时了解对方信息，处理谈判后出现的争端，并及时把握新的合作机会。

思考与应用

在国际商务谈判活动中，谈判人员应如何面对文化差异带来的影响？

任务二 世界主要国家和地区商人的谈判风格

英国哲学家培根曾在其《谈判论》一书中指出：“与人谋事，则须知其习性，以引导之；明其目的，以劝诱之；谙其弱点，以威吓之；察其优势，以钳制之。与奸猾之人谋事，惟一刻不忘其所图，方能知其所言；说话宜少，且须出其最不当之意之际。于一切艰难之谈判中，不可存在一蹴而就之想，唯徐而图之，以待瓜熟蒂落。”这段话是对谈判经验的深刻总结。尤其其中的“与人谋事，则须知其习性，以引导之”是至理名言。

实例分享

三位日本商人代表日本航空公司和美国一家公司谈判。会谈从早上 8：00 开始，进行了两个半小时。美国代表用图表解说、电脑计算、屏幕显示以及各种数据资料来论证他们的报价。在整个过程中，日方代表只是静静地坐在一旁，一句话也没有说。终于，美方的负责人关掉了机器，重新打开了灯光，充满信心地问日方代表："请问意下如何？"一位日方代表慢条斯理、面带微笑地说："我们看不懂。"

美方代表的脸色一下子变得惨白："你说看不懂是什么意思？什么地方不懂？"另一位日方代表也面带微笑地说："都不懂。"第三位日方代表以同样的方式慢慢答道："当你将会议室的灯关了之后。"

美方代表松开领带，斜倚在墙边，喘着气问："你们希望怎么做？"日方代表同声回答："请你再重复一遍。"

美方代表彻底失去了信心。他们再也没有耐心和精力将长达两个半小时的复杂介绍再重复一遍了。最终，美国代表不惜代价、只求达成协议，对日方代表作出了极大的让步。

解析：本案例体现出美国人和日本人在谈判风格上的差异。世界各国的历史传统、政治制度、经济状况、文化背景、风俗习惯以及价值观念存在明显差异，各国谈判者在商务谈判中都有各自的谈判风格。一个合格的谈判者必须熟悉各国文化的差异，把握对方的价值观、思维方式、行为方式和心理特征，了解不同国家、不同地区、不同民族的人的谈判风格，从而有利于谈判人员取得预期的谈判效果。

一、美国人的谈判风格

美国人的商业文化的特点是：性格外露、坦率、真挚、豪爽、热情、自信、办事迅速、诙谐幽默、注重实际、追求物质上的实际利益。

美国谈判者总是十分有信心地步入谈判会场，不断发表自己的意见和权利要求，往往显得咄咄逼人，而且语言表达直率，爱开玩笑；他们办事干脆利落，不喜欢兜圈子，通常会在不知不觉中将一般交谈迅速引向实质性谈判，并且一件事接着一件事地讨论，不讲客套，乐于以积极的态度来谋求利益。与美国人谈判，表达意见要直接，"是"与"否"必须讲清楚。如果美国谈判者提出的条款是无法接受的，就必须明确告诉他们不能接受，不能含糊其词，或者答应以后答复却迟迟不答复，以免给对方造成不良印象，产生纠纷。当双方发生纠纷时，美国人希望对手态度认真、诚恳，即使双方争论得面红耳赤他们也不介意。

美国人重视效率，喜欢速战速决。在谈判过程中，他们甚少做无聊和无意义的谈话。他们为自己规定的最后期限往往较短，如果谈判突破最后期限，谈判很可能破裂。除非情况特殊，否则同美国人谈判的时间不宜过长。

美国人的法律意识较强，律师在谈判中扮演着重要角色。当谈判地点在国外时，美国谈判者倾向于带上自己的律师，并在谈判中会一再要求对方完全信守有关诺言。一旦发生争议和纠纷，美国人最常用的处理办法就是诉诸法律。他们重合同、契约意识强，尤其重视合同中的违约赔偿条款。

与美国人谈判的禁忌：见面过多握手与客套；说话绕圈子，问题拖而不决；不准时赴约；不尊重他人人格；谈论、批评美国。

二、日本人的谈判风格

受多种因素影响，现代日本人兼有东西方观念，他们讲究礼仪，注重人际关系；等级观念强，性格内向，不轻信他人；工作态度认真，办事有耐心；精明、自信、进取心强、勤奋、刻苦。这些特征在日本商人身上表现为事前准备工作充分、计划性强，注重长远利益，善于开拓新的市场。

日本人认为人际关系非常重要。他们善于把生意关系人性化，精通如何利用不同层次的人与谈判对方不同层次的人交际，从而探明情况、研究对策、施加影响、争取支持，并且日本谈判者善于创造机会与谈判对手的关键领导拉近关系。与日本人第一次洽谈时，首先应该进行拜会，以引起对方的重视。在拜会中一般不谈重要的事项，也不要涉及实质问题。

日本人的等级观念根深蒂固，非常重视尊卑和秩序。日本企业有尊老倾向，等级意识强。他们走出国门进行商务谈判时，希望对方迎候人的地位能与他们自己的地位相当。根据日本人的这种心理，在与日方谈判时，派出场的人员最好是官阶、地位都比他们高一级，这样对阵可以赢得多方面的好处。

日本商人在谈判时总显得彬彬有礼、富有耐心，他们深藏不露、固执、坚毅。他们恪守所在国的礼节和习惯，谈判时经常在说说笑笑中讨价还价，使对手放松警惕，便于他们杀价。在许多场合，日本谈判者在谈判中显得态度暧昧、圆滑，即使同意对方观点，也不直截了当地表明，往往在对方毫无思想准备的情况下突然袭击，让对方猝不及防。

日本人精通“吃小亏占大便宜”“放长线钓大鱼”的谈判哲理。他们善于用小恩小惠或表面的小利去软化对手的谈判立场，从而获取更大利益。

与日本人谈判时应注意：高声谈笑被视为失礼；与其相对时，注视对方双眼是不礼貌的；穿着过分随便是没有教养和不尊重交往对象的表现。

三、德国人的谈判风格

从整个民族特点来看，德国人自信、谨慎、保守、刻板、严谨，办事富有计划性，工作注重效率、追求完美，做事雷厉风行。

德国商人严谨、保守的特点使他们在谈判前往往准备得十分充分。他们会想方设法掌握大量的第一手资料。他们对谈判对手的资信非常重视，如果与德国人做生意，一定要在谈判前做好充分准备。

德国商人非常讲究效率，思维富于系统性和逻辑性。

德国商人自信而固执。他们对本国产品极有信心，在谈判中常会以本国的产品为衡量标准。他们的企业技术标准相当严格，对于出售或购买的产品都要求有很高的质量。

他们的自信和固执还表现在他们不太热衷于在谈判中采取让步方式。他们考虑问题周到、系统，但缺乏灵活性和妥协，总是强调自己方案的可行性，迫使对方让步。鉴于这种个性特点，与之谈判时要“以柔克刚”“以理服人”，灵活地选择攻击点，表明立场，同时保持友好、礼貌的态度。

德国人素有“契约之民”的雅称，他们崇尚契约，严守信用，权利与义务的意识很强。在商务谈判中，对合同任一条款，他们都非常细心，对所有细节，他们都认真推敲，要求合同中每个字、每句话都准确无误，然后才同意签约。他们对交货期限要求严格，一般会坚持严厉的违约惩罚性条款。一般来说，德国人订立合同之后就会认真履行。

与德国人谈判时应注意：不迟到；避免直呼其名、谈话不着边际、浪费时间；多人交叉握手或交叉谈话被视为不礼貌；交谈内容不宜涉及纳粹、宗教和党派之争；在公共场合窃窃私语或者交谈时双手插兜，也被认为是无礼的。

四、法国人的谈判风格

法国人具有浓厚的国家意识和强烈的民族、文化自豪感。他们性格开朗，对事物比较敏感，为人友善，处事时而固执、时而随和。重视历史的习惯使法国谈判者很注意商业与外交的历史关系和交易的历史状况。法国人为自己的语言而自豪，与法国人长期做生意的话，最好学些法语，或在谈判时选择一名好的法语翻译。

法国人很有人情味，非常珍惜人际关系。一般来说，在尚未成为朋友之前，他们是不会轻易与人做大宗生意的，而一旦建立友好关系，他们又会乐于遵循互惠互利、平等共事的原则。与他们做生意，必须善于与之建立友好关系。在洽谈生意时，不应只顾谈生意上的事务与细节，否则很容易被视为枯燥无味、没有情趣。他们喜欢在谈判过程中谈些新闻趣事，以创造一种宽松的气氛。另外，他们不愿过多提及个人私事。

法国人在谈判方式上与美国人不同，他们倾向于横向式谈判，先为协议勾画出一个轮廓，然后达成原则协议，最后再确认谈判协议各方面的具体内容。他们习惯于集中精力磋商主要条款，对细节问题不很重视，并且在主要条款谈成之后，会很快要求签订合同，然后又常常会在细节问题上改变主意，要求修改合同，甚至出现毁约现象。

法国人对商品的质量要求十分严格，条件比较苛刻，同时他们也十分重视商品的美感，要求包装精美。他们还认为衣着可以代表一个人的修养与身份，所以，谈判时稳重、考究的着装会带来好的效果。

法国人的时间观念不强，尤其是身份高的人容易迟到，但是他们对对方迟到非常反感。

与法国人谈判时的禁忌：不尊重和不爱护女性的言行；衣着随意；议论其经济滑坡、民族纠纷等问题；贬低法国的国际地位和历史贡献；过多地谈论个人私事。

五、英国人的谈判风格

英国人一般比较冷静、稳重。在谈判初期，他们一般与对手保持一定的距离，不轻易表露感情。熟悉之后，他们会表现出精明、灵活、善于应变、长于交际、待人和善、容易相处的特点。他们常常在开场陈述时十分坦率，愿意让对方了解他们的有关立场和观点，同时也常常考虑对方的立场、行动，对于建设性意见反应积极。

英国商人十分注重礼仪，崇尚绅士风度。无论在谈判场内还是在谈判场外，他们都很注重体现个人修养，同时，他们也很关注对方的修养和风度。他们在谈判时不轻易动怒，也不轻易放下架子，喜欢有很强的程序性的谈判，一招一式恪守规定，注意钻研理论并注重逻辑性，喜欢用逻辑推理表明自己的想法。

英国人招待客人的时间往往较长。当受到英国商人的款待之后，一定要写信表达谢意，否则会被视为不懂礼貌。

与英国人谈判时的禁忌：办事不按规矩、不懂礼貌；系有条纹的领带（条纹领带被认为是军队或学生校服领带的仿制品）；对英国皇室的地位、财富和家事加以评论；谈论政治、宗教和私人问题；不经邀请便上门拜访；以人像作为商品的包装和以白象、猫头鹰、孔雀等图案作为商标。

六、俄罗斯人的谈判风格

俄罗斯商人一般显得忧虑、自信心不足，虽然待人谦恭，却缺乏信任。他们喜欢谈大额合同，对交易条件要求苛刻，缺乏灵活性。

俄罗斯商人很看重价格，会千方百计迫使对方降价，无论对方的报价有多低，他们都不会接受对方的首轮报价。在讨论产品价格的时候，可以事先为他们准备好一份标准报价表，所有价格都应有适当溢价，为后面的洽谈留下后路。另外，俄罗斯商人迫使对方让步的能力极强，尤其擅长谈判项目中技术内容和索赔条款的讨价还价。

与俄罗斯人谈判时的禁忌：以左手接触别人或递送物品；不尊重妇女的言行；蹲在地上、卷裤腿或撩起裙子；谈论政治和宗教矛盾、民族纠纷、经济难题、苏联解体等。

七、拉丁美洲人的谈判风格

拉丁美洲人最大的性格特点是固执、个人人格至上，他们比较直爽、开朗，与精明的北美商人有所不同。固执、不妥协的特点体现在拉美人的商贸谈判中，就是对自己意见的正确性坚信不疑，往往要求对方全盘接受，很少主动作出让步；如果他们对别人的请求感到不能接受，一般也很难让他们改变意见。

拉美人的生活比较悠闲、恬淡，他们不很重视物质利益而比较重视感情。想与拉美人做生意，最好先与他们交朋友。如果彼此关系较熟、私交较深，拉美商人会充分考虑对方的利益和要求，洽谈会比较顺利。

拉美商人的责任感不强，信誉较差，不按期付款的情况比较多。对于这类问题，要多花时间耐心催促。

与拉美人谈判时应注意：不能使用速战速决的方法与之谈判；避免工作和娱乐发生冲突。

八、非洲人的谈判风格

非洲是世界第二大陆。长期以来非洲给人以贫穷和落后的刻板印象，自然条件中水资源的匮乏成为限制非洲经济快速发展的重要因素。非洲可分为北非、东非、西非、中非和南非五个部分。不同地区、不同国家的人民由于在种族、历史、文化等方面存在着极大的差异，因此，他们的国情、生活习俗等方面也各具特色。

在非洲进行商务洽谈是比较艰难的。一是非洲商人时间观念较差，他们不会严格遵守谈判双方事先约定的时间，即使迟到，也不会作出详细具体的说明和解释。非洲商人的谈判节奏比较缓慢，通常按照自身对事务的把控而推进谈判进程，而非严格按照计划时间表行事。二是非洲商人重视实际利益的获取，在谈判中对能带来实际利益的议题更感兴趣，而不会在大的合作意向上耗费太多精力。三是非洲人更重视朋友间的信任关系，在非洲商人眼中，有时朋友的关系比实际的商业数据更有说服力，更能影响其商业决策。

与非洲商人交往时应注意：见面时，通常的习惯是握手；非洲各国国内部族中的对立意识很强，各部族内的生活，是带有浓厚的家庭主义色彩的；非洲商人性格刚强生硬，自尊心很强，见面时希望对方称呼他们的头衔。

九、中东地区商人的谈判风格

中东是指从地中海东部、南部到波斯湾沿岸的部分地区，约 23 个国家与地区、1 500 多万平方千米、4.9 亿人口。中东沟通了亚洲、欧洲和非洲以及大西洋和印度洋，自古以来就是东西方交通枢纽，为“两洋三洲五海”之地，战略地位极其重要。

中东自然资源呈现“一多一少”的特征。“一多”是指石油资源丰富。中东是世界上石油储量最大，生产和输出石油最多的地区，而自身对石油的消费量很少。中东所产石油 90%以上运往美国、日本、中国、欧洲西部等国家和地区，是世界上输出石油最多的地区，对世界经济发展具有举足轻重的影响。“一少”是指水资源匮乏。中东水资源极度匮乏，严重影响中东人民的生活和生产。

在商务谈判时，中东商人认为信誉是最重要的，谈判前首先要赢得信任和好感；他们的谈判节奏较缓慢，也不喜欢通过电话谈生意；中东商人喜欢讨价还价，无论商品大小均可讨价还价。

与中东商人谈判需要注意：要建立亲近关系，最好由信任的朋友引荐，并以重礼相待；特别需要镇静与耐心，欲速则不达；谈判时要充分准备讨价还价的方案，在第一次报价时要适当地把价格报高一些。

以上介绍的是世界主要贸易国家或地区的主要谈判风格。随着当今世界经济一体化和通信的高速发展以及各国商人之间频繁的往来接触，他们相互影响，取长补短，有些商人的国别风格已不是十分明显了。因此，我们既应熟悉不同国家和地区商人之间谈判风格的差异，在实际的商务谈判中更应根据临时出现的情况随机应变，适时地调整自己的谈判方式，以达到预期的目的，取得商务谈判的成功。

思考与应用

在与不同国家、地区的商人进行商务谈判时，一般应注意哪些问题？

项目小结

1. 思维方式差异、语言及非语言差异、价值观和风俗习惯差异都会对商务谈判产生很大的影响。

2. 在谈判的不同阶段，要根据文化差异的实际情况，采取不同的应对策略。

3. 每一位参加商务谈判的人员都应该注意和尊重彼此间的文化差异。

学习检测

一、判断题

1. 国际商务谈判中，商务谈判人员经常会以非语言的、更含蓄的方式发出或接收大量的更为重要的信息。（　　）

2. 西方人在谈判时，习惯于将大任务分解为一系列的小任务，将价格、交货、担保和服务合同等问题分次解决，每次解决一个问题，最后的协议就是一连串小协议的总和。（　　）

3. 在国际商务谈判中，通常会有一些正式或非正式的社交活动，如喝茶、喝咖啡、宴请等，这些活动和细节对谈判的进行影响不大。（　　）

4. 在商务谈判中，法国商人自信而固执，他们对本国产品极有信心，谈判中常会以本国的产品为衡量标准。（　　）

5. 面对过分自信、固执己见、不轻易让步的谈判对手时，应以柔克刚、以理服人，灵活地选择攻击点，表明立场，同时保持友好、礼貌的态度。（　　）

二、单项选择题

1. 以下对国际商务谈判的描述，错误的是（　　）。

A. 国际商务谈判是国内商务谈判的延伸和发展

B. 国际商务谈判是签订国际货物贸易合同的必经阶段

C. 国际商务谈判是调节国家之间经济利益冲突的必要手段

D. 国际商务谈判的主体是不同国家的企业或公民

2. 由于谈判人员思维方式的差异，导致不同文化背景的谈判者呈现决策上的差异，形成顺序决策方法和（　　）间的冲突。

A. 通盘决策方法　B. 次序决策方法　C. 细节决策方法　D. 过程决策方法

3. 以下选项中，（　　）对国际商务谈判产生的影响最弱。

A. 思维方式差异　B. 谈判语言差异　C. 价值观差异　D. 服饰差异

4. （　　）在谈判时总是显得彬彬有礼、富有耐心，他们深藏不露、固执、坚毅。他们恪守所在国的礼节和习惯，谈判时经常在说说笑笑中讨价还价，使对手放松警惕。

A. 美国商人　B. 日本商人　C. 英国商人　D. 澳大利亚商人

5. 在合同履行过程中，相对缺乏契约精神的是（　　）。

A. 美国商人　B. 德国商人　C. 日本商人　D. 拉美商人

三、多项选择题

1. 国际商务谈判的特征主要包括（　　）。

A. 交易活动的涉外性　　B. 交易准则的国际性

C. 交易背景的跨文化性　　D. 交易主体的确定性

E. 交易过程的困难性

2. 在国际商务谈判中，文化差异可能导致（　　）。

A. 沟通障碍和误解增加

B. 谈判节奏和风格差异显著

C. 对合同解释和法律条款的不同理解

D. 谈判者对决策权分配的误解

E. 礼仪和社交习惯的不同导致尴尬

3. 美国商人在谈判中通常展现出（　　）特点。

A. 直接、坦诚的沟通方式

B. 不断发表自己的意见和权利要求

C. 倾向于快速达成协议

D. 对合同细节和法律条款非常严谨

E. 对谈判时间的要求很严格

4. 日本商人在商务谈判中的典型特征包括（　　）。

A. 高度重视人际关系和谐

B. 表现出极高的耐心和毅力

C. 直截了当地表明态度

D. 对细节的关注近乎完美

E. 善于用小恩小惠或表面的小利去软化对手的谈判立场

5. 为了在国际商务谈判中有效应对文化差异，可以采取（　　）方法。

A. 提前了解对方的文化背景和谈判习惯

B. 灵活调整自己的谈判风格和策略

C. 尊重并适应对方的礼仪和社交习惯

D. 聘请当地翻译或顾问以确保沟通顺畅

E. 加强跨文化沟通和团队建设培训

四、简答题

1. 文化差异对国际商务谈判有哪些影响？

2. 如何在谈判的各个阶段针对文化差异制定谈判策略？

3. 美国人和日本人的谈判风格有什么不同？

五、案例分析题

惠普公司让其在美国和法国的工程师共同完成一个软件开发项目。美国的工程师们先给法国的合作伙伴发了一封又长又详尽的电子邮件。孰料法国工程师在收到这封邮件后，认为美国人是居高临下、故意施恩。为此他们反其道而行之，很快回了一封极短的邮件。这让美国人觉得法国人拒人于千里之外，在搞信息保密。一来二去，事态渐渐失去了控制，双方开始恶语相向，对对方进行人身攻击，两种文化的矛盾凸显，对双方的合作造成了影响。

问题：

1. 本案例反映出美国人和法国人怎样的谈判风格？
2. 双方分别应该怎样做才能打破僵局？

技能训练

一、背景描述

小张是某外贸进出口公司的业务员，受公司委托与两名同事一起前往法国与客户进行业务洽谈。小张一行到法国后与对方的谈判很顺利，为表示对中方代表的友好，法国公司邀请小张一行参加一个私人酒会。

二、实训目标

通过本期实训，学生应体会对外交往活动中应遵守的交易规则及国际礼仪规范，熟练运用商务谈判知识完成与法国客户的沟通与交流，以保证谈判总目标的实现。

三、实训任务及评价标准

<table>
<tr><th>实训任务</th><th>评价标准</th></tr>
<tr><td>准备礼品</td><td>符合法国人的习惯</td></tr>
<tr><td rowspan="2">商务礼仪规范演示</td><td>服装、妆容得当</td></tr>
<tr><td>姿态端庄、优雅</td></tr>
<tr><td rowspan="2">见面礼仪规范与交流演示</td><td>用语规范，不得产生歧义</td></tr>
<tr><td>礼节、礼仪符合国际规范</td></tr>
</table>

四、实训要求

1. 本次实训以小组为单位，要求所有学生积极参与。
2. 小组成员要分工合作，注意团队合作意识的培养。
3. 如实记录演练过程，认真分析演练中的问题并提出改进意见。
4. 实训报告内容完整、结构合理、层次分明。
5. 请小组代表做 5 分钟经验总结。

参考文献

1. 王军华. 商务谈判与推销实务［M］. 3版. 北京：中国人民大学出版社，2024.
2. 杨群祥. 商务谈判［M］. 7版. 大连：东北财经大学出版社，2023.
3. 章金萍. 商业文化伦理［M］. 3版. 北京：中国人民大学出版社，2022.
4. 赵永秀. 中小企业海外参展指南［M］. 北京：人民邮电出版社，2015.
5. 郭明武. 企业参展经理案头手册［M］. 北京：中国经济出版社，2011.
6. 史锋. 商务礼仪［M］. 5版. 北京：高等教育出版社，2021.
7. 金正昆. 礼仪金说：社交礼仪［M］. 2版. 北京：北京联合出版公司，2019.